みぢかな民事訴訟法
〔第3版〕

石川　明 編

不磨書房

第3版　はしがき

　第2版の刊行後，民事訴訟法の改正があったり，新しい文献も刊行された。新しい判例も出された。

　そこで本書の内容を up to date なものにするため，諸般の事情から執筆陣も新たにし，全面的な大改訂をしてここに第3版を刊行することにした。執筆者一同改訂にあたり気持ちを一新するために装丁も変えた。読者にとってより身近な入門書になっていると思う。

　民事の実体法と手続法は車の両輪に喩えられる。実体法に書かれた権利は観念的権利であって，その具体的・現実的保障は，手続法によってなされる。したがって，手続法の保障による裏付けのない実体法上の権利は単なる画餅にすぎない。この意味で法の体系において手続法の持つ重要性を見逃すわけにはいかないのである。実体法・手続法の双方を学んではじめて法を学んだことになる。このような意味で読者には手続法の学習をしっかりとしていただきたいと考えている。裁判は一般人のあまり身近にない現象なので，馴染み難いものであるものの訴訟法学の学習は法律学の学習にとって不可欠のものなのである。

　執筆者の諸先生ならびに事務担当役の草鹿晋一氏および刊行の任に当っていただいた不磨書房に深甚なる謝意を表するものである。

　　2005年4月

　　　　　　　　　　　　　　　　　　　　　　　　　　石　川　　　明

第2版序文

　今回本書の第2版を刊行することにした。法律の改正も取り入れた。また初版を教科書に使用した経験から，内容的に整理し，補足し表現を改めたほうが読み易いのではないかと考えられる点を改めた。
　改訂にあたり越山和広，草鹿晋一の両氏の御協力を得た。記して感謝の意を表したい。

　　2002年2月

　　　　　　　　　　　　　　　　　　　　編者　石　川　　明

はしがき

　本書は，新民事訴訟法（平成10年1月1日施行）の初学者向けの入門書である。世に民事訴訟法の入門書は数多い。その中で新たに入門書を出版する意味はあるのかと問われるかもしれない。

　従来出版されている入門書のなかには，本格的体系書ないし教科書をコンパクトにまとめたものが数多いように思える。言い換えれば，本当の意味で，初学者のための入門書は必ずしも数多いとはいえないように考えられる。本書は，同じ入門書であっても，後者の種類のものを狙って編集されたものである。執筆者にも特にその旨をお願いした。編者の意図が本書において貫けたか否かが必ずしも自信があるわけではないが，多少なりとも初学者の民事訴訟法の理解に役立つことができれば幸甚に思う。

　本書の出版については，不磨書房の稲葉文彦氏のお世話になった。執筆者の先生方並びに同氏に対して深甚の謝意を表したい。

　1999年1月

　　　　　　　　　　　　　　　　　　　　　　　編者　石　川　　　明

目　次

第3版　はしがき
第2版　序　文
はしがき

第1章　民事訴訟とは何か ……………………………………………3
1　民事紛争と民事訴訟 ……………………………………………3
1－1　民事紛争に必要な紛争解決手段 ……………………………3
1－2　民事訴訟とは ……………………………………………………3
1－3　民事訴訟の目的は何か …………………………………………4
1－4　民事訴訟はどんな特色をもっているか ……………………5
1－5　権利実現に用意された3つの手続 …………………………6
2　民事訴訟以外の紛争解決制度 …………………………………6
3　裁判を受ける権利と民事訴訟 …………………………………8
3－1　裁判を受ける権利は憲法上いかに保障されているか ……8
3－2　訴訟事件と非訟事件はどう違うか ……………………………8
3－3　訴　権 ……………………………………………………………10

第2章　民事訴訟の審理の対象 ……………………………………12
1　訴えの種類 …………………………………………………………12
1－1　給付の訴え ………………………………………………………13
1－2　確認の訴え ………………………………………………………14
1－3　形成の訴え ………………………………………………………15
1－4　形式的形成訴訟 …………………………………………………17
2　訴訟物理論 …………………………………………………………17
2－1　訴訟上の請求 ……………………………………………………17
2－2　訴訟物を特定する必要性 ……………………………………18
2－3　訴訟物理論 ………………………………………………………20

3　訴訟物論争の意味 ……………………………………………………25
　　　3-1　訴訟物についての考え方の違いが具体的にあらわれる場面 ………25
　　　3-2　実体法説と訴訟法説の長短 ………………………………………28

第3章　民事訴訟の基本原則 …………………………………………………31
　1　当事者と裁判所の役割分担……………………………………………31
　　　1-1　訴訟の開始，判断対象の特定，訴訟の終了（処分権主義）……32
　　　1-2　判断資料の提出（弁論主義と釈明権，職権探知主義）…………35
　　　1-3　訴訟の進行と審理の整序…………………………………………38
　2　審理の基本原則………………………………………………………40
　　　2-1　双方審尋主義 ………………………………………………………40
　　　2-2　口頭主義 ……………………………………………………………40
　　　2-3　直接主義 ……………………………………………………………41
　　　2-4　公開主義 ……………………………………………………………42
　　　2-5　適時提出主義 ………………………………………………………43
　　　2-6　集中審理主義 ………………………………………………………46

第4章　訴訟の主体……………………………………………………………48
　1　裁　判　所 ……………………………………………………………48
　　　1-1　民事裁判権 …………………………………………………………48
　　　1-2　管　　轄 ……………………………………………………………49
　　　1-3　裁判機関の構成と裁判官の除斥・忌避・回避 …………………53
　2　当　事　者 ……………………………………………………………55
　　　2-1　当事者とは …………………………………………………………55
　　　2-2　当事者能力 …………………………………………………………56
　　　2-3　当事者適格 …………………………………………………………57
　　　2-4　訴訟能力 ……………………………………………………………59
　　　2-5　弁論能力 ……………………………………………………………60
　3　訴訟上の代理人………………………………………………………60
　　　3-1　法定代理人 …………………………………………………………61

3－2　訴訟上の任意代理人 …………………………………………61
　　3－3　補　佐　人 …………………………………………………62

第5章　訴訟の開始 …………………………………………………63

　1　訴えの提起 …………………………………………………………63
　　1－1　訴えの意義 …………………………………………………63
　　1－2　訴え提起の方式 ……………………………………………63
　2　訴訟救助と法律扶助 ………………………………………………64
　　2－1　訴訟救助 ……………………………………………………65
　　2－2　法律扶助 ……………………………………………………65
　3　訴え提起後の手続 …………………………………………………66
　　3－1　訴状の審査 …………………………………………………66
　　3－2　訴状の送達 …………………………………………………66
　　3－3　口頭弁論期日の指定 ………………………………………67
　4　訴え提起の効果 ……………………………………………………67
　　4－1　訴訟係属とその効果 ………………………………………67
　　4－2　重複訴訟の禁止 ……………………………………………68
　　4－3　実体法上の効果 ……………………………………………69

第6章　民事訴訟の審理 ……………………………………………70

　1　口　頭　弁　論 ……………………………………………………70
　　1－1　口頭弁論とは何か …………………………………………70
　　1－2　口頭弁論の必要性 …………………………………………71
　　1－3　期日と期間 …………………………………………………72
　2　期日における裁判所の行動 ………………………………………74
　　2－1　訴訟指揮権 …………………………………………………74
　　2－2　口頭弁論の制限・分離・併合 ……………………………75
　　2－3　釈　明　権 …………………………………………………76
　3　期日における当事者の行動（訴訟行為） ………………………77
　　3－1　訴訟行為とは ………………………………………………77

3－2　申立て ……………………………………………………………79
　　　3－3　主　　張 ……………………………………………………………79
　　　3－4　相手方の主張に対する応答 ……………………………………83
　　　3－5　当事者の欠席 ………………………………………………………87
　　4　手続の停止 …………………………………………………………………89
　　　4－1　訴訟手続の停止 ……………………………………………………89
　　　4－2　訴訟手続の中断 ……………………………………………………90
　　　4－3　訴訟手続の中止 ……………………………………………………93
　　　4－4　訴訟手続停止の効果 ………………………………………………93

第7章　事実の認定 …………………………………………………………95
　　1　証　　明 ……………………………………………………………………95
　　　1－1　事実の認定は証拠による ………………………………………95
　　　1－2　証拠とは何か ………………………………………………………96
　　　1－3　証明とは何か ………………………………………………………96
　　　1－4　証明の対象 …………………………………………………………97
　　2　証明の方法 …………………………………………………………………99
　　　2－1　証拠の取調べ方法——総論 ………………………………………99
　　　2－2　証拠の取調べ方法——各論1　人証 …………………………101
　　　2－3　証拠の取調べ方法——各論2　物証 …………………………107
　　　2－4　その他の関連する手続 …………………………………………113
　　3　証拠による事実の認定 …………………………………………………116
　　　3－1　事実の認定 …………………………………………………………116
　　　3－2　証明責任 ……………………………………………………………119

第8章　審理の準備 …………………………………………………………124
　　1　準備書面 ……………………………………………………………………124
　　2　争点および証拠の整理手続 ……………………………………………125
　　　2－1　準備的口頭弁論 ……………………………………………………126
　　　2－2　弁論準備手続 ………………………………………………………126

2-3　書面による準備手続 …………………………………128
　　2-4　争点等整理手続終了後の攻撃防御方法の提出 …………129
　3　証拠保全 ……………………………………………………130
　4　訴え提起前の証拠収集手続 ………………………………131
　　4-1　訴え提起前における照会 ……………………………132
　　4-2　訴えの提起前における証拠収集の処分 ……………132

第9章　裁　　判 …………………………………………………134
　1　裁　　判 ……………………………………………………134
　　1-1　裁判とは何か ……………………………………………134
　　1-2　裁判の種類 ………………………………………………134
　2　判　　決 ……………………………………………………136
　　2-1　判決の種類 ………………………………………………136
　　2-2　判決の成立 ………………………………………………142

第10章　確　定　判　決 …………………………………………145
　1　判決の確定とその効力 ……………………………………145
　　1-1　判決の確定 ………………………………………………145
　　1-2　確定判決の効力 …………………………………………146
　2　(確定)判決の効力の及ぶ範囲 ……………………………150
　　2-1　既判力の時的限界 ………………………………………150
　　2-2　既判力の客観的範囲 ……………………………………151
　　2-3　既判力の主観的範囲 ……………………………………154
　　2-4　その他の者への既判力の拡張が認められる場合 ………157
　　2-5　反　射　効 ………………………………………………158

第11章　判決によらない訴訟の終了 ……………………………159
　1　訴えの取下げ ………………………………………………160
　　1-1　訴えの取下げの意義と手続 ……………………………160
　　1-2　訴えの取下げの効果 ……………………………………160

xii　目　次

　　2　請求の放棄・認諾 …………………………………………………162
　　　2-1　請求の放棄・認諾の意義 ……………………………………162
　　　2-2　請求の放棄・認諾の要件 ……………………………………162
　　　2-3　請求の放棄・認諾の方式 ……………………………………163
　　　2-4　請求の放棄・認諾の効果 ……………………………………164
　　3　訴訟上の和解 ……………………………………………………164
　　　3-1　訴訟上の和解の意義 …………………………………………164
　　　3-2　訴訟上の和解の要件 …………………………………………165
　　　3-3　訴訟上の和解の効力 …………………………………………166

第12章　不服申立制度 ………………………………………………………168
　　1　不服申立制度の意義と種類 ………………………………………168
　　2　上　訴 ……………………………………………………………169
　　　2-1　上訴とは ………………………………………………………169
　　　2-2　控　訴 …………………………………………………………169
　　　2-3　上　告 …………………………………………………………173
　　　2-4　抗　告 …………………………………………………………175
　　3　特別の上訴（特別上告・特別抗告） ……………………………176
　　4　再　審 ……………………………………………………………177
　　　4-1　再審の訴えとは ………………………………………………177
　　　4-2　再審事由 ………………………………………………………177
　　　4-3　再審訴訟の審理・判決 ………………………………………177
　　　4-4　準再審（再審抗告） …………………………………………178

第13章　複 雑 訴 訟 …………………………………………………………179
　　1　請求の複数 ………………………………………………………179
　　　1-1　請求の併合（訴えの客観的併合） …………………………179
　　　1-2　訴えの変更 ……………………………………………………181
　　　1-3　反　訴 …………………………………………………………182
　　　1-4　中間確認の訴え ………………………………………………183

2　当事者の複数 …………………………………………………………… 184
2-1　共同訴訟（訴えの主観的併合） …………………………… 184
2-2　通常共同訴訟 ………………………………………………… 185
2-3　必要的共同訴訟 ……………………………………………… 186
2-4　訴えの主観的予備的併合 …………………………………… 188
2-5　同時審判共同訴訟 …………………………………………… 189
2-6　後発的共同訴訟の諸場合 …………………………………… 189
3　訴 訟 参 加 ……………………………………………………………… 190
3-1　補助参加 ………………………………………………………… 190
3-2　共同訴訟的補助参加 …………………………………………… 193
3-3　訴訟告知 ………………………………………………………… 193
3-4　共同訴訟参加 …………………………………………………… 194
3-5　独立当事者参加 ………………………………………………… 194
4　当事者の変更 …………………………………………………………… 197
4-1　訴訟承継 ………………………………………………………… 197
4-2　当然承継 ………………………………………………………… 197
4-3　特定承継 ………………………………………………………… 198

第14章　特別な手続 ………………………………………………………… 200
1　大規模訴訟に関する特則 ……………………………………………… 200
2　簡易裁判所の訴訟手続に関する特則 ………………………………… 201
2-1　簡易裁判所とは ………………………………………………… 201
2-2　通常手続に対する特則 ………………………………………… 201
2-3　少額訴訟手続 …………………………………………………… 202
2-4　起訴前の和解 …………………………………………………… 204
2-5　和解に代わる決定 ……………………………………………… 204
3　略式訴訟手続 …………………………………………………………… 205
3-1　手形・小切手訴訟手続 ………………………………………… 205
3-2　督促手続 ………………………………………………………… 206

第15章　国際的な事件に関する諸問題 …………………………………209
　　1　国際裁判管轄 …………………………………………………210
　　2　国際訴訟競合 …………………………………………………211
　　3　外国判決の承認・執行 ………………………………………212

事項索引 ……………………………………………………………………215

みぢかな民事訴訟法
〔第3版〕

第1章

民事訴訟とは何か

1 民事紛争と民事訴訟

1−1 民事紛争に必要な紛争解決手段

社会の存するところに必ず紛争がある。そして、権利義務または法律関係に関する法的紛争（いわゆる紛争にはこの他に、事実の有無に関する事実的紛争があるが、以下特にことわらない限り紛争とは法的紛争をいう）については、解決規範として法が存在し、法的紛争解決制度が存在する。

かつて民事上の紛争が自力救済によって解決された時代があったが、それでは力が正義ということになり不当である。そこで、近代国家にあっては、その解決は、終局的には裁判所の裁判にゆだねられている。民法や商法といったいわゆる民事実体法の主たる役割の1つは、権利義務や法律関係の発生・変更・消滅の要件や効果を規定し、訴訟における権利主張の当否の判断基準を与えることにある。民事訴訟は、権利義務を実現する手続である。

1−2 民事訴訟とは

ところで、国家が設営する民事紛争の解決手段は多様である。行政機関の担当する紛争解決制度もあるし、司法の領域内においても、訴訟のほか調停や仲裁などの紛争解決制度もある。調停は訴訟ではないが裁判所付設型の裁判代替的紛争解決制度（裁判代替的紛争解決制度のことを Alternative Dispute Resolution. 略してADRという）であるし、仲裁もADRの一種であるが、一定の範囲で裁判所が介入するという意味で司法がこれに関与することがある。民事訴訟は国家の設営する民事法上の紛争解決制度のうちのもっとも代表的かつ終局的な紛争の解決制度である。他の紛争解決制度の利用が奏功しなかった場合でも、最終的に民事訴訟の利用が保障されている（憲法32条の裁判を受ける権利の保障）。

そこで民事訴訟とは，民事上の法的紛争を，法律を適用して法判断それ自体を示すことによって解決するため，国家が裁判所を通して裁判権を行使する手続であるといえる。同じく裁判所による手続であっても，刑事訴訟や行政訴訟とは区別するために民事訴訟の対象は「民事上の法的紛争」に限定される（ただし，行政訴訟については，行政事件訴訟法という特別法がある。しかし，基本的には民事訴訟法の適用を受けるので，それを民事訴訟の一亜種と位置づけることができないわけではない）。

1-3　民事訴訟の目的は何か

　民事実体法は各人に権利を認め，その相手方に，これに対応した義務を課する。本来，権利は任意に尊重され，義務は任意に履行されるべきものである。しかし，権利・義務の存在について争いがあるとか，争いはないが，害意，支払能力の欠缺，あるいは懈怠（けたい）などの理由から，義務の履行が任意になされない場合，この法的紛争の解決方法は，権利者の自力救済か国家による紛争解決（近時裁判によらないADRも発達している）かのいずれかである。自力救済は国家による紛争解決手段が設けられる以前は，権利者にとり権利救済手段の1つであったといえる。しかし，自力救済は権利者が常に強者であるとは限らないため，「力は正義なり」という結果が生じ，不完全な紛争解決制度であるということができる。自力救済は，力を法に優先させる。そこで，すべての国家は法的秩序維持のために，自力救済を，若干の例外を除けばこれを原則として禁止した。

　国家は，その民事紛争解決制度を設けることにより，国民に権利保護を保障する。そしてその権利保護の保障は，終局的には民事訴訟によってなされる。したがって，民事訴訟の目的は，民事上の権利または法律関係の確定と実現，すなわち当事者の権利保護に求められる（民事訴訟の目的＝権利保護説の立場）。

　そして民事訴訟は，一方で権利保護という目的を果たすことにより，結果的に他方で法秩序の維持に奉仕することになる。権利保護と法秩序維持は，民事訴訟の両側面であって，前者と切り離して後者を独立の目的とすることは誤りである。

　これに対して，民事訴訟の目的として，権利保護と法秩序維持を同格に並列

させる見解や，または法秩序維持を第1の目的とする見解がないではない（法秩序維持説）。

また，民事訴訟における原告の請求に対しての判決である本案（本案とは訴訟上の請求を指す）判決による紛争解決を，その目的とするという見解（紛争解決説）もある。たしかに確定判決によって法的紛争は解決され，法的平和は回復する。不当判決（手続法上は適法でも実体法上は誤った判決）は，法的紛争を解決して法的平和を回復するが，権利保護や法秩序の維持に奉仕するものではない。しかしこのことから，民事訴訟の目的を権利保護にではなく，もっぱら法的平和の回復ないしは紛争解決に求めるべきだといってしまうことはできるであろうか。

民事訴訟は正しい裁判を目標にする。何が正しい裁判かという点については，訴訟の本質論（訴訟観）や弁論主義の本質論（「弁論主義」の説明参照）をめぐって見解が対立している。裁判において，事実認定が適正に行われ，正しい法規の適用がなければ，正しい裁判がなされたとはいえない。

ところで，正しい裁判という要請が民事訴訟法の最も重要な理念であるといえるが，正しい裁判の要請に加えて，迅速な裁判，低廉な（費用のかからない）裁判の要請も重要である。権利は迅速に実現されない限り，その保障が無意味に帰することが多いし，その費用が低廉でないかぎり，国民は訴訟制度へのアクセスを妨げられるからである。民事訴訟はこれらの諸要請を応分に充足するものでなければならない。

1-4 民事訴訟はどんな特色をもっているか

民事訴訟は，一般的・強行的かつ公権的紛争解決制度である。たとえば，国税不服審判制度は，国税の課税処分に対する不服に限定されるという意味で一般的な救済制度であるとはいえないのに対して，民事訴訟にあっては，すべての国民はその民事上の権利を侵害されたときには，いつでも民事訴訟により救済を求めることができるという意味で一般的な権利救済制度である。また，たとえば，調停にあっては原則として相手方の同意がなければ紛争解決ができないという意味で，強行的紛争解決制度とはいえないのに対して，訴訟は，訴えが提起されると相手方の意思いかんにかかわらず行うことのできる紛争解決制

度であるという点で強行的である。さらに，たとえば，国民生活センターの消費者相談のように国家の裁判権に基づかない紛争解決制度に対して，民事訴訟は，国家の裁判権に基づき強行しうる紛争解決制度であるという点で公権的である。

1－5　権利実現に用意された3つの手続

実体権を最終的に実現するためには，まず第1に，実体権を確定することが必要である。この手続が判決手続である（民事訴訟法）。第2に，判決手続の終点であり原告の請求の当否に関する判決である本案の確定判決により確定（観念形成）された権利を，事実上実現（事実形成）する手続である民事執行手続が必要である（民事執行法）。第3に，将来の本執行にいたるまで，その本執行を保全する手続である仮差押え・仮処分を含む民事保全手続が必要である（民事保全法）。民事司法は以上3つの手続を設けて，実体権の終局的な実現を図っている。

2　民事訴訟以外の紛争解決制度

もともと，民事紛争は当事者によって自主的に解決されることが最善である。民法695条の私法上の和解は，当事者間における紛争の互譲による自主的な解決方法である。

これに対して，民事訴訟法上の和解は，民訴法89条・267条に規定される訴訟係属中の和解（訴訟上の和解）と，275条に規定される簡易裁判所における起訴前の和解（即決和解ともいう）とを含んでいる。これら2種類のものを併せて裁判上の和解ということもある。前者は訴訟係属中にその訴訟を終わらせるために成立せしめられ，後者は起訴を予防するために起訴前に成立せしめられる。両当事者の主張を裁判所が調整することがあるとはいえ，いずれも合意を本質とする自主的紛争解決制度である（265条はその例外）。私法上の和解と異なる点は，訴訟上の和解にあって裁判所がこれを調書に記載すれば，その和解調書が確定判決と同一の効力を有し（267条），その調書は強制執行の基本である債務名義になる（民執22条7号・39条1項2号）という点である。

和解とならんで自主的紛争解決手段の1つとして調停がある。調停には，民事事件一般につき行われる民事調停と，家庭事件につき行われる家事調停とがある。民事調停は簡易裁判所・地方裁判所に設置される調停委員会（調停主任1名と調停委員2名以上で構成）が，当事者の互譲により，条理にかない実情に即して民事紛争の解決を図ることを目的とする手続である（民調1条）。調停委員会が手続を担当するものの，原則として両当事者間に合意が成立しないと調停が成立しないという点では，自主的紛争解決手段である。当事者間に成立した合意を調書に記載したときは，調停が成立し，その記載は裁判上の和解と同一の効力を有するものとされる（民調16条，家審法21条）。

　家事事件につき家庭裁判所で行われる調停を家事調停と呼び，これについては家事審判法17条以下が規定している。

　民事紛争の解決を第三者である仲裁人に委ね，その判断（仲裁判断）に服する旨の合意を仲裁契約という。解決を当事者の合意によらず，仲裁人の仲裁判断によるという点で，仲裁は和解や調停のような自主的紛争解決制度ではないが，当事者の仲裁契約という合意を紛争解決の出発点とする点ではなお自主的紛争解決の性格を残している。「仲裁法」にその手続が規定されている。仲裁判断は確定判決と同一の効力を認められ（仲裁法45条），仲裁契約があるにもかかわらず提起された訴えは，被告の仲裁契約の存在を主張する抗弁によって，訴えの利益がないことを理由に不適法却下される（仲裁法14条）。

　ところで，訴訟上の和解は，訴訟手続内の裁判代替的紛争解決制度であり，起訴前の和解，家事調停，民事調停などは訴訟手続にはよらないが，裁判所内でなされる裁判代替的紛争解決制度である。これに対して，近時裁判所外の裁判代替的紛争解決制度が，数多く設けられるようになってきた。また，その研究もたいへん盛んになってきている。この裁判代替的紛争解決制度をADR（Alternative Dispute Resolution）と称している。その効用は，裁判と比較して必ずしも法に拘束されない柔軟な紛争解決（ディリーガリゼーション），厳格な手続規定から解放された柔軟な手続による紛争解決（インフォーマリゼーション），法律家だけではなく非法律家の加わったあるいは非法律家による一般社会の意識を反映しやすい紛争解決（ディプロフェッショナリゼーション）という点に求められる。ADRは訴訟社会に向かってますます増大する裁判所の訴訟の負担

を軽減するという機能もあわせてもっている。しかし，ADRの本来的機能は，紛争解決の手続および質の問題に求められる。

3　裁判を受ける権利と民事訴訟

3-1　裁判を受ける権利は憲法上いかに保障されているか

憲法32条は国民の裁判を受ける権利を保障している。たとえば，憲法29条は国民の財産権を保障しているが，その保障は，財産権が侵害されたときその救済を求める手段が設営されていなければ財産権の保障は画餅に帰することになる。そこで，憲法は広く一般に裁判を受ける権利を保障することにより，財産権の保障を具体化し完全なものにしている。身分法上の権利についても，同じことがいえる。

憲法は，一方で裁判を受ける権利を保障すると同時に，他方では76条以下で裁判をその職分とする司法権について規定し，司法権が最高裁判所および法律の定めるところにより設置される下級裁判所に属することを定め，行政機関が終審として裁判を行うことを禁止して，1系列の通常裁判所に司法権を専属させている（憲76条1項・2項）。また，裁判所に違憲法令審査権を与え（憲81条），立法権による憲法違反の立法や行政権による憲法違反の行政処分を抑制させている。法律による裁判（正しい裁判）という法治国家理念の実現のために，司法の独立および司法権の担い手としての裁判官の独立の保障が必要であり（憲76条3項），その裏付けとして裁判官の身分保障をしている（憲78条）。

正しい裁判を保障するために，公開法廷における対審および判決の要請を規定している（憲82条）。

憲法上裁判を受ける権利の保障は抽象的なものであるが，訴訟法上は，両当事者対等に攻撃防御の機会を与えるための当事者権の保障（武器平等の原則），裁判所へのアクセスの保障（訴訟救助，法律扶助，少額裁判制度の設置）ないしは訴権の保障として具体化されている。

3-2　訴訟事件と非訟事件はどう違うか

訴訟事件にならんで裁判所の取り扱う事件として非訟事件というものがある。

訴訟（事件）と非訟（事件）の区別については学説が多岐にわたって対立しているが，通説は，両者の区別基準を国家作用の性質の相違に求めている。すなわち，ともに司法機関である裁判所の職分であるとされながらも，訴訟は紛争解決のための法の適用それ自体を目的とする本来の司法作用であるが，非訟事件は私人間の法律関係に国家が後見的に介入し，法判断を前提とする命令・処分をするいわゆる本来的には行政作用，とくに民事事件に関する行政作用を内容とする。行政は本来行政機関の職分であるが，行政作用のうち，とくに裁判所の職分とすることが適切であると考えられる事件を裁判所の職分とした。これが非訟事件である。

　非訟事件手続法は，非訟事件および非訟事件手続を定めるもっとも典型的な法律であり，民事非訟事件として，法人，信託，裁判上の代位および供託等に関する事件のほか商事非訟事件について規定している。そのほか民事調停や家事調停そして家事審判も事件の性質上非訟事件に含まれるものとされている。さらに，性質上は非訟事件でありながら，合目的的観点から民事訴訟（形成訴訟）の形式を借りているといわれる土地境界確定訴訟や共有物分割訴訟のように実質＝非訟事件ではあるが，形式＝訴訟事件であって，そのために形式的形成訴訟といわれるものもある。

　訴訟事件と非訟事件とでは，原則として手続上の相違が認められる。訴訟は訴えの提起により開始され（処分権主義），非訟事件も申立てによって開始されるのが原則であるが，後者にあっては国家が後見的に私人間の法律関係に介入する関係もあって，申立なしに職権で手続が開始されることがある。訴訟にあっては，原則的に二当事者が対立し，公開の口頭弁論において攻撃防御を尽くしあい（公開・対審構造），主張，立証を当事者の責任にかからしめることになるが（弁論主義），非訟事件では公開・対審構造をとらず，裁判資料も職権で探知することがある。訴訟にあっては裁判所の判断は判決という形式の裁判により示され，これに対し不服の方法として控訴・上告が認められるが，非訟事件にあっては裁判所の判断は決定という形式の裁判により，かつこれに対する不服申立方法は抗告である。訴訟事件にあっては，判決にあたり裁判所の自由裁量は認められないが（公序良俗や信義則といった一般条項の適用も本来の意味での自由裁量ではない。ただし，少額訴訟では例外がある），非訟事件は，裁判

所の後見的介入を目的とするから，裁判所の裁量の余地が認められることが多く，事情変更による裁判の取消し・変更が認められる。手続上の当事者権の保障も訴訟と比較して非訟事件では弱い。

　戦後，家事審判法の制定にともなって家事審判制度ができ，借地借家法に規定される借地非訟事件の創設などによって，訴訟事件の非訟化現象が見られる。家事審判法9条1項甲類事件は本来の非訟事件であるが，乙類事件は両当事者が利益的にも手続的にも対立する実質上の争訟事件的側面をもっている。このように，実質上両当事者間の争訟事件的性質を持つ非訟事件は真正争訟事件と呼ばれ，典型的非訟事件と訴訟事件の中間的事件として登場してきている。この種の事件について，とくに訴訟事件の非訟化の限界が，憲法の裁判を受ける権利の保障との関係から問題とされる。

　たとえば，夫婦の同居を求める権利（民752条，家審9条1項乙類1号）について考えてみよう。夫婦が同居義務の存否・態様をめぐって対立し紛争が存する場合，一方配偶者から他方配偶者に対する同居請求の審判事件は，一種の争訟的非訟事件であるといえよう。この場合，同居請求権の存否の判断については，裁判を受ける権利の保障との関係から訴訟事件とされなければならないが，同居請求権の存在を前提とする同居の態様に関しては，非訟事件としての審判に委ねられることになる。したがって，審判により家庭裁判所が一定の態様の同居を命じたとしても，それは同居の態様を定めたものであって，当該審判は同居請求権の存在を既判力をもって確定しているわけではないから，相手方は同居請求権の不存在を訴訟事件として別に主張することができる。最高裁判所の一連の判決もこの点を認めている。

3-3　訴　　権

　私人が個別的具体的な民事紛争について，民事訴訟制度を利用する権利を訴権という。憲法の保障する裁判を受ける権利は一般的・抽象的な権利ないし国民の国法上の法的地位を指すが，これに対して訴権は，個別的・具体的紛争に関する訴訟制度の利用権であるから，個別的・具体的な権利である。

　ところで，訴権の権利性をめぐって肯定説と否定説とが対立している。その背景には，訴訟の目的論の認識の違いがある。民事訴訟の目的を権利保護に求

めるならば，国民の民事訴訟制度の利用を国民の権利として構成する，換言すれば訴権の権利性を強調することになる。これに対し，民事訴訟の目的を秩序維持に求める立場からは，国民による訴訟制度の利用ないし国民の訴訟制度による拘束は，国民の国家権力への服従関係の反映で，恩恵付与でも権利義務関係でもない，換言すれば訴権は訴訟の制度目的の主観的投影であるにすぎないという考え方に結びつきやすい。このような考え方は，一面では訴権否定説と結びつく可能性をもっている。およそ実体権はそれが侵害されたとき，権利の救済がなければその権利が保障されたことにはならない。民事訴訟は権利救済の制度であるから，その利用権は実体権に由来する救済請求権として権利性が認められなければならない。したがって，訴権否定説には賛成できない。

　訴権の権利性を認めるにしても，問題はその内容いかんという点である。訴権肯定説を大別すると，私法的訴権説と公法的訴権説とに分かれる。私法的訴権説は訴権を私法上の権利の延長線上にあるものとして構成する見解であるが，訴訟制度は公法上の制度であるから，その利用権である訴権は公法的なものでなければならない。現在，私法的訴権説は認められていない。

　公法的訴権説は，訴権を民事訴訟法（公法）上の制度利用権として構成するが，その内容については，抽象的訴権説，具体的訴権説，本案判決請求権説，訴訟内訴権説，司法行為請求権説などの諸説が対立している。

　近時，訴権否定論が提唱されることもあって，民事訴訟法の体系書や教科書の中で訴権論を取り上げないものも増えている。したがって，他方で訴訟の目的論と関連して訴権論の重要性を説く見解もあるが（訴権論復活説），ここでは訴権学説の説明を省略する。

第2章

民事訴訟の審理の対象

　民事事件の裁判は，本来，当事者（原告）が求めていることがらについて審理し，判断を下すものである。近代法の基本原理である自由主義のもとでは，国家は私人の生活にみだりに介入するべきではなく，裁判所は，当事者から申し立てられたことがらについてだけ判決をすべきものとされている（246条）。このような裁判のありかたを「不告不理の原則」とか，「訴えなければ裁判なし」の原則という。さらにこの原則はそもそも当事者からの申立てがあって初めて裁判（訴訟手続）が開始するということも意味している。裁判所に対して当事者が訴訟手続の開始を求める申立てを「訴え」といい，訴えにおいて申立人（原告）は，だれ（被告）との関係でどのようなことがらについてどのような裁判を求めるのかを明らかにしなければならない。原告は，訴状の「請求の趣旨」の欄と「請求の原因」の欄を使って，自分が裁判を求める権利または法律関係の主張を特定する。このようにして特定された，訴えの内容である，原告の被告に対する一定の具体的な権利の主張のことを訴訟上の請求という。すなわち，訴えは，審判の対象である請求の内容を特定して提起しなければならない。また，当事者がこのように訴訟の開始，請求の特定，訴訟の終了などについて自由に決定することができる処分権限をもつとする建前を処分権主義という。

1　訴えの種類

　われわれの生活関係においてはさまざまな紛争が生じてくる可能性があり，裁判を求められる事件の内容も多種多様である。しかしそれら紛争も，一般的には原告が求めている裁判の内容によって，大きく分けて3つの類型に分類することができる。給付の訴え，確認の訴え，形成の訴えがそれである。

1-1 給付の訴え

　たとえば原告（貸主）と被告（借主）の間で貸金の返済をめぐって争いがあり，原告の求めている裁判が被告に対して貸金の返済を命じることを内容とする判決である場合のように，特定の給付請求権を主張し一定の給付を命じる判決を求める訴えを給付の訴えという。また給付の訴えによって開始する訴訟のことを給付訴訟という。給付の訴えは，歴史的に最も古くから認められている類型であり，現在でも訴訟の圧倒的多数を給付の訴えが占めている。

　給付の訴えで主張される権利（給付請求権）の具体的な内容としては，貸金の返済の場合のような金銭の支払だけではなく，売買の目的物の引渡しや土地の明渡しといった物の給付や登記申請などの意思表示をすること (民執173条)，そのほか家屋を収去することや騒音をださないことといった作為・不作為を目的とするものもこれに含まれる。また請求権は債権に基づくものであるか物権に基づくものであるか（物上請求権）を問わない。給付の訴えでは，給付請求権が現実化し被告の給付義務がすでに認められる状態になっていること，すなわち履行期がすでに到来している請求権が主張されるのが原則（現在の給付の訴え）であるが，一定の場合には例外的に将来の給付請求権を主張することもできる（135条，将来の給付の訴え）。

　給付訴訟において，原告の請求が認められると，裁判所は，たとえば「被告は原告に対して金〇〇円を支払え」という，被告に対して一定の給付を命じる原告勝訴の判決を下すことになるが，この原告の請求を認めた判決（請求認容判決）のことを給付判決という。給付判決は原告の主張する給付請求権が存在することを既判力（確定判決が有する内容的拘束力，詳しくは第10章参照）をもって確定する。給付判決が下されたのにもかかわらず被告が任意にその義務を履行しない場合には，原告は，この給付判決に基づいて，国家がその内容を強制的に実現する強制執行を申し立てることができる。このように給付義務を強制執行の方法によって実現できる効力を執行力といい，この執行力が認められる点に給付判決の特徴がある。これに対し原告の主張が認められない場合には，「請求を棄却する」という原告敗訴の判決が下されることになるが（請求棄却判決），この判決は，原告が主張する給付請求権ないし給付義務が存在しな

いことを確定する確認判決である。確認判決には，権利の存在または不存在（この場合には不存在）を既判力によって確定する効力だけが認められる。

1－2　確認の訴え

　たとえば，ある土地の所有権がAとBのどちらにあるのかについて争いがあったり，AとBの間に親子関係があるかないかについて争いがあるように，ある権利または法律関係が存在するかしないかが争われているとき，争いの当事者であるA・Bのどちらかが原告となって，争われている権利または法律関係が存在することまたは存在しないことを主張し，これを確認する判決を求める訴えを，確認の訴えという。確認の訴えによって始まる訴訟を確認訴訟という。確認の訴えは，給付の訴えが給付請求権の実現をめざしているのに対し，判決によって権利関係の存否を確定することにより当事者間の争いを解決し，さらにはその後の派生的な紛争を予防するものである。たとえば所有権のような基本的な権利がだれに帰属するのかを確定しておけば，所有権から発生する引渡請求権や損害賠償請求権に基づく給付訴訟を予防する可能性がある。これを確認訴訟の予防的機能という。確認の訴えが認められるためには，明確な権利・義務体系である実体法秩序が整備されることと，国民の側に判決によって確認された権利または法律関係を尊重するという法意識が浸透していることが必要であり，これが独立の訴えの類型として承認されたのは，19世紀後半になってからである。

　確認の訴えには，権利または法律関係が存在することの確認を求める積極的確認の訴えと，これが存在しないことの確認を求める消極的確認の訴えがある。積極的確認の訴えの例としては，所有権が自分に帰属することの確認を求める所有権確認の訴えがあるし，消極的確認の訴えについては自分に債務がないことの確認を求める債務不存在確認の訴えを典型的な例としてあげることができる。確認の訴えの対象は，所有権や賃借権などの特定の具体的な権利や，親子関係のような法律関係の存否でなければならないのが原則であり，抽象的な法律問題や単なる事実の確認は許されない。ただし，法律関係を証する書面（たとえば遺言書や契約書など）が真正に，すなわち作成名義人の意思に基づいて作成されたものかどうかという事実の確認を求める訴えは，例外的に許される

(134条)。

　確認の訴えに対する請求認容判決は，原告の主張どおり「別紙目録記載の土地につき原告が所有権を有することを確認する」とか，「原告は被告の子であることを確認する」という確認を宣言するものであり，確認判決と呼ばれ，確認の対象である権利関係の存否に既判力を生じる。これに対し，請求棄却判決は，原告の主張とは逆のことがらを確認する確認判決である。すなわち原告がある土地の所有権が自分に帰属するものであることの確認を求めて訴えを提起したが敗訴した場合には，請求棄却判決によって，原告にその土地の所有権が帰属しないことが確認されたことになる。

1−3　形成の訴え

　たとえば，ある夫婦A・B間で離婚をめぐって争いがあり，Aが原告となって民法770条1項が規定する離婚原因を主張して裁判所に離婚，すなわち既存の婚姻関係の解消という新しい法律関係の形成を判決でしてくれるように求める場合のように，既存の法律関係を変動（発生・変更・消滅）させるための法律要件（形成権・形成要件・形成原因）を主張し，その変動を宣言する判決を求める訴えを形成の訴えといい，形成の訴えによって開始する訴訟を形成訴訟という。この訴えは，判決で従来の法律関係を変更し新しい法律状態を形成する効力をもたらすところから，形成の訴えという名が付けられている。

　私法上の権利関係の変動は，法律行為その他の法律要件が備われば当然に発生するのが通常であり，取消権・解除権など実体法上の形成権については，権利者の意思表示（形成権の行使）だけでその効力を生じ，その行使について裁判所の助力を必要としない。形成権行使の結果である法律関係の変動を相手方が争う場合には，その段階で変動後の法律関係に基づいて給付の訴えまたは確認の訴えを提起すればよい。たとえば，売主が詐欺を理由として売買契約を取り消す場合には（民96条），訴訟外で取消権を行使して売買の目的物の返還を求めればよく，それに対して相手方が争うというのであれば，売主は所有権確認の訴えあるいは目的物の返還請求訴訟を提起することになる。しかし法は，身分関係や社団関係など，権利関係の変動について多数の利害関係人がおり，その者たちの間で権利関係の変動を画一的に生じさせ，また法律関係の安定を

図る必要性が高い一定の場合については，訴えによって形成要件に該当する事実を主張させ，裁判所がその存在を確定したうえで判決によって法律関係の変動を宣言し，その判決の確定によってはじめて法律関係の変動を認めることとしている。たとえば，離婚訴訟を例にとれば，裁判上の離婚原因は民法770条1項が規定しているが，訴訟外でその離婚原因に該当する事実があったということでただちに離婚を認めてしまうと，そのような事実があったかどうかについて争いが起きた場合，当事者間でも離婚が成立しているのかどうかが不明確になってしまう。また身分関係の秩序を維持するために婚姻のような身分関係は，第三者との関係においても画一的に決まらなければ困るので，離婚原因に該当する事実があるかどうかということも訴訟で裁判所がこれを確定し，これがあれば離婚を言い渡す離婚判決を下し，この判決が確定してはじめて離婚の効果が発生することとされているのである。形成の訴えは，給付の訴えと確認の訴えが一般的な訴訟類型であるのとは異なり，法律が個別的に法律効果の発生を裁判に結びつけている場合に限って認められるものである。形成の訴えは，必要に応じて個別的に認められてきたものであり，これが独立した訴えの類型として承認されたのは，20世紀の初頭以後であるといわれる。

　具体的に形成の訴えとされているものは，実体法上の形成の訴えと訴訟上の形成の訴えに分けられる。実体法上の形成の訴えは，その大部分が人事訴訟事件と会社訴訟事件である。人事訴訟事件に属するものとしては，たとえば，婚姻の取消（民743条，人訴1条），離婚（民770条，人訴1条），会社訴訟事件に属するものとしては，会社の設立無効・合併無効（商428条・104条・416条，有限63条），株主総会の決議取消（商247条・253条）などをあげることができる。これら実体法上の形成の訴えのほかに，訴訟法上の形成の訴えとして，再審の訴え（338条）なども形成の訴えに含めるのが通説の見解である。

　形成訴訟に対する請求認容判決は，たとえば「原告と被告とを離婚する」というように，権利関係（法律関係）の変動を宣言する形成判決であり，その判決内容どおりに権利関係を変動させる効力である形成力を持つとともに，形成原因の存在を確定する既判力を有する。形成の訴えを請求棄却する判決は，形成原因（請求認容の基礎になった形成権）が存在しなかったことを確定する確認判決であり，その点に既判力が生じる。

1－4　形式的形成訴訟

たとえば，離婚の訴えについて民法770条1項1号ないし5号が離婚原因を規定し，株主総会決議取消の訴えについて商法247条1項1号ないし3号が取消事由を定めているように，形成の訴えについては，形成の基準となる形成要件が，法律に規定されている。しかしこのように形成の基準となる具体的な形成要件が法律で定められていない場合にも，法律関係の形成に訴えと判決が必要とされる場合がある。具体的には，共有物をどのように分割するかについての共有物分割の訴え（民258条），嫡出性の推定が衝突して子の父を定めることができない場合の父を定める訴え（民773条，人訴27条・30条），隣接する土地の境界をどこに定めるかについての境界確定の訴えである。これらの訴えも，判決の確定によって法律関係の変動をもたらすものであり，その点からみれば形式的には形成訴訟に分類することができ，形式的形成訴訟と呼ばれている。

しかしこれらの場合には，たとえば，共有物分割の訴えについて規定する民法258条をみればわかるように，形成の基準となる形成要件が規定されていないので，要件事実を認定した上でそれに法規を適用して法的判断をする（このような事件を訴訟事件という）ことができない。この場合，裁判所は，合目的的に裁量によって一定の法律関係の形成をしなければならず，請求棄却判決をすることはできない（このような事件を非訟事件という。第1章3－2参照）。

要するにこれらの訴えは，形式的には形成訴訟ではあるが，実質的には非訟事件であり，処分権主義・弁論主義・証明責任原則の適用はなく（ただし異論がないわけではない），三類型以外の特殊な訴えであると理解されている。

2　訴訟物理論

2－1　訴訟上の請求

(1)　訴訟上の請求と訴訟物

すでに説明したように民事訴訟は，原告が訴えを提起することによって開始するが，訴えの中で原告が特定しなければならない審判の対象を，訴訟上の請求とか単に請求または訴訟物，訴訟対象とよぶ。この「請求」という概念は，

実体法上の請求権に由来する。すなわち給付の訴えだけが認められ，訴訟とは実体法上の請求権行使の場であると考えられていた時代には，審判の対象は，まさに実体法上の請求権に他ならなかった。しかしその後確認の訴えと形成の訴えが承認されると，請求権に基づく給付請求だけではなく，たとえば所有権の確認や，裁判による法律関係の形成も，訴えによって求められることとなり，審判の対象を実体法上の請求権と明確に区別することが必要となり，すべての類型の訴えに共通する審判の対象として訴訟上の請求あるいは訴訟物という概念が用いられるようになった。

(2) 権利主張としての訴訟物

訴訟上の請求または訴訟物は，審判の対象として，法の適用によってその当否が判断できるものでなければならないので，一定の権利主張，すなわち権利義務または法律関係が存在するとかしないとかいう主張でなければならない。ただしこのことは，訴訟上の請求が客観的に権利主張と認められなければならないということを意味するだけで，原告がそれを法律の専門用語を使って表現したり，適用されるべき法規を示すことが必要であるということではない。原告が提示する訴訟上の請求をどのような権利関係として判断するかは，法の適用によって紛争を解決しなければならない裁判所の職責であり，かりに原告が適用すべき法条を示していても，裁判所はこれに拘束されない。

訴訟上の請求は，訴えの内容として裁判所にその審判を求めるものであるから，裁判所に向けられるものであるが，同時に被告との関係では，被告に対する権利主張であるから，この意味では被告に対して向けられたものでもある。この両者を含めて訴訟上の請求ということもあるが，被告に対する関係での権利主張だけをさして訴訟上の請求という用法のほうが一般的である。民事訴訟は，私人間の紛争を相対的に解決する制度であるので，同じ内容の権利関係の主張であっても，当事者が異なれば訴訟上の請求は別個のものとなる。

2-2 訴訟物を特定する必要性

(1) 審判対象の特定と不意打ち防止

訴訟物は，訴訟における審判の対象であるから，訴訟のはじめから具体的に特定していなければならない。すなわち裁判所は，当事者が申し立てた事項に

ついてだけ審判することができるが（246条），その中身である訴訟物を特定することは，原告の権限であると同時に責任でもあるとされているので，まず原告が訴え提起にあたって訴訟物を特定しなければ，裁判所は審理を開始することさえできない。また246条により，裁判所は当事者の申し立てていない事項について審判できないが，反面，裁判所は訴えが適法であるかぎり，請求の全部について裁判しなければならず（258条1項），この点においても，訴訟物の特定が必要である。さらに被告にとっては，訴訟物が明確に特定されることによってはじめて，何についてどのように防御を行えばよいのかが明らかになるのであり，訴訟物が特定されないままで審理が開始される場合には，防御の見通しをたてることができず，不意打ちの危険にさらされることになる。被告をこのような不意打ちから守るという意味でも訴訟物の特定が必要である。

(2) 訴訟物の同一性を判断する前提としての訴訟物の特定

訴訟物を特定することによって，その訴訟物が他の訴訟物と同一であるかそれとも別の訴訟物であるかを判断することができる。訴訟物が同一であるか否かということは，訴えの客観的併合にあたるかどうか（136条），重複訴訟にあたるかどうか（142条），訴えの変更にあたるかどうか（143条），既判力の客観的範囲がどこまで及ぶのか（114条）といった問題を判断するにあたっての決定的なまたは重要な基準である。こうした考えに対しては，最近，訴訟物の同一性だけが，こうした問題の基準であるわけではないという点が認識され，それぞれの問題を訴訟物とは異なる基準で処理しようとする見解や，訴訟物概念を複数定立して問題の弾力的な解決を図ろうとする見解もあらわれている。しかし，訴訟物の特定がこれらの問題において出発点または前提になっている点に変わりはない。

(3) 管轄・印紙額の決定

これまで説明した以外にも，訴訟物の特定を前提とするものがある。たとえば事物管轄は，訴訟物の内容となっている権利・法律関係の性質や訴額によって決定されるが，その判断をするには訴訟物の特定が必要である。また訴状には訴額に応じて印紙を貼らなければならないが，そのためにも訴訟物の特定が必要である。

2-3 訴訟物理論

(1) 訴訟物を特定する基準についての考え方

訴訟物は，これまで説明してきたように，訴訟における審理，判決の対象であるので，訴状における請求の趣旨と請求の原因とによって，訴訟手続の最初から特定されていなければならない。訴訟物は，一般に権利主張としてとらえられているが，その具体的な内容としてどのようなものを考えるか，とりわけ訴訟物をどのような基準によって特定し，その訴訟物を他の訴訟物と区別するのかを定める実定法規は存在しないため，これについては解釈に委ねられている。この解釈をめぐって昭和30年代に激しく争われたのが，いわゆる訴訟物論争である。この論争は，大きく分けて，実体法上の権利または法律関係を基準として訴訟物をとらえる立場（実体法説。旧訴訟物理論ともいう）と，3つの訴えの類型のそれぞれの機能の違いを重視して，実体法上の権利から独立した訴訟物を構成する立場（訴訟法説。新訴訟物理論ともいう）との対立である。もっともこの論争は，おもに給付の訴えと形成の訴えをめぐるものであり，確認の訴えについては，見解はおおむね一致している。以下では，いくつかの角度から実体法説と訴訟法説を中心にして，訴訟物に対する考え方の違いをみてみよう。

(2) 給付訴訟の訴訟物

(a) 実体法説

実体法説とは，訴訟物を実体法上の個別的・具体的な請求権そのものの主張ととらえ，主張される実体法上の請求権が異なるごとに訴訟物も異なるとする立場である（この立場を批判して，訴訟法説が唱えられた際，この考え方を旧訴訟物理論と呼んだ）。

たとえば，所有権に基づく返還請求権と占有権に基づく返還請求権のように，物の返還を求めるという同じ目的をめざす請求権であっても，異なった条文で規定されていればそれぞれ別個の実体法上の権利であり，したがってそれぞれの請求権がそれぞれ1個の訴訟物を構成する。この考え方が従来の伝統的な訴訟物についての考え方で，判例もこの考え方に従っているようである（最判昭和35・4・12民集14巻5号825頁）。

実体法説によれば，ある土地の返還を求める場合に，所有権に基づく返還請求権と賃貸借契約が満了したことに基づく返還請求権とを考えることができる場合に，実体法上の権利としては別個の物であり，したがってこの2つの請求権を訴訟で主張する場合，訴訟物もそれぞれ別個のものということになる。またある交通事故による損害賠償を求めて一定金額の支払を請求するときに，運送契約の債務不履行に基づく損害賠償請求権と不法行為に基づく損害賠償請求権とを考えることができる場合にも，訴訟物は異なることになる。そしてこれらの請求権が同時に（1つの訴訟で）主張される場合には，この考え方によれば，訴えの（客観的）併合ということになる。

　しかしこのように実体法上は2つの請求権が成立するとしても，2回の給付が認められるわけではなく，1回の給付が許されるだけである。事実，実体法説の立場でも，このような請求権が同時に主張される訴えの併合の場合に2回の給付を許すものはなく，1回の給付だけを認める。そして訴訟物が2つ成立すると考えるにもかかわらず給付の回数を1回しか認めないという結論を導くために考えだされたのが，選択的併合というテクニックである。すなわち選択的併合の理論とは，先に挙げた例のように，同じ経済的な目的をもつ2つの請求権が成立する場合に，そのうちのどちらか1つが満足されれば他の請求権は意味を失うという関係にある場合には，一方の請求（訴訟物）は，他方の請求が認容されることを解除条件として併合されているとする考え方である。このように考えることによって，一方の請求が認容されれば，他方の請求は解除条件が成就したことによって消滅するので，1個の給付だけが認められるにすぎない場合に，二重の給付判決を下すことを避けることができる。なお，同じ内容の1個の給付を目的として2個以上の請求権が成立する場合にも同様に考える。しかしこの選択的併合の理論に対しては，原告の意思と無関係に当然に選択的併合を認めることが妥当ではなく，そしてそもそも訴訟物が2個であるといいながら結局は1偶の判決しか下せないようにするのは，論理的に一貫せず，むしろ端的にこのような場合には訴訟物が1個であるととらえるべきであるという批判が加えられる。

　なお，債務不履行に基づく損害賠償請求権と不履行行為に基づく損害賠償請求権に関しては，単に法条が競合しているだけで実体法上の請求権としては1

個しか成立しないという考え方がある（法条競合説）。すなわち前者（契約責任）と後者（不法行為責任）とは特別法・一般法の関係に立ち，両者が競合するようにみえても実体法的には特別法である契約責任（債務不履行に基づく損害賠償請求権）しか成立していないと考えるのである。また，2つの請求権が成立することを前提とする請求権競合の場合には，原告は請求相互間に順位を付し，第1位A請求，A請求に理由がないときはB請求という関係で，予備的に併合すべきであるとして，予備的併合の理論による解決を提唱するものもある。

そのほか実体法説は，実体法上の請求権ごとに訴訟物をとらえるので，訴訟物は実体法上の性質をもつものとして構成される。たとえばある交通事故に基づいて損害賠償請求をするのに，不法行為に基づく損害賠償請求権（民709条）と運送契約不履行に基づく損害賠償請求権（民415条）とが成立する可能性がある。この場合実体法説によれば，それぞれの請求権が別個に訴訟物を構成することになるが，それぞれの訴訟物は，その内容である実体法上の請求権の性質をもつものとして把握されるのである。すなわち，不法行為に基づく損害賠償請求権については，民法509条により相殺が禁止され，時効については民法724条による3年間の短期消滅時効が適用される。これに対し，運送契約不履行に基づく損害賠償請求権については，民法509条の適用はないし，時効についても一般債権として10年の消滅時効期間が適用される。ある給付を根拠づけることができる実体法上の請求権相互間の性質の違いを，実体法説の立場では，訴訟物に直接反映させることができる。

(b) 訴訟法説

訴訟法説は，給付・確認・形成のそれぞれの訴えの機能の違いを重視し，訴訟物を実体法上の請求権とは独立した訴訟法上の観点から各種の訴えの類型ごとに決定しようとする立場である（実体法説を旧訴訟物理論と呼ぶのに対応して，この考え方は新訴訟物理論と呼ばれた）。この考え方によれば，給付の訴えの機能は，給付判決を与えて執行をできるようにすること，すなわち債務名義を提供することである。

したがって，給付の訴えの訴訟物は，実体法上の個々の請求権そのものではなく，相手方から一定の給付を受けることができる法律上の地位（受給権）で

あるとする。そしてこの考え方によれば、同じ内容の給付を目的とする請求権が複数競合して成立する場合においても、実体法秩序が認める給付の回数が1回であれば、訴訟物の個数は1個であることになる。この場合、実体法上の請求権は、訴訟物の根拠となる法的観点あるいは、請求を理由づけるための攻撃方法にすぎず、そのような法的観点または攻撃方法が複数存在するだけであると理解する。先にあげた土地の返還を求めるのに所有権に基づく返還請求権と賃貸借契約の終了に基づく返還請求権が成立する場合を例にとれば、原告が被告からその土地の返還を受けることができる地位が訴訟物としてとらえられることになるので、これら2つの請求権が同時に主張されても、実体法秩序が1回の給付（土地の返還）しか認めない場合には、訴訟物は1個であり、それを理由づける法的観点が複数主張されているだけであることになる。すなわちこの考え方は、社会常識からみて1個の紛争は、法的にも1個の訴訟で解決するのが訴訟制度として望ましいということを基礎とし、「紛争解決の一回性」を強調する。このことと密接に関係するが、訴訟法説は、給付の訴えについて実体法上の権利ごとに訴訟物を分けてとらえるということをしないため、訴訟物の範囲はきわめて広い範囲に及ぶことになる。その結果訴訟物の範囲＝既判力の客観的範囲という図式を前提とするかぎり、既判力の及ぶ範囲もきわめて広くなる。

　なお、訴訟法説では、訴訟物を実体法上の権利からきりはなして構成するので、訴訟物は、実体法説の場合とは異なり、実体法上の性質をもたない。すると一般的に、既判力は判決主文で判断された訴訟物についてだけ生じ、判決理由中の判断には生じないと解されているのだが、これを前提とすると、請求認容判決の場合には、どのような請求権に基づいて請求が認容されたのかについては、既判力が生じないことになる。したがって、後にこれが争われた場合の処理をどうするかが問題となる。これについては、判決理由中の判断にも一定の要件のもとで拘束力を認める（争点効）ことによって請求権の性質を決定する立場と、法的評価の再施という方法で2度目の訴訟を認める立場がある。

(c)　新実体法説

　このほか訴訟物のとらえ方についての新しい考え方として新実体法説と呼ばれるものがある。これは、訴訟法説が、実体法上の請求権を訴訟物から完全に

切り離したことへの反省から、この両者の結びつきを回復させようとする立場である。裁判は実体法の適用によって行われるのであるから、訴訟物の構成についてやはり実体法との関係を無視すべきではないという考え方である。もっともこの考えは、訴訟法説のように実体法上の権利ごとに訴訟物を構成するのでもなく、実体法上保護すべき法的地位ないし生活利益を請求概念の中核にすえ、この請求概念に対応するように実体法上の請求権の再構成をめざすものである。

たとえば、条文のうえでは不法行為に基づく損害賠償請求権と債務不履行に基づく損害賠償請求権の2つがあるように見える場合であっても、法的または経済的にみて実質的に1個の給付しか認められないときには、この両者を統合した1個の実体法上の請求権を想定する。そして、複数の請求権を1個に統合した請求権が、1個の訴訟物となると考える。またこの統合された請求権についての時効期間などの法的性質は、統合された請求権からそれぞれの長所をとったものになるとされる。そしてそのような法的性質をもつ請求権の存否が、既判力によって確定されることになるのである。もっとも再構成の具体的方法については、この説の支持者の中でもさまざまな見解があり、一致点は見いだされていない。

(3) 確認の訴えの訴訟物

確認訴訟の訴訟物については、実体法説と訴訟法説との間でほとんど違いはない。どちらの考え方によっても、原告が主張する特定の権利または法律関係が、訴訟物となる。たとえば、ある土地についての所有権の確認の訴えにおいては、その土地の所有権の主張が訴訟物となるという点で、2つの考え方は一致している。この場合、その土地の所有権を取得した原因としては、売買とか相続というようにさまざまなものが考えられるが、実体法説でも、売買による所有権とか、相続による所有権というように訴訟物を分けてとらえることはない。

(4) 形成の訴えの訴訟物

形成の訴えについては、給付の訴えの訴訟物のとらえ方の違いと同様の考え方の違いがある。すなわち、実体法説によれば、実体法上の形成権（形成要件・形成原因）ごとに訴訟物が別個に成立するのに対し、訴訟法説では、形成

を求めることができる法的地位を訴訟物としてとらえる。たとえば，形成の訴えの典型的な事例である離婚の訴えで考えてみると，実体法説によれば，民法770条1項各号の要件である不貞行為（1号）や悪意の遺棄（2号）などそれぞれの離婚原因ごとに訴訟物が特定されることになる。これに対し訴訟法説では，離婚という形成を求める法的地位が訴訟物であり，それぞれの離婚原因は，訴訟物そのものではなく，訴訟物を理由づける法的観点または攻撃方法にすぎないことになる。

3　訴訟物論争の意味

3-1　訴訟物についての考え方の違いが具体的にあらわれる場面

　訴訟物をめぐる考え方の対立は，これまでみてきたように，1個の給付または1個の形成を求める場合に複数の請求権または複数の形成権が成立するいわゆる請求権競合または形成権競合の場合である。そして，訴訟物のとらえ方をめぐる考え方の対立は，基本的に訴訟において，訴えの客観的併合，重複訴訟（二重起訴の禁止ともいう），訴えの変更，既判力の客観的範囲についての考え方の違いとしてあらわれると考えられてきた。これら4つの問題を一般に訴訟物理論の4つの試金石とよぶ。以下では，ある物の給付を求める給付の訴えにおいてその物の給付を求めるために複数の請求権が成立する場合を例にとって，これらの問題において実体法説と訴訟法説でどのような違いが生じるのかを検討するが，同様のことは，ある形成を求めるのに複数の形成権が存在する場合にも当てはまる。

(1)　訴えの客観的併合

　原告が被告に対して1つの訴訟物を提示して審判を求めるのが，訴訟のもっとも単純な形であるが，それ以外に，原告が1つの訴えで数個の請求をすることも一定の要件のもとで許されており（136条），その場合には訴訟物が複数となる。このように複数の訴訟物について審判を求める場合を訴えの客観的併合という（詳しくは第13章参照）。たとえば，ある土地の返還を求めるのに所有権に基づく返還請求権と賃貸借契約の終了に基づく返還請求権が成立する場合，訴えの当初からこの2つの請求権が主張されている場合を考えてみよう。実体

法説によれば，訴訟物は実体法上の請求権ごとに構成されるので，この場合所有権に基づく返還請求権と賃貸借契約終了に基づく返還請求権の2つがそれぞれ訴訟物となり，したがって訴えの客観的併合が問題となる。これに対し訴訟法説では，一定の給付を求めることができる地位が訴訟物であると考えるので，この場合には，その土地の返還を求めることができる地位が訴訟物を構成することになり，訴訟物は1個であるので，訴えの客観的併合の問題は生じないし，訴えの併合の要件を充たす必要もない。この立場では，訴訟物を理由づける法的な観点が2つ存在するにすぎないことになる。

(2) 重複訴訟の禁止

訴訟係属中に同一の事件について重ねて訴えを提起することは，二重手間という意味で裁判所にとっても被告にとっても迷惑であるし，2つの裁判が行われるとすればその間の判断が矛盾抵触するという可能性もあるので，禁止されている（142条，なお詳しくは第5章参照）。事件が同一であるかどうかの判断は，基本的には当事者の同一性と訴訟物の同一性とによって判断されるので，訴訟物をどうとらえるかによって，結果が異なることになる。訴えの客観的併合で用いた例を使って，原告がある土地の返還を求めるのに所有権に基づく返還請求権を主張して訴えを提起しその訴訟が係属中に，あとから同一の土地の返還を求めて賃貸借契約の終了に基づく返還請求権を主張して別に訴えを提起する場合を考えてみよう。実体法説によれば，所有権に基づく返還請求権を主張する訴訟の訴訟物も，賃貸借契約の終了に基づく返還請求権を主張する訴訟の訴訟物も，それぞれ主張されている請求権そのものであり，2つの訴訟での訴訟物は別個であるので，重複訴訟の禁止の問題は起こらない。これに対し訴訟法説によれば，所有権に基づく返還請求権を主張する訴訟においても，賃貸借契約終了に基づく返還請求権を主張する訴訟においても，訴訟物は，土地の返還を求めることができる地位であって2つの訴訟の訴訟物は同一ということになるので，この場合には後訴は重複訴訟の禁止に触れる。

(3) 訴えの変更

原告が訴訟係属後に，請求の趣旨または請求の原因を変更することによって訴訟物を変更することを，訴えの変更という（143条）。これには従来の請求に加えて別個の請求を求める場合（訴えの追加的変更）と従来の請求にかえて新

しい請求について審判を求める場合（訴えの交換的変更）とがある（詳しくは第13章参照）。

　訴えの追加的変更は，要するに後発的に訴訟物が複数になった場合であり，基本的に訴えの客観的併合で説明した内容と同じことがいえる。訴えの交換的変更についても，原告がある土地の返還を求めるのに，はじめ所有権に基づく返還請求権を主張していたが，訴訟係属中に同一の土地の返還を求めるためにこの請求権にかえて賃貸借契約の終了に基づく返還請求権を主張するという例で考えてみよう。実体法上の権利ごとに訴訟物を構成する実体法説によれば，所有権に基づく返還請求権と賃貸借契約の終了に基づく返還請求権はそれぞれ別個の訴訟物を構成することになるので，この例の場合は訴訟物の変更をともない，したがって訴えの交換的変更が問題となり，訴えの変更の要件を充たす必要がある。これに対し，給付の訴えでは一定の給付を受けることができる法的な地位が訴訟物であるとする訴訟法説によれば，所有権に基づくものであれ賃貸借契約の終了に基づくものであれ，土地の返還を求めることができる法的な地位が訴訟物であり，訴訟物には変更がないので，訴えの交換的変更の問題を生じない。この立場では，訴訟物を理由づける法的な観点の主張の変更があるにすぎないことになる。

(4)　既判力の客観的範囲

　既判力とは，確定判決に認められた効力で，当事者間ですでに判決された事項がその後の訴訟において再び問題となった場合，当事者はその判断内容に反する主張をすることができないし，裁判所もその判断内容と抵触する判断をすることが許されないということを内容とする。既判力は，原則として，判決の主文に表示された判断事項についてだけ生じる（114条1項）。そして判決の主文においては，原告の請求（訴訟物）の当否についての判断が示されるので，既判力の及ぶ範囲は，基本的に訴訟物の範囲と一致するといえる（以上既判力につき，詳しくは第10章2を参照）。この問題についても，所有権に基づいてある土地の返還請求を求める給付訴訟で敗訴（請求棄却）した原告が，その判決確定後，同じ被告に対し同一の土地の返還を求めて今度は賃貸借契約の終了に基づく返還請求権を主張して給付の訴えを提起する場合で考えてみよう。実体法説の立場では，所有権に基づく返還請求権を主張する前訴と賃貸借契約の終

了に基づく返還請求権を主張する後訴とでは、原告の主張する実体法上の請求権が異なるので、訴訟物が異なることになり、その結果、前訴判決の既判力は、後訴に及ばないことになる。しかし実体法上の請求権を訴訟物を特定する基準としないで、給付の訴えについては一定の給付を受けることができる法的な地位を訴訟物ととらえる訴訟法説によれば、この事例では前訴においても後訴においても同一の土地の返還を求めることができる法的な地位が訴訟物を構成し、したがって訴訟物が同一であることになるので、前訴判決の既判力が、後訴に及ぶことになる。

(5) 訴状における請求の特定への影響

訴訟法説と実体法説では、このような考え方の違いがあるが、さらにこの2つの考え方の違いは、訴状における請求の特定のしかたにも影響を与える。たとえば、ある土地の返還請求の訴えにおいては、原告は訴状の「請求の趣旨」の欄に「被告は原告に土地を返還せよ」という判決を求めることを書くことになるが、それだけでは、これが所有権に基づくものであるのかそれとも賃貸借契約の終了に基づくのかまではわからない。この場合、実体法上の権利ごとに訴訟物を構成する実体法説の立場では訴状の「請求の原因」の欄を使ってさらにその権利を特定することが必要となる。これに対し訴訟法説の立場では、包括的な法的地位の主張があれば、訴訟物は特定されるのであるから、その必要はないことになる。これは例としてあげた給付の訴えの場合だけでなく、形成の訴えについても同様である。

3-2　実体法説と訴訟法説の長短

(1) 実体法説の場合

訴訟物のとらえ方についての2つの考え方の違いは、具体的には以上のような点にあらわれる。実体法上認められている権利ごとに訴訟物が成立すると考える実体法説では、裁判所の審判の対象が明確であり、当事者が何について攻撃防御をしたらよいかも明らかである。また既判力の生じる対象も、基本的に訴訟物とされた権利に限定され、既判力の作用としてあとから争えなくなる（遮断効とか失権効という）対象もこの権利に限定されるので、攻撃防御の目標とならなかった他の実体法上の権利については、後訴で新たに争うことができ

る。したがって訴訟物に対する当事者の攻撃防御の機会を実質化するという意味での手続保障を実現しやすい。また訴訟物を実体法上の権利ごとに細分することにより、1つの訴訟における訴訟物の範囲は非常に狭く、そのかぎりでは当事者間の争いに対して迅速な裁判を提供できる。

しかしその反面、訴訟物が実体法上の権利ごとに細分される結果として、1個の紛争はできるだけこれを1個の訴訟で解決すべきであるという紛争の1回的解決の要求は実現されにくい。給付訴訟を例にとれば、ある給付を求めるために複数の請求権が成立する場合、原告がこれを併合して1個の訴訟で主張しない場合には、被告は1つの紛争について何度かの応訴をしいられる可能性がある。また裁判所にとっても、別訴や後訴の負担が増加するおそれがあり、請求権がそれぞれ独立した訴訟で争われることになれば、同一の紛争をめぐる判決において判断が矛盾する危険もある。このうち、被告の応訴の負担が増すという欠点に対して実体法説の立場では、被告は146条1項の規定する反訴を提起することによって、関連する紛争を一回の訴訟で解決できることで、問題を処理できると考えられている。

(2) 訴訟法説の場合

一方、実体法上の権利を訴訟物特定の基準としないで、実体法秩序が給付を許容する回数または形成を認める回数といった訴訟法的な観点から訴訟物を構成する訴訟法説の立場では、社会通念上1個ととらえられる紛争を1個の訴訟で処理することができ、紛争の1回的解決の要求を充たすことができる。しかし訴訟法説は、実体法上の権利による訴訟物の分断を認めず訴訟物を抽象的かつグローバルにとらえる結果、訴訟物の範囲＝既判力の客観的範囲という図式を前提とするかぎり、必然的に既判力の遮断効も広範囲に及ぶことになる。このことは一方では、当事者が既判力の遮断効によって後から主張したり争ったりできなくなることを避けるため、ありとあらゆる争点を1つの訴訟に持ち込むことにより、訴訟が複雑化し解決に時間がかかるという結果をもたらす可能性がある。また他方、弁護士強制主義を採用せず本人が訴訟を追行できるわが国の訴訟制度のもとでは、法律知識のとぼしい原告が、たとえば、占有権に基づく建物明渡だけを主張し、所有権に基づく建物の明渡を見落とすなど、訴訟物を基礎づける法的観点（実体法上の請求権）のうちのあるものに気づかない

でそれを主張しないまま敗訴した場合には，これを後訴においてもはや主張できないという，原告にとって酷な結果を生むという批判がある。

　訴訟法説の立場からは，この批判に対して，裁判官による積極的な釈明権の行使によってそのような原告にとっての不利益が生じることを避けることができるという反論がある。また，訴訟物の範囲＝既判力の客観的範囲という図式自体を修正することによって，既判力による遮断効がきわめて広い範囲に及ぶことが原告にとって酷であるという事態を回避する試みも行われている。これにはたとえば，訴訟物概念の役割を行為規範としてのそれと評価規範としてのそれに分け，前者は失権の一般的範囲を警告するのに対し，後者は前者の警告を前提としながら前訴の具体的な手続過程に基づく手続事実群を考慮して失権の範囲を調整するという立場がある。また，訴訟物を前訴係属中に訴訟の指針としての役割を果たす展望的訴訟物と後訴において遮断効を有する既判力と一致する回顧的訴訟物とに分け，訴訟物と既判力による遮断効の範囲がずれることを認める立場や，訴訟法説に立ちながら，遮断効は，その訴訟で主張されずまた原告に主張を期待できなかった法的観点には及ばないという立場もある。

第3章

民事訴訟の基本原則

1　当事者と裁判所の役割分担

　民事訴訟は，裁判所と当事者との共働により行われる。その際，事件を訴訟の場に持ち出したり，その判断資料を提出したりする役割はだれが負うのか。たとえば，交通事故でケガをした場合に，損害賠償請求の訴えを提起するのはだれか。また，その請求を判断するために必要な証拠（診断書，治療費の請求書，事故の目撃者の証言など）はだれが探し出してくるのか。さらに，訴訟手続はだれの権限で進行させるのか，当事者なのか，それとも裁判所だろうか。本章では，これら民事訴訟の各場面における裁判所と当事者の役割分担について述べる。

　わが国の民事訴訟法は，事件の内容の面では，判断対象を訴訟の場に持ち出し，判断資料を提出する権限と責任を当事者に与え（処分権主義・弁論主義），補充的に，裁判所に判断資料の提出につき当事者に働きかける権限と責任（釈明権・釈明義務）を認めている。他方で，手続の進行の面では，裁判所に権限と責任を与えて職権で迅速な進行を図るものとし，また，審理充実のために審理の整序に関する権限と責任を裁判所に認めている。

　当事者に権限と責任とを認める原則は当事者主義と呼ばれ，裁判所に権限と責任とを認める原則は職権主義と呼ばれる。事柄の性質に応じて，当事者あるいは裁判所にどのように権限と責任を配分するかは重要な問題であり，その配分のしかたは背景となる時代思潮により変遷してきた。近代的な訴訟の在り方としては，自由主義原理に基づき当事者主義が基調となるが，近時は，福祉国家の名の下に裁判所の後見的役割が求められ，職権主義的傾向が強調されるようになってきている。

1−1　訴訟の開始，判断対象の特定，訴訟の終了（処分権主義）

　民事訴訟では処分権主義がとられる。処分権主義とは，訴訟の開始，判断対象の特定，（判決以外の方法による）訴訟の終了についての当事者主義，すなわち，その権限と責任とを当事者に認める原則をいう。民事訴訟では，判断対象をなす権利（または法律関係）に関して私的自治の原則が支配することから，本質的な要請としてこの原則が採られると考えられている。

　一方，訴訟外で自由処分に親しまないとされる法律関係については，処分権主義が制限される。その典型例は，婚姻・親子・養子縁組関係といった，民事訴訟法の特別法である人事訴訟法が適用される，人事訴訟事件にみられる。しかし，ここでも，処分権主義が全面的に排除されるわけではなく，後述のように，請求の放棄・認諾や和解についてのみ問題となる。

(1)　訴訟の開始

　「訴えなければ裁判なし」との法諺は，処分権主義の一内容たる訴訟の開始に関するものである。これは「不告不理の原則」とも呼ばれるが，訴えをまって訴訟が開始されるのはわが民事訴訟法上の鉄則である。それを定める明文規定はないが，246条（申立事項と判決事項）から推知される。

　訴訟外での自由処分には親しまないとされる法律関係についても常に訴えが必要なことは同様である。人事訴訟事件のうちとくに婚姻事件は，国家の一機関たる検察官の訴えによっても訴訟が開始されるが（民744条），その場合も形式的ながらこの原則は貫徹されている。

　例外的に，訴訟費用の裁判（67条），仮執行宣言の裁判（259条），濫上訴に対する制裁としての金銭納付の裁判（303条）などは職権でなされるが，これらは本案に付帯する問題に関するもので，本案に関する限り，例外は存しない。

(2)　判断対象の特定（申立事項と判決事項）

　判断対象の特定も当事者の権限と責任に属し，その結果，裁判所は，当事者の申し立てない事項につき判決することは許されず（246条，なお上訴・再審の手続につき304条・313条・348条1項），当事者の申立てに対して，量的に多く，また，質的に異なる裁判はできない。たとえば，500万円の支払を求める訴えに対して600万円の支払を命じたり，また，離婚の訴えについて婚姻を取り消

したりする裁判はできない。しかし，何を訴訟物と見るかという立場の差異が246条の判断に影響を与えることがある。たとえば，貸金10万円の返還を求める訴えで，被告が錯誤による消費貸借の無効を主張したとき，不当利得として10万円の返還を命じることは，実体法説（旧訴訟物理論）では許されないが，訴訟法説（新訴訟物理論）によれば許されることになろう。

ところで，申立事項＝判決事項の原則を厳格に貫くと，かえって不合理，不自然なことになり，訴訟経済上も好ましくないことがある。そこで，裁判所は，当事者の意思を合理的に解釈して，不利益に働く当事者に不意打ちにならないかぎり，当事者の申立事項と多少異なった判決をしても，246条違反とはならないと解されている（具体例については，(a)・(b) 参照）。

裁判所は，判断の対象についてのみならず，確認，給付，形成のいずれの判決を求めるのかという権利の救済の種類および範囲についても，原告の申立てに拘束される。

(a) **権利救済の種類**

原告は，確認，給付，形成いずれの判決を求めるのか，訴状の請求の趣旨において明示しなければならない。裁判所は，これに拘束されるから，確認判決を求めているのに給付判決をすることは許されない。その逆も同様である。しかし，例外的に，給付の訴えで，給付判決が認められなければ，確認判決を求めるとの当事者の意思が明確に認められ，確認の利益があれば，確認判決をすることも許される。

現在の給付の訴えに対し，将来の給付の判決をすることについては，135条の要件を充足するかぎり認めてよい。しかし，逆に将来の給付の訴えに対し，現在の給付判決をすることは，申立事項を越えるものとして許されない。

(b) **権利救済の範囲**

裁判所は，原告の申し立てた権利救済の範囲に拘束される。ただし，境界確定の訴えでは，裁判所は，原告の申し立てた境界線には拘束されない。共有物分割の訴え（民258条）においても，裁判所は，分割の方法についての当事者の申立てに拘束されない。いずれも形式的形成訴訟といわれ，非訟的性格を有するからである。

裁判所は，原告の申し立てた事項については，全面的に認めるか，排斥する

ことが多いが，原告の主張している権利救済の範囲内であれば，その質的・量的一部について，認容判決をしても，246条違反にはならない。この判決を，一部認容判決という。たとえば，原告の500万円の貸金返還請求に対し，審理の結果，300万円を認容するのは，原告にとっても請求棄却よりは利益になるし，被告にとっても500万円の範囲で攻防を尽したのであるから不意打ちにもならず，一部認容判決として許される。無条件の給付請求に対して，条件付の給付判決すなわち引換給付判決をすることも許される。被告が，同時履行の抗弁，留置権の抗弁，建物買取請求権を行使して建物代金の提供があるまで建物の引渡しを拒否する旨の抗弁などを主張してきた場合，本来，請求棄却判決がなされるはずであるが，棄却したところで必ずしも紛争が解決するわけではなく，たとえば代金の提供をしたのに建物を任意に引き渡さないこともあるから，請求棄却判決ではなく引換給付判決をなすべきものとされている。

(3) 当事者の意思による訴訟の終了

当事者は，訴えの取下げまたは上訴の取下げにより訴訟手続の全部またはその上訴審手続を当初から遡及的に消滅させることができるし（261条・292条・313条），また，請求の放棄・認諾や訴訟上の和解により訴訟を終了させることができる（267条）。

訴訟外での自由処分には親しまないとされる法律関係についても，訴えの取下げや上訴の取下げが自由なことは一般の民事訴訟事件と同様である。しかし，人事訴訟事件では，請求の放棄・認諾や和解が制限される（人訴19条2項，ただし，人訴37条・44条）。また，会社関係訴訟についても，原告勝訴判決に対世効があることから（商109条・136条3項・142条・247条2項・252条など），請求の認諾や和解などを認めることに問題があると指摘されている。

(4) 職権調査

最後に，職権調査について付言しておこう。裁判所が，当事者の申立てを待たずに，職権で取り上げて判断すべき事項は職権調査事項と呼ばれる。この場合，当該事項は，申立てを待たずに，職権で判断対象に据えられ処置される。このように，ある事項につき，申立てを待たずに職権で判断対象に据える原則を，職権調査と呼ぶことができ，処分権主義に対立するものとみることができる。

一般の訴訟要件の存否は，職権調査事項であると解されている。それが職権調査事項なのは，本来，それが裁判所の権限行使の可否の基準であることに基づくが，その結果，当該事項が職権で判断対象に据えられる現象は，本案につき判断対象の特定が当事者主義によっていることと対照をなす。

　職権調査や処分権主義は判断対象の特定に関するもので，その判断対象を判断するための判断資料の提出に関する原則（弁論主義・職権探知主義）とは次元を異にする問題である（ただし，職権調査は，弁論主義と職権探知主義との中間に位する第三の原則と解する少数説もある）。

1-2　判断資料の提出（弁論主義と釈明権，職権探知主義）

　判断対象の内容をなす一定の権利（または法律関係）について，その存否の判断は，その権利（または法律関係）が発生したか，その発生が阻止されるような事情があるか，あるいはすでに消滅しているか，さらに消滅の効果が妨げられる事情があるか，といった法律効果の組み合わせにより導かれる。このような法律効果とそれを発生させる法律要件（構成要件ともいう）は実体法に規定されているが，ある法律効果が肯定されるためにはその法律要件に規定される要件事実に該当する事実が主張され，さらにこれらの事実について当事者間に争いがあれば事実を証する証拠が示されねばならない。そこで，これらの事実および証拠は，どのように裁判所に供給されるべきか。裁判所は当事者が提出するのを待つべきか，あるいは，裁判所みずからがその探索に乗り出すべきか。民事訴訟は，以下にみるように，(a)弁論主義を原則とするが，裁判所の釈明権行使による後見的役割が重視されており，(b)職権探知主義への接近が見られる。

(1)　弁論主義と釈明権

　弁論主義とは，裁判の基礎となる事実と証拠との提出に関する当事者主義，すなわち，これを当事者の権限ないし責任とする原則をいう。弁論主義の内容は，つぎの3原則から成り立っている。第1に，裁判所は，当事者の主張しない事実を判決の基礎とすることができない。第2に，当事者間で存否に争いのない事実は，そのまま判決の基礎としなければならない。第3に，当事者間で存否に争いのある事実の認定に用いる証拠資料は，当事者が申し出た証拠方法

から得られるものに限られる。

　わが民訴法は弁論主義を採用している。これを直接に定める規定はないが，むしろ民事訴訟法の特別法である人事訴訟法で，弁論主義と対立する職権探知主義がとられていたり（人訴20条），弁論主義が排除されたりしている（人訴19条1項）ことから推知される。したがって，特別法が適用されない一般の民事訴訟事件は，弁論主義によって処理される。

　民事訴訟が弁論主義を採用しているのは，民事訴訟が私的自治の原則が支配する私益紛争の解決を目的としており，訴訟資料の提出についても当事者の支配を認めるべきだからであると考えられている（本質説）。なお，これに対しては，民事訴訟が弁論主義を採用しているのは，当事者の利己心を利用してその者に有利な訴訟資料の提出責任を課すことが真実発見のために最も効率的な手段であるからであるとする立場（手段説），不意打ち防止を根拠と考える立場（不意打ち防止説），私的自治・真実発見・不意打ち防止・公平な裁判への信頼の確保などの根拠に基づいた1つの歴史的所産であるとする立場（多元的根拠説）も主張されているが，これらの学説の対立は，弁論主義違反の判断や裁判所の積極的活動（釈明権の行使）の適否等に微妙な差異を生じせしめることになる。

　訴訟に提出され，裁判の基礎となる事実は，一般に，主要事実・間接事実・補助事実に分類される。そして，弁論主義はこのうち主要事実だけに適用されると一般的に理解されている。その理由は，間接事実は主要事実を推認させるものとして証拠資料と作用を同じくし，それに弁論主義を適用すると裁判官の自由心証主義（247条）による判断を拘束し合理的判断が困難になるからである，とされている（いわゆる間接事実の法理）。そこで，ある事実が，主要事実に分類されるか否かは，これにより弁論主義の適用・不適用が決定され，第1原則による主張責任の有無や第2原則による自白の効果の有無など訴訟上の法的効果に相違をきたし，ひいて当事者の訴訟活動や裁判所の審理にも影響を与えるため，この分類はきわめて重要となる（その具体的な内容については，第6章3参照）。すなわち，弁論主義の適用を受ける主要事実については，第1原則に基づいて主張責任が観念されることになり，第2原則から自白に拘束力が生じ，また，第3原則によって，主張した事実が争われた場合に，当事者によ

る証拠の提出が必要になる。

　弁論主義によれば，事実関係の解明は当事者の権限であり責任である。しかし，事実につき正しい理解のうえに裁判をなすことは裁判所の職責であって，この職責に基づいて裁判所に釈明権が認められる。釈明権とは，事実関係や法律関係を明らかにするため，当事者に対して事実上および法律上の事項について質問を発し，また立証を促す裁判所の権限をいう（149条）。口頭弁論の期日をはじめ，期日での審理を充実させるため期日外でも行使され，また，弁論準備手続や書面による準備手続でも行使される（170条5項・176条4項）。このほか，裁判所は，事案の解明を図るために一定の処分をすることができ（釈明処分・151条），その1つとして口頭弁論期日においていわゆる準当事者に陳述させることも許される（同条1項2号）。なお，当事者には釈明権の発動を促すための求問権が認められる（149条3項）。

　ところで，釈明は，その程度に応じて，不明瞭な申立てや主張を問い正すもの（いわゆる消極的釈明）と，必要な申立てや主張を促すもの（いわゆる積極的釈明）とを区別できる。前者は立場のいかんを問わず是認されようが，後者については弁論主義の伝統的立場からすれば疑問がもたれる。しかし，民訴法は立証を促すことまで認める態度を示しており（149条1項），こんにち釈明権の範囲は広く認められるようになってきている。

　なお，釈明権が期日外で行使された場合に，それが攻撃防御方法に重要な変更を生じ得る事項についてのものであるときは，相手方当事者の攻撃防御方法にも影響を及ぼすであろうことから，これを相手方に通知しなければならないとされていることを付言しておこう（149条4項，なお170条5項・176条4項）。ただし，相手方への通知を要するのは，重要事項に関わる場合に限られ（同条参照），誤記の訂正など軽微なものについては不要である。この通知を欠いた場合，相手方に準備のための猶予を与えねばならないと解されるが，釈明権行使やこれを受けた当事者による主張の追加・変更や証拠の追加等の効力には影響がない。

(2)　**職権探知主義**

　職権探知主義とは，裁判の基礎となる事実と証拠の収集を裁判所の権限ないし責任とする原則をいう。その内容はつぎの3つの原則からなる。第1に，裁

判所は当事者不提出の事実も裁判の基礎にすることができ，第2に，当事者間で存否の争いのない事実も証拠調べを行って反対の認定をすることを妨げられず，第3に，証拠調べは職権でなしうる。これらの点で弁論主義に対立する。

職権探知主義によることを定めるものとして，人事訴訟法20条があり，また，同法19条1項は弁論主義の適用除外を定めている。したがって，同法が適用される人事訴訟事件（婚姻・親子・養子縁組関係事件）は職権探知主義により処理される。

これらの事件は，第三者の利益あるいは公益にかかわることから，その保護ないし客観的真実発見のために職権探知主義が採用されたものとみられている。

また，後述する訴訟要件（第9章2参照）のうち，公益的要素の強いもの，たとえば当事者能力，訴訟能力，専属管轄，裁判権の有無などは，職権調査事項であると共に，判断の基礎となる資料の収集に関して職権探知主義がとられると解されている。なお，公益的要素の稀薄な任意管轄や訴えの利益などは，職権調査事項であるが，判断資料の収集については弁論主義によるとされている。

1-3 訴訟の進行と審理の整序

わが民事訴訟法は，手続進行の権限と責任を裁判所に与えて職権で迅速な進行を図るものとし，また，審理充実のために審理の整序に関する権限と責任を裁判所に認めている。その結果，手続進行の権限と審理整序の権限は，あわせて，裁判所の広範な訴訟指揮権を構成しているとみることができる。訴訟指揮権とは，裁判所の審理における活動権能あるいは手続主宰権能をいい，審理整序の権限をその本来的な内容とするが，訴訟手続の進行につき職権主義をとる場合には，手続進行の権限も裁判所の訴訟指揮権の重要な一内容となる。

訴訟手続の進行が，裁判所の権限と責任において行われることを示す指標にはいくつかのものがある。まず，その1つは期日であり，訴訟は，期日において当事者が本案の申立て・主張・証拠申出をしたり，裁判所が証拠調べを行ったりすることを通じて，これを節目に進行する。わが民訴法は，当事者の申立てをまたずに，裁判所側が職権で期日を指定し，その変更は一定の事由がない限り許さず，また，期間の裁定・伸縮も裁判所側の裁量に委ねている（第6

章1－3参照)。そのほか，訴訟手続の中止（131条），中断した手続の続行（129条），送達の施行（98条）等の手続進行のための権限は裁判所に与えられている。かつて私人の自由が強調された時代には，当事者の申立てに委ねる当事者進行主義を広く認める立法例もあったが，訴訟遅延の問題に直面し，こんにち，諸国の立法例は職権進行主義が主流をなし，わが国もこれによっている。
　つぎに，訴訟の進行は，一定の時期に所定の法的効果が生じることや，それまでにある行為が行われるべきことなどを定める期間の経過によっても進むが，その期間は伸縮や付加期間の付与は裁判所の職権裁量事項とされている（96条）。さらに，訴訟の進行は，適時提出主義（当事者は訴訟の進行状況に応じて適時に攻撃防御方法を提出しなければならないとの原則，156条）によっても促進され，この原則との関連において，裁判所は一定の場合に時機に遅れた攻撃防御方法を却下できるものとされている（157条）。
　また，裁判所には審理の整序に関する広範な権限が認められている。主要なものは，①裁判長の訴状審査権（137条・288条・314条2項）および裁量移送に関する裁量権（17条・18条），②争点および証拠の整理をいかなる手続で行うかに関する裁量権（164条・168条・175条），その手続の終結に関する裁量権（166条・176条6項）および弁論準備手続の指揮に関する権限（170条6項），③口頭弁論の指揮に関する権限（148条・155条など），証拠申出の採否権限（181条），証拠調べの指揮に関する権限（202条・203条・205条〜299条），④審理の整理のためにする弁論の制限・分離・併合に関する権限（152条），⑤口頭弁論終結後に弁論や証拠調べがさらに必要な場合のためにする弁論の再開に関する権限（153条），などである。
　なお，訴訟の進行や審理の整序が職権事項として裁判所の権限ないし責任に委ねられる結果，これらの局面での当事者の権限は補充的なものに止まる。すなわち，この領域では，訴訟手続の進行であれ，審理の整序であれ，一般に，当事者には申立権が法律上認められておらず，当事者の申立ては職権発動を事実上促すものに過ぎないから，申立てがあっても，とくに裁判による応答は必要でない。ただ，まれに，当事者に申立権が法律上認められている場合（たとえば，訴訟の移送につき17条・18条，期日の指定につき93条1項，時機に後れた攻撃防御方法の却下につき157条），申立権がある以上，裁判所側は申立てを放置で

きないから裁判による応答を与えねばならない。

2 審理の基本原則

民事訴訟の審理については，その理念である，公正かつ迅速で経済的な裁判を実現するため，前に述べた処分権主義，弁論主義，職権進行主義のほか，双方審尋主義，口頭主義，直接主義，集中審理主義，適時提出主義，公開主義などの諸原則が妥当する。

2－1 双方審尋主義

「裁判官は，左右同じ耳を持たねばならない」といわれるように，民事訴訟の審理では，当事者双方に言い分（主張）を述べる機会を対等に与え，その上で裁判をすべきとされているが，このようなたてまえを双方審尋主義という。憲法82条が，公開の法廷で「対審」を行うことを求めるのも，また，民事訴訟法が，訴訟について口頭弁論（公開の法廷において両当事者が対席して行われる審理方式）をしなければならない（87条1項）とするのもこのたてまえによる（口頭弁論については第6章1参照）。

たとえば，当事者の死亡など，訴訟係属中に当事者の一方に訴訟を追行できない事情が生じた場合に，訴訟手続が中断もしくは中止されるのは（124条以下，第6章4参照），この原則を実質的に保障するためである。もっとも，この原則は，両当事者に口頭弁論で自己の言い分を述べる対等の機会を保障するものであり，現実に主張させることまでは要求されないので，適式な呼び出しを受けた当事者の一方が訴訟に欠席しても，口頭弁論は実施される（当事者が欠席した場合の取扱いについて，第6章3－5参照）。

2－2 口頭主義

民事訴訟の審理では，当事者および裁判所の訴訟行為は口頭でなされるのが原則である（審理方式が口頭弁論と呼ばれていることがこれを端的に示している。87条1項参照。）。この原則を口頭主義という。とりわけ当事者にとっては，口頭主義は，申立てや訴訟資料の提出については，これを口頭弁論において，口

頭で陳述しなければならず，その場合にのみ判決の基礎とされうるということを意味する。これに対し，訴訟行為は書面でなされるべきであり，書面で提出されたものだけが判決の基礎となるとするたてまえを書面主義という。

口頭主義は，当事者の口頭による陳述が裁判官に新鮮な印象を与え，また，裁判官が不明な点についてその場で説明を求めることができ（釈明権の行使，149条），相手方もその場で反論することができるので，事件の整理や真実の解明に役立つとされている。また，後述の直接主義や公開主義とも結びつきやすい。それゆえ民事訴訟法では口頭主義が原則とされている。

しかし，口頭による陳述には，陳述漏れや聞き落としが生じやすい，事実関係が複雑な場合，口頭の説明だけでは理解が困難，期日が複数にわたる場合に記憶の持続が困難，などの欠点がある。そこで民事訴訟法は，これを補充するものとして，一定の場合に書面主義を導入している。すなわち，当事者の訴訟行為のうち，訴えの提起（133条1項），訴えの変更（143条2項），請求の変更（144条2項），訴えの取下げ（261条3項）といった，審理の基礎となる重要な訴訟行為については，原則として書面によることとされている。また，あらかじめ当事者から準備書面（161条1項）を提出させたり，期日ごとに調書を作成したりする（口頭弁論調書につき160条）ことで，口頭主義の短所を補おうとしている。

2-3 直接主義

直接主義とは，判決を担当する裁判官自らが弁論の聴取や証拠調べを担当すべきとするたてまえをいう。他の裁判官の審理に基づき判決を行う間接主義に対する。直接主義は，陳述の趣旨・真偽を正確に把握して裁判に反映させやすく，また，口頭主義，双方審尋主義に適う審理方法であるので，民事訴訟法は，直接主義を採用している（249条1項）。直接主義違反は，上告理由（312条2項1号），再審事由（338条1項1号）となる。

しかし，裁判所外での証拠調べについて，判決を担当する裁判官すべてが現地に赴いてこれを行うのは，必ずしも合理的とはいえないので，この場合には，受命裁判官または受託裁判官に証拠調べを行わせしめることができる（185条。なお証人尋問については直接主義の要請が強いので，受命裁判官等により実施でき

る場合が制限されている（195条））。

　また，裁判官の異動等により，受訴裁判所の構成が変わった場合，直接主義を貫徹し，いちいち審理を初めからやり直していたのでは，審理が遅延し，著しく訴訟経済に反することになる。そこで，このような場合には，当事者が，新裁判官の面前で当事者がこれまでの口頭弁論の結果を陳述し，これをもって新裁判官がこれまでの審理を直接体験したと擬制する取扱いがなされている（249条2項）。これを弁論の更新という。ただし，証人尋問については，調書を見ただけでは尋問によって得られる心証を引き継ぐことが難しい，すなわち直接主義の要請が強いことから，単独の裁判官または合議体の裁判官の過半数が交代した場合において，当事者がさらに証人尋問の申出をしたときは，再度証人尋問を行わなければならないとされている（249条3項）。

　なお，控訴審においては，第1審の審理を土台とする続審主義を採用していることから，控訴裁判所は，第1審で行われた証拠調べ等を前提として判決することになるが，ここでも当事者が第1審における口頭弁論の結果を陳述することで，直接主義を擬制している（これも弁論の更新という。296条2項）。

2-4　公開主義

　公開主義とは，訴訟の審理・裁判は一般国民（公衆）が傍聴できる状態（一般公開）で行われなければならないとするたてまえである。一般の傍聴を禁ずる密行主義に対する。訴訟を国民の監視下におくことで裁判の公平・適正を確保するという側面と，公開することで司法への国民の信頼を高めるという側面とがあるとされている。

　憲法82条1項が「裁判の対審及び判決は，公開法廷でこれを行ふ」とするのはこの趣旨である。ここにいう対審とは，当事者が相対する形で実施される手続，すなわち民事訴訟では口頭弁論を指す。したがって，口頭弁論（およびそこで実施される証拠調べ）は，原則として，公開された法廷で行われなければならない。一方，弁論準備手続（169条），裁判所外における証拠調べ（185条），決定で完結すべき手続において実施される審尋（87条2項）などは，必ずしも一般に公開される必要はない。

　受訴裁判所が，合議体の場合はその裁判官の全員一致で，公序良俗を害する

おそれがあると認めたときは，審理の公開を停止することができる。ただし，憲法第3章で保障する国民の基本的人権が問題になっている事件については，常にこれを公開しなければならないとされている（憲82条2項）。また，人事訴訟において，当事者や証人に対し，身分関係の形成または存否の確認の基礎となる事項であって，その私生活上の重大な秘密に関する尋問をする場合には，当事者のプライバシーを保護しつつ，真実発見を図るため，裁判官の全員一致の決定により，当該事項の尋問を公開しないですることができるとされている（人訴22条1項）。これらの場合も，非公開とされるべき審理が終了した場合は，再び公開されなければならず（人訴22条2項），判決の言渡しは常に公開してなされなければならない（裁70条参照）。

公開の有無は調書の必要的記載事項であり（民訴規66条6号），判決が公開の規定に反する審理に基づいてなされた場合は上告理由となる（312条2項5号）。

訴訟記録についても，何人もその閲覧を請求することができるのが原則である（91条1項，一般公開。なお，当事者等は，訴訟記録の謄写，正本，謄本もしくは抄本の交付等を請求することができる（91条3項参照））。公開を禁止した口頭弁論にかかる訴訟記録については，当事者および利害関係を疎明した第三者に限り閲覧請求をすることができる（91条2項，関係者公開）。さらに，裁判所は，訴訟記録中に，当事者の私生活についての重大な秘密が記載され，または記録されており，かつ，第三者が秘密記載部分の閲覧等を行うことにより，当該当事者が社会生活を営むのに著しい支障を生じるおそれがある場合や，当事者が保有する営業秘密（不正競争2条4項参照）が記載され，または記録されている場合で，そのことにつき疎明があったときは，当該当事者の申立てにより，決定で，当該秘密が記載され，または記録されている部分の訴訟記録の閲覧もしくは謄写等の請求を当事者に限ることができる（92条，当事者公開）。

2-5 適時提出主義

適時提出主義とは，攻撃防御方法の提出を訴訟の進行状況に応じて適切な時期に行わなければならないとする原則である（156条）。口頭弁論の終結まで，いつでも攻撃防御方法を提出できるとする随時提出主義（旧民訴137条）や，攻撃防御方法の提出につき法定の順序を設ける法定序列主義（順次提出主義）と

相対する。

　法定序列主義は，順序に従わなければもはや攻撃防御方法が提出できなくなるので，失権をおそれる当事者が，仮定的主張や仮定的抗弁を多く提出し，審理を硬直化させ，事件をいたずらに複雑化し，裁判所の負担の増大を招くので，わが国の旧民事訴訟法をはじめ，多くの国では随時提出主義を採用している。随時提出主義は，審理の形式化，固定化を排し，紛争や訴訟の状況に応じた弾力的な審理を可能とするものであるが，一方，いつでも提出できるという安心感が当事者の訴訟準備を散漫にし，訴訟遅延の弊害が指摘されるようになった。そこで，現行民事訴訟法は156条で，適時提出主義を採用する旨宣言し，訴訟が適切に運営されるよう求めているのである。

　156条は訓示規定であるが，この実効をあげるための制度の例として，時機に後れた攻撃防御方法の却下ならびに争点および証拠の整理手続を経た場合などにおける新主張の制限がある。

(1) 時機に後れた攻撃防御方法の却下

　裁判所は，適切な時機に提出できたにもかかわらず，当事者の故意または重大な過失によりこれを怠り，時機に後れて提出された攻撃防御方法について，これを審理すると訴訟の完結を遅延させると認めた場合，当該攻撃防御方法を却下することができる（157条）。当事者が，趣旨不明の攻撃防御方法を提出しておきながら釈明に応じなかったり，釈明するよう命じられた期日に欠席したりした場合も，同様の手続で却下できる（157条2項）。これらは，裁判所の訴訟指揮権の一内容であり，当事者からの申立てを待たずに却下できるが，当事者にも申立権が認められているので，申立てがあれば必ず裁判で応答することを要する。攻撃防御方法の却下に関する決定に対しては独立の不服申立ては認められず，終局判決とともに上級審の判断を受けるにとどまる（283条本文）。なお，随時提出主義を採用していた旧法にも同じ規定があった（旧139条1項）が，ほとんど適用されることはなかったといわれている。

(2) 争点および証拠の整理手続を経た場合の新主張の制限

　準備的口頭弁論，弁論準備手続または書面による準備手続（第8章参照）で提出しなかった攻撃防御方法は，その後の口頭弁論に提出できなくなるわけではないが，相手方から求めがあれば，これらの手続において提出できなかった

理由を書面で説明しなければならない（167条・174条・178条，規87条・90条・94条）。

　立法にあたって，失権効を強化することも検討されたが，失権効を強化すると手続が利用されず，制度の意味を失う，という旧法時の準備手続（旧255条1項参照）の経験に鑑みて，説明義務を課したにとどまった。しかし，このことは，手続後の新たな攻撃防御方法の提出を放任するものではなく，もし，手続終了後に攻撃防御方法を提出した当事者が，説明に応じず，あるいはなんら適切な説明ができない場合には，157条に基づき当該攻撃防御方法を却下できると解されている。

(3) 計画審理と攻撃防御方法の却下

　民事訴訟法は，適切かつ迅速な審理の実現のため，裁判所および当事者は，訴訟手続の計画的な進行を図らなければならないとしている（147条の2）。これは，裁判の迅速化に関する法律（平成15年法107号）が，第1審の訴訟手続を2年以内のできるだけ短い期間内に終結させるよう定めている（同法2条）のを受けた規定である。

　ある事件が複雑であることその他の事情により，その適正かつ迅速な審理を行うため必要があると認められるときは，裁判所は，当事者双方と協議をし，その結果を踏まえて審理計画を定めなければならない（147条の3第1項）。審理計画では，争点および証拠の整理を行う期間，証人および当事者本人の尋問を行う期間，口頭弁論の終結および判決の言渡しの予定期間を定めなければならない（147条の3第2項）。また，裁判所または裁判長は，計画審理の実効性を確保するために必要があると認めるときは，特定の事項についての攻撃または防御の方法を提出すべき期間などを定めることができる（147条の3第3項・156条の2）。審理の現状および当事者の訴訟追行の状況などを考慮して，必要があると認めるときは，裁判所は当事者双方と協議の上，審理計画を変更することができる（147条の3第4項）。このように，裁判所が当事者との協議に基づき審理計画を策定し，これに従って訴訟を進行させる形式を計画審理という。計画審理は，訴訟手続の透明性を高めるとともに，審理の迅速化を促すために，平成15年の民事訴訟法改正において導入されたものであり，大規模訴訟や複雑な争点をともなう訴訟において，その効果が期待されている。

特定の事項についての攻撃防御方法を提出すべき期間が定められている場合において，当事者がその期間の経過後に提出した攻撃防御方法について，これにより審理計画に従った訴訟手続の進行に著しい支障を生ずるおそれがあると裁判所が認めたときは，申立てによりまたは職権で，却下の決定をすることができるとされている（157条の2）。失権の可能性について具体的に定めている点は，争点および証拠の整理手続後のあらたな攻撃防御方法の提出について当事者に説明義務を課したにとどまったことと比較すると，より厳しいものになっているといえるが，この場合もなお，当事者がその期間内に提出することができなかったことについて相当の理由があることを疎明したときは，期間経過後の攻撃防御方法の提出が許されるとされており，いわゆる失権効とは異なることに注意しなければならない（157条の2ただし書）。

2-6　集中審理主義

　集中審理主義とは，1つの事件が終結するまでできるだけ短期間に集中・継続して口頭弁論を実施し，その事件の終了後につぎの事件の審理にはいるたてまえであり，継続審理主義ともいう。多数の事件を併行審理するという併行審理主義に対する。

　裁判所が1つの事件に集中できること，当該事件に関しては適正かつ迅速な審理が実現できること，口頭主義・直接主義に適うこと，などから集中審理主義が理想であるとされてきた。証拠調べ，とくに人証の取調べに関しては，できる限り，争点および証拠の整理が終了した後に集中して行わなければならないとされているのもこの趣旨である（集中証拠調べ，182条）。しかし実際には，複雑な事件について集中審理を行うと，他の事件の審理開始が遅れること，集中審理を行うためには事前に争点および証拠の整理がなされ，当事者も充分な準備をして審理に臨むことが必要であるが，それらがこれまで必ずしも充分にはなされてこなかったこと，などの事情から，わが国の実情は，併行審理主義によって運営されてきたといえる。

　しかし，併行審理になると，ある事件の審理の間に他の事件の審理が入るため，審理の記憶が細切れになり，どうしても記録に頼りがちになること（口頭主義の形骸化），審理の開始から終結までに時間がかかるため，その間裁判官が

異動により交代してしまうことがふえ，直接主義が形骸化するということ，審理が細切れだと傍聴していても事件の全体像を把握することが困難であり，公開主義が形骸化すること，したがって，集中審理主義と比べると，適切かつ迅速な審理の実現が期待しにくいこと，などの問題点がある（口頭弁論の形骸化）。

　民事訴訟法は，上述の集中証拠調べのほか，計画審理の導入（2－5参照），争点および証拠の整理手続に関する制度の整備，訴え提起前の証拠収集手続の拡充（第8章参照）などを通じ，集中審理主義による訴訟運営が可能になるよう図っている。

第4章

訴訟の主体

1 裁判所

　民事訴訟は，私人間の争いであるから，その主体となるのは当事者である原告と被告である。しかし，その紛争は当事者が当事者どうしで解決できなかったため第三者の判断に委ねようと裁判に持ち込まれたものであり，裁判所は，その判断を行う民事訴訟手続の主宰者として欠かすことができない。

　そこで，本節では，訴訟の主体としての裁判所に焦点をおき，①裁判所はどのような問題につきどのような範囲でその権能を行使することができるのか（民事裁判権），②裁判所は具体的にどのような事件について審理・判決をすることができるのか（管轄），そして③事件の審理・判決にあたる裁判所はどのように構成されるのか（裁判官の除斥・忌避・回避）について説明する。

1-1 民事裁判権

(1) 民事裁判権の範囲

　具体的な民事上の事件を裁判によって処理することのできる国家の権能を民事裁判権という。民事裁判権は，国家の統治権の一作用として，日本にいるすべての人に及ぶのが原則である。国際法上の制限として，外国の元首にはわが国の裁判権は一切及ばないし，外交使節およびその随員・家族などに対しても，その私人としての活動に関する訴訟を除き，原則としてわが国の民事裁判権は及ばない（外交関係に関するウィーン条約31条・37条・38条）。天皇にも民事裁判権が及ぶとするのが学説の多数であるが，判例は，日本国の象徴であり日本国民統合の象徴であることを理由として，天皇には民事裁判権は及ばないとする（最判平成元・11・20民集43巻10号1160頁）。

(2) 民事裁判権の限界

民事訴訟は私人間の紛争を裁判所で解決するための手続ではあるが，裁判所は，社会に存在するあらゆる紛争につき民事裁判権を行使できるわけではない。

裁判所は，一切の法律上の争訟を裁判する権限を有する（裁3条1項）。法律上の争訟とは，当事者間に具体的な利害の対立が存在し，権利義務ないし法律関係に関する争いであって，裁判所が法律を適用して適法・違法の判断することによって解決できる紛争をいう。したがって，法令の効力・解釈に関する抽象的な紛争は，法律問題ではあるが，当事者間の具体的な紛争とはいえないので，法律上の争訟ではない（たとえば，警察予備隊の設置および維持に関する一切の行為の無効確認を求める訴訟：最判昭和27・10・28民集6巻9号783頁，国家試験の不合格判定の変更を求める訴訟：最判昭和41・2・8民集20巻2号196頁など）。また，学説や思想・宗教上の教義の是非をめぐる対立は，具体的な紛争ではあるが，法律の適用によって解決できる性質の争いではないので，法律上の争訟ではない（たとえば，宗教法人の住職たる地位の確認を求める訴訟：最判昭和44・7・10民集23巻8号1423頁，最判昭和55・1・11民集34巻1号1頁，最判昭和56・4・7民集35巻3号443頁，最判平成元・9・8民集43巻8号889頁，最判平成5・9・7民集47巻7号4667頁など）ので，いずれも民事裁判権を行使する対象とはならないとされている。

1－2　管　　轄

裁判所は，司法権を行使する国家機関であり，司法権はすべて，最高裁判所および法律で定められるところにより設置される下級裁判所に属せしめられている（憲76条1項）。下級裁判所は，高等裁判所，地方裁判所，家庭裁判所，簡易裁判所の4種類である（裁2条1項）。すなわち，わが国の裁判所には，最高裁判所・高等裁判所・地方裁判所・家庭裁判所・簡易裁判所の5種類がある。最高裁判所は東京都千代田区に1つ，高等裁判所は全国に8本庁，地方裁判所および家庭裁判所は北海道に4カ所のほか，各都府県庁所在地に1カ所ずつ計50本庁，そして簡易裁判所は全国に438庁設置されている。このようにわが国には複数の種類の裁判所が多数存在するため，裁判所からいえば，いかなる事件につき裁判権を行使できるのか，また，当事者，とくに原告からみれば，

どの裁判所に訴えを提起したらよいのか，ということが問題となる。

どの事件を何処にあるどの種類の裁判所が担当するか，という裁判権の分担が定められることとなるわけだが，この各裁判所間の事件分担の定めを管轄といい，分担の定めにより各裁判所が行使できる裁判権の範囲を管轄権という。

(1) 管轄の種類

管轄は，いろいろな視点からさまざまに分類されている。

(a) 職分管轄

異なる種類の裁判権の作用をどの種類の裁判所に分担させるかに関する定めを職分管轄という。たとえば，判決手続と民事執行手続は，それぞれ受訴裁判所と執行裁判所の職分とされるし，また，どの裁判所が第1審裁判所となり，その裁判に対してどの裁判所に上訴できるかを定める審級管轄も職分管轄の一種である。

民事訴訟の第1審は，原則として簡易裁判所と地方裁判所が管轄を有する（人事訴訟事件については家庭裁判所が第1審裁判所となる（裁31条の3第2号））。第1審裁判所が簡易裁判所の場合は，地方裁判所が控訴審裁判所（裁24条1項2号），高等裁判所が上告審裁判所（裁16条1項3号，民訴311条1項）となる（ただし，最高裁判所に特別上告できる場合もある（327条）。第1審裁判所が地方裁判所の場合は，高等裁判所（裁16条1項3号）が控訴審，最高裁判所が上告審（裁7条1項1号，民訴311条1項））となる。

(b) 事物管轄

第1審裁判所である簡易裁判所と地方裁判所との間での事件の分担については，事件の内容（訴額）によって，これを分けることとしている。この分担に関する定めを事物管轄という。訴額が140万円以下の請求は簡易裁判所，140万円を超える請求は地方裁判所の事物管轄とされている（裁24条1号・33条1号）。ただし，訴額140万円以下の不動産関係訴訟は，両者の競合管轄とされる。また，非財産的請求の場合や，訴額の算定が困難な場合は，地方裁判所の管轄とするため，その訴額は140万円を超えるものとみなされる（8条2項。なお，手数料との関係では，非財産的請求の訴額は，160万円とみなされる（民訴費4条2項））。

(c) 土地管轄

　事物管轄により，たとえば，事件が地方裁判所で扱われることが決まったとする。つぎに問題となるのは，どこの地方裁判所に訴えを提起すればよいか，である。すなわち，同種の職分管轄を有する裁判所相互間の事件分担についての定めが必要となる。各裁判所には，その職務遂行の地理的範囲として管轄区域が定められており，事件がある裁判所の管轄区域内の特定の地点と一定の関係があるときに，そこを管轄する裁判所にその事件を担当する権限を認めている（土地管轄）。つまり，土地管轄の分配は，裁判所の管轄区域と具体的な事件とを連結する地点に基づいて行われる（この地点を裁判籍という）。具体的には，十分準備したうえで訴えを提起できる原告が，訴えを受けて初めて裁判に対応することになる被告の本拠地に赴いて訴えを提起するのが，当事者の公平に適うと考えられることから，被告の住所地や主たる事務所の所在地を普通裁判籍とし，原告は，原則として，普通裁判籍を管轄区域内にもつ裁判所に訴えを提起すべきものとされる（被告住所地主義，4条）。この普通裁判籍は，特定の事件の性質とは無関係に認められる，原則的な裁判籍である。これに対して，事件の特殊性に応じて，事件と密接な関係のある土地にも裁判籍が生じることがある（特別裁判籍。5条・6条・7条）。たとえば，財産上の訴えの場合には，義務履行地を管轄する裁判所（5条1号。民484条，商516条1項参照）に，不法行為に関する訴えの場合には，不法行為地を管轄する裁判所（5条9号）にも訴えを提起することができる。また，特許権等に関する訴えについては，その専門技術性に鑑み特別な規定がおかれている（6条・6条の2）。

　以上の管轄は，法律の規定に基づいて当然に定まる管轄である（法定管轄）。管轄区域や裁判籍の所在が不明確なため法定管轄が明らかでない場合や，明らかであっても管轄裁判所が裁判権を行使できない場合には，直近上級裁判所が管轄裁判所を指定することになる（指定管轄，10条）。また，公益性が強い場合に，法律がとくに特定の裁判所にのみ管轄を認め，他の裁判所の管轄を排除している場合がある（専属管轄）。専属管轄の定めのない場合には，当事者は法定管轄と異なる管轄を合意により定めることができる（合意管轄，11条）。また，本来管轄権のない裁判所に訴えが提起されたときでも，被告がこれに応訴すれば，それにより当該裁判所に管轄が生じる（応訴管轄，12条）。専属管轄の定め

がある場合には，当事者はこれと異なる裁判所に訴えを提起することはできず，相手方が応訴したとしても，応訴管轄は生じない。

(2) 移送制度

移送とは，特定の裁判所にいったん係属した訴訟を，他の裁判所に移すことをいう。民事訴訟法は，以下のような移送を認めている。なお，移送に関する裁判は決定によりなされるが（21条，規7条・8条参照），移送決定が確定したときは，事件のたらい回しを防ぐため，移送を受けた裁判所はその決定に拘束され（22条1項・2項），訴訟は最初から受移送裁判所に係属していたものとみなされる（22条3項）。

(a) 管轄違いを理由とする移送

原告が管轄権を持たない裁判所に訴えを提起した場合は，裁判所は，訴えを却下することなく，申立てによりまたは職権で，決定により事件を管轄裁判所に移送する（16条）。訴えを却下してしまうと，原告には再訴のための費用がかかり，また起訴による時効中断や期間遵守の利益を失ってしまうおそれもある一方で，裁判所の側で事件を管轄権のある裁判所に移送することはさほど困難ではないことから，このような取扱いがなされている。なお，簡易裁判所の管轄に属する事件を地方裁判所が受理した場合は，地方裁判所が相当と認めるときは，そのまま審理・裁判できる（16条2項）。

(b) 遅滞を避ける等のための移送

ある訴えについて複数の裁判所が管轄権をもつような場合に，原告が選択した裁判所でそのまま審理を行うことが，当事者および裁判所にとって不都合な場合がある。そこで，訴訟の著しい遅滞を避け，または適正・公平な審理の実現を図るために必要があると認められるときは，他の管轄裁判所への移送が認められている（17条）。

(c) 簡易裁判所から地方裁判所への移送

簡易裁判所の事物管轄に属する事件の中には，その内容によって，なお地方裁判所での審理が適当な場合があり，また当事者がそれを望む場合がある。このような場合，簡易裁判所が相当と認めれば管轄地方裁判所に移送できる（18条）。また，不動産事件につき被告の申立てがある場合は，簡易裁判所は自己の事物管轄に属する事件でも必ず管轄地方裁判所に移送しなければならない

(19条2項)。

(d) 当事者の申立ておよび相手方の同意による移送

　訴訟係属後で被告の応訴前に一方当事者から移送の申立てがあった場合，相手方がそれに同意するときは，移送により著しく訴訟を遅滞させない限り，事件を移送しなければならない（19条1項）。これは，提訴後の合意管轄を認めるものといえるが，原則として本格的な審理が開始する前に限定している。ただし，簡易裁判所から地方裁判所への移送にはいつでも応じなければならない（19条1項ただし書・18条参照）。

(e) 特許権等に関する訴え等に係る訴訟の移送

　特許権等に関する訴えについては，専門技術的な要素が強く，審理を集中させる必要が高いため，東京地裁・大阪地裁または東京高裁が専属管轄となっている（6条。なおこれらの事件を専門に担当させるため，東京高裁の特別の支部として，知的財産高等裁判所が平成17年に設置された）が，すべての審理が専門的な知見を要するとは限らないうえ，それ以外の裁判所で審理を行う方が合理的な場合もあるので，本来の管轄裁判所へ移送する途が開かれている（20条の2）。

　なお，(b), (c), (d)の移送は，訴訟がその係属する裁判所の専属管轄に属する場合には認められない（20条1項。特許権等に関する訴えに関する管轄については，専属管轄という文言を用いてはいるが，その意味するところが異なるので，(b),(d)の移送を認めている（20条2項・20条の2第1項参照）。また合意により，他の裁判所の管轄を排除する専属的合意管轄は，ここにいう専属管轄とは異なるので，事情に応じ，また当事者の合意により移送することができる（20条1項括弧書参照））。

1－3　裁判機関の構成と裁判官の除斥・忌避・回避

(1) 裁判所の構成

　実際の裁判は，1人または数人の裁判官（合議体）によって構成される裁判所によって行われる（裁判機関としての裁判所。なお，裁判所という語は，裁判官，裁判所書記官などの裁判所職員が配置される官署や司法行政機関を指す用語として使われることもある（裁5条・15条・23条・31条の2・32条など））。最高裁判所は

常に合議体によって構成され，15人の裁判官による大法廷と5人ないし4人の裁判官による小法廷とに分けられる（裁9条，最事規2）。高等裁判所は，3人の裁判官の合議体によって構成されるのが原則である（裁18条。例外，民訴310条の2）。これに対して，第1審裁判所である地方裁判所や簡易裁判所では単独制（1人制ともいう）が原則である（裁26条・35条。ただし，地方裁判所では，第1審でも合議体が構成される場合がある。民訴269条参照）。合議体においては，裁判長と陪席裁判官の評議に基づいて判決が言い渡される。

(2) 裁判官の除斥・忌避・回避

裁判は公正であることが求められている（第1章参照）。裁判の公正を保障するために，裁判官の独立（憲76条3項）など制度的な配慮がなされているが，その1つとして，担当裁判官について，具体的事件との関係で裁判の公正・中立を疑わせる事由があるときには，当該裁判官を当該事件に関する職務の執行から排除するための制度が設けられている。これが，除斥，忌避および回避の制度である。なお，これらの制度は，裁判所書記官や専門委員についても準用されている（27条・92条の6，規13条参照）。

(a) 除　斥

たとえば，裁判官が当事者の配偶者であるなど，当事者と密接な関係にある場合（23条1項1号・2号・3号）や，その事件について証人になったことがあるなど，事件自体と密接な関係にある場合（23条1項4号・5号・6号）には，当該裁判官が審判に関与すると公正な裁判が期待できないし，たとえ公正な裁判をしたとしても，国民がそれを信頼してくれるとは考えにくい。そこで，このような一定の事由（除斥事由）が存在する場合には，当事者の申立てまたは職権によって，当該裁判官は当然に職務執行から排除されることとされている（23条2項）。除斥原因のある裁判官が行った訴訟行為は，除斥決定の有無に関係なく無効であり，これを無視して行った裁判は，絶対的上告理由（312条2項2号）および再審事由（338条1項2号）に該当する。

(b) 忌　避

除斥事由には該当しないが，裁判の公正を妨げるおそれがある一定の事由が存在する場合には，当事者の申立てによって，その裁判官を当該事件についての職務から排除することが認められている。これを忌避という（24条1項）。

ただし，忌避の申立ては，訴訟引き延ばしのための手段として濫用されることがあり，裁判所は忌避を認めない傾向にある。たとえば，一方当事者の訴訟代理人と縁戚関係にある裁判官（訴訟代理人の娘婿であった）についても，最高裁は裁判の公正を妨げるべき事情があるとはいえない，として忌避を認めなかった（最判昭和30・1・28民集9巻1号83頁）。

(c) 除斥・忌避の手続き

除斥や忌避の申立てがあった場合には，急速を要する行為を除き，申立てについての決定の確定まで訴訟手続全体が停止する（26条・27条。なお，専門委員に対する除斥または忌避の申立てがあった場合には，訴訟手続は停止せず，当該専門委員がその申立てについての決定が確定するまで，その事件に関与することができなくなることとするにとどめられている（92条の6第2項））。

地方裁判所以上の裁判官の除斥・忌避についてはその所属裁判所の合議体が，簡易裁判所の裁判官については管轄地方裁判所の合議体が，決定により裁判する（25条1項・2項）。除斥・忌避の申立てを認める決定に対する不服申立てはできないが（25条4項），申立てを却下する決定に対しては即時抗告ができる（25条5項）。

(d) 回　　避

裁判官は，除斥または忌避の原因がある場合に，その申立ておよび裁判を待つことなく，司法行政上監督権をもつ裁判所（裁80条）の許可を得て，自らすすんで事件の職務担当から外れることもできる。これを回避という（規12条）。とくに除斥事由や忌避事由があると思う裁判官は，多くの場合自らその事件の担当を回避してしまうので，除斥や忌避の決定がなされることはほとんどないといわれている。

2　当　事　者

2-1　当事者とは

(1) 当事者の意義

民事訴訟においては，私人間の権利法律関係の争いにつき，自らに権利があるとする者が原告として，そしてその相手方が被告としてあらわれる。これら

原告および被告は民事訴訟の主体であり，訴訟上，当事者として取り扱われる。民事訴訟における当事者とは，訴訟手続の主体として，自らの名において裁判権の行使を求める者およびその相手方として裁判権の行使を求められる者である。当事者は，第1審においては原告・被告，控訴審では控訴人・被控訴人，上告審では上告人・被上告人といわれる。このように当事者はいずれの審級においてもただ1人だけということはありえず，必ず対立する者で構成される。民事訴訟手続においては，対立する利害関係人をともに当事者として手続きに関与させ，双方の主張（攻撃防御方法）を尽くしあうことのできる機会を保障し，当事者間の公平と裁判の公正を図るという構造が採用されている。これを二当事者対立構造の原則という。1つの訴訟手続において3人以上の当事者があらわれる場合があり，この場合には，原則上，原告もしくは被告のいずれかの地位につくことになるが，例外的に三当事者がそれぞれ独立した当事者として訴訟に関わる三面訴訟も認められている。当事者は私的紛争の公権的解決手続である民事訴訟において，自らの権利のために攻撃防御を尽くしていくなど，まさに主役としての役割を果たす。

(2) 当事者確定の必要性

現実の訴訟においてだれが当事者であるのかを判定することを，当事者の確定という。民事訴訟は，訴え提起から判決言渡しまで一連の手続から構成され，その手続過程においてだれが当事者であるのかに応じて，たとえば，人的裁判籍（4条以下），当事者能力（28条以下），判決の効力の主観的範囲（115条）などそれぞれ適用される規律が異なってくる。このようにだれが当事者であるのかという問題は，訴訟のあらゆる段階で明確にされる必要があり，訴状に記載された者を合理的に解釈し当事者を定めている（若干，問題となる事例がある。他人の氏名で訴えたり応訴したりする場合につき，大判昭和10・10・28民集14巻1785頁，死者を被告とする場合につき，大判昭和11・3・11民集15巻977頁参照）。

2-2 当事者能力

当事者能力とは，民事訴訟の当事者となることのできる一般的な資格をいう。すなわち，当事者能力は，どのような権利が争われているのかという訴訟事件の内容性質とは全く無関係に，そもそも，その者が当事者として当該訴訟の判

決の名宛人となりうるかということが一律に判断される資格である。

　当事者能力を有する者としては，民法上の権利能力者（民訴28条）および権利能力を有しない社団または財団で代表者または管理人の定めがあるもの（29条）が挙げられる。

(1) 権利能力者（28条）

　民事訴訟は，実体法上の権利義務や法的利益にまつわる紛争を解決するものであるから，権利義務や法的利益の帰属主体である権利能力者は当然に当事者能力を有する。したがって，民法上，権利能力者とされる自然人（民3条1項）および法人（民43条）は当事者能力が認められる。また，胎児も相続（民886条），遺贈（民965条），損害賠償請求（民721条）に関しては権利能力ある者と認められるので，これらに関する訴訟においては当事者能力が認められる。

(2) 法人でない社団・財団（29条）

　実体法上権利能力は認められないが，現実の取引社会においては法人となんら変わらない取引主体として活動している町内会，同窓会，学会などの社団・財団がある。これらの団体も取引社会で活動している限り，紛争の当事者となる可能性があり，民事訴訟による解決を図る必要がある。そこで，訴訟法は，これらの法人でない社団・財団で代表者の定めのあるものにも当事者能力を認めることにした（29条）。判例は法人でない社団・財団にあたるかという基準を，①構成員の変更にかかわらず団体そのものが存続し（対内的独立性），②取引上，独立した主体として存在していること（対外的独立性），③総会などの管理・運営，意思決定手続などが整備されていること（内部組織性），④構成員から独立した財産を有していること（財産的独立性）に求めている（最判昭和39・10・15民集18巻8号1671頁。なお，民法上の組合につき，最判昭和37・12・18民集16巻12号2422頁は，一時的なものでなく，ある程度継続した存在であって，代表者の定めのある組合には当事者能力を認めるべきであるとしている）。

2-3　当事者適格

(1) 意　義

　訴訟物たる特定の権利または法律関係に関し，原告または被告として訴訟を追行しかつ判決を受けるために必要な資格を，当事者適格といい，これを一種

の権能とみて訴訟追行権ともいう。

　さきにみた当事者能力が当該訴訟で争われている権利内容とは全く無関係に，訴訟の当事者となれるのかという概念であったのに対し，当事者適格は，当該訴訟事件の権利との関係で誰を当事者として扱うことが紛争の解決にとって適切であるのかという観点から考えるものである。同時に当事者適格は，民事訴訟はあくまで限られた人的・物的資源である司法制度によって行われるのであり当該訴訟事件を判決によって解決する必要性および実効性の有無という国・公共の有限リソースの利用という観点から設定される概念であり訴訟要件のひとつでもある。訴えの利益と当事者適格の関係では，本案判決による紛争解決の必要性，有効性を個々の具体的な訴訟について判断する点で共通する。しかし，訴えの利益は訴訟物そのものの客観的な判断であるのに対し，当事者適格は当事者についての判断である点で異なる（訴えの利益の主観的側面）。

　当事者適格ないし訴訟追行権を有する者をその訴訟物についての正当な当事者という。

　一般に，原告としては，請求認容判決によって保護される法的利益が自らに帰属すると主張する者が，被告としては，この原告の主張する法的利益を争っている者がそれぞれ当事者適格を有する。

　給付訴訟では，自己の給付請求権を主張する者が正当な原告であり，その原告によってその義務者とされる者が正当な被告である。

　確認訴訟では，当事者適格の問題は確認の利益と表裏の関係にあり，当事者適格の問題は確認の利益の中に吸収されているといわれる。確認訴訟では当該請求について確認の利益を有する者が正当な原告であり，その確認を必要ならしめている者が正当な被告である。

　形成訴訟では，このような訴訟を提起できるか否かは法規によって定められている関係上，原告または被告となるべき正当な当事者も規定されており，当事者適格の問題はほとんど生じない。

(2) 訴訟担当

　当事者適格は，本案判決を求める正当な利益が実質的に何人に帰属するかによって決まるが，例外として，実質的利益帰属主体と並んでもしくはこれに代わって第三者が当事者として訴訟追行権を有する場合がある。これを第三者の

訴訟担当という。この第三者の受けた判決の効力は実質的利益帰属主体に対しても効力を及ぼす（115条1項2号）。

　第三者の訴訟担当には利益帰属主体の意思によらず法律の直接の規定に基づく法定訴訟担当の場合と，本来の利益帰属主体の意思に基づく任意的訴訟担当の場合がある。法定訴訟担当は，さらに，債権者代位訴訟（民423条）などの管理処分権を有する担当者のための法定訴訟担当と，遺言執行者（民1012条）など管理処分権を有さない権利義務の帰属主体のための法定訴訟担当（職務上の当事者）に分類される。任意的訴訟担当は，選定当事者の制度（30条）や取立委任裏書（手18条）のように本来の利益帰属主体がその意思に基づき自己の利益紛争についての訴訟追行権を他人に信託的に授与する場合である。明文の規定なき任意的訴訟担当を認めるかにつき，判例は，弁護士代理の原則（54条）および訴訟信託の禁止（信託11条）を回避・潜脱するおそれがなく，かつ第三者に訴訟の追行権を与えることを是認するだけの正当な理由ないし必要があるときにはこれを認めてもよいとする（最大判昭和45・11・11民集24巻12号1854頁）。

2-4 訴訟能力

　高度に発展した資本主義社会の取引活動における無能力者を保護するために，民法においては行為無能力の制度が設けられている。これに対し訴訟行為は，取引行為以上に複雑で，敗訴判決するとその者にきわめて不利益な結果となる。したがって，訴訟において自らの利益を主張し防御することのできない者を保護する必要から，法は訴訟能力制度を設けた。ここにいう訴訟能力とは，訴訟当事者として自ら単独で有効に訴訟行為をなし，相手方および裁判所の訴訟行為を受けるために必要な資格を指す（28条）。

　訴訟能力は個々の訴訟行為の有効要件であり，訴訟無能力者の行った，または受けた訴訟行為は原則として無効となる。

　訴訟能力に関しても，別段の定めがない限り，民法等の法令によると規定されており，原則として，行為能力を有する者は訴訟能力を有する（28条）。まず，未成年者および成年被後見人は単独で訴訟行為をすることができず，原則として訴訟能力はない（訴訟無能力者）。つぎに，被保佐人および被補助人に関

しては訴訟能力が一定限度制限されている（制限的訴訟無能力者，32条）。すなわち，被保佐人および訴訟行為をすることにつき，その補助人の同意を得ることを要する被補助人は，保佐人・補助人の同意がある場合にのみ訴訟行為をなすことができる（民13条1項4号・17条1項）。ただし，被保佐人・被補助人が相手方の提起した訴えや上訴について訴訟行為をするには，保佐人等の同意を要しない（32条1項）。保佐人・補助人の同意がないと相手方の訴訟行為を受けられないとすると，保佐人・補助人に対し訴えを提起ようとする相手方の保護に欠けるからである。

2-5 弁論能力

弁論能力とは，訴訟手続に関与し現実に弁論をするために必要な能力をいう。日本では，弁護士強制主義を採用せず，本人訴訟が認められている。したがって，訴訟能力をもつ者はすべて弁論能力をもつことになるが，ただ，その者の述べること（陳述）がいっこうに要領をえないために，弁論能力がないと認められるときは，裁判所から陳述を禁止されることがある（155条，規65条）。当事者能力が訴訟を追行する資格であり，訴訟能力が当事者本人を保護するために認められた資格であるのに対し，弁論能力は訴訟手続の迅速かつ円滑な確保を図るために求められる能力である。

3　訴訟上の代理人

民事訴訟上の代理人とは，当事者本人に法律効果を帰属させるため，当事者本人の名において，当事者本人に代わって，代理人自身の意思決定に基づいて訴訟行為をなし，または自己に向けられた訴訟行為を受ける者をいう。民事訴訟において代理制度を必要とするのは，実体法と同様の本人のためという能力の補充の観点とともに，取引行為以上に専門性が要求される訴訟行為および訴訟運営のためという能力拡充の観点からも要求される。訴訟上の代理人は，法定代理と訴訟上の任意代理人に分けられる。

3-1 法定代理人

　法定代理人は，代理権の発生が法律上の規定に基づいて認められる代理人である。

　法定代理人には，未成年者の法定代理人としての親権者（民824条）や後見人（民859条）のように実体法上定められた法定代理人と，訴訟無能力者が訴訟行為をしようとしたときに法定代理人がいないときや代理権を行使できないときなどに裁判所が選任する訴訟上の特別代理人がある（35条）。民事訴訟において，法定代理人は，訴状に必ず記載されなければならず，証拠調べにおいては，証人ではなく当事者尋問において証拠調べが行われる（211条）。法定代理人は，充分かつ有効に訴訟行為ができない訴訟無能力者についてはその者にかわって訴訟活動をする必要がある，すなわち訴訟能力を補充しなければならないという必要性から認められる。

3-2 訴訟上の任意代理人

　訴訟上の任意代理人は，包括的な訴訟追行のための代理権を有する当事者の意思に基づく任意代理人である。訴訟上の任意代理人には，訴訟委任に基づく訴訟代理人と法令上の訴訟代理人が含まれる。

　訴訟委任に基づく訴訟代理人とは，特定の訴訟事件の処理を当事者本人から委任された代理人である。訴訟委任に基づく訴訟代理人は，当事者本人の利益を保護するために原則として弁護士でなければならない（弁護士代理の原則，54条1項）。弁護士代理原則の趣旨は，専門家であり弁護士倫理に服する弁護士のみを代理人とすることで本人の不利益を防ぎ，当事者の訴訟追行能力の充実を図るためである。弁護士代理の例外として，特許など無体財産に関する専門家である弁理士は，その分野における専門訴訟である特許・実用新案・意匠・商標に関する審判取消訴訟などで代理人となることができるほか（弁理6条），所定の試験に合格した者は，特許権侵害などにかかわる訴訟において弁護士とともに共同訴訟代理人となることが認められている（弁理6条の2）。司法へのアクセスを簡便にするため身近な法律実務家としての司法書士を活用するため，司法書士も所定の研修を修了し認定を受けると簡易裁判所における訴

訟代理権が認められる（司書3条6項）。また，簡易裁判所においては，これら特定分野の専門家以外にも裁判所の許可を得て代理人となることができる（54条1項ただし書）。このように訴訟委任に基づく訴訟代理人は，専門的な知験を有する専門家に訴訟を委ねることにより当事者の能力を拡充する必要から認められる。なお，日本国においては，弁護士強制主義を採用せず，当事者本人による訴訟追行である本人訴訟も認めている。

訴訟委任による代理権の範囲は法定されており，これを制限することはできない（55条3項）。当事者本人にとって重大な結果をもたらす反訴，訴えの取下げなど判決によらず訴訟を終了させる行為，上訴などについては，特別の授権がなければ行うことができない（55条2項）。

法令上の訴訟代理人とは，法令により当事者本人のため一定の範囲の業務に関し，一切の裁判上の行為をなすことが認められる代理人である（法人の支配人，商38条1項など）。

法令上の訴訟代理人の代理権は法令の規定に基づき発生するが，その法令上の地位はあくまで当事者の意思によって認められるので，法令上の訴訟代理人は法定代理人ではなく訴訟上の任意代理人である。

3-3 補佐人

補佐人とは，当事者，補助参加人またはこれらの訴訟代理人に付き添って期日に出頭し，その主張を補足する者をいう（60条）。補佐人は，知的財産権や原子力機関に関する訴訟など高度な専門的・技術的知識に基づいて攻撃防御を尽くす必要のある場合に，当事者などの主張を補助するために認められる。専門性の高い税法上の訴訟については，税理士が補佐人となることが認められた（税理2条の2）。補佐人は，単なる発言機関ではなく，自らの意思に基づいて訴訟上の主張を行いその効果が当事者に帰属するのであるから代理人に近い立場にある。ただし，補佐人は当事者などとともに期日に出頭しなければならず，また補佐人となるためには裁判所から許可を得なければならない点（60条1項），その許可も取り消されることがあることなど（同条2項），代理人と異なる特徴を有する。

第 5 章

訴訟の開始

1 訴えの提起

1−1 訴えの意義

　訴えとは，原告が裁判所に対して自己の請求を提示し，その当否についての審理・判断を求める申立てである。民事訴訟制度は私人間の紛争を解決することを目的としているが，その紛争は，対等の私人間の身分上または経済上の生活関係において生じるものであり，そこでは私的自治の原則が妥当し，それをどのように解決するかは相互の交渉に委ねられ，本来国家が直接利害をもつものではない。民事訴訟制度を利用するかどうかは私人の自由な意思に委ねられているので，私人の裁判を求める行為，すなわち訴えの提起をまって，訴訟手続は開始される。これは，「訴えなければ裁判なし」という，民事訴訟制度を運営する国家の基本的態度を表したものである（246条，処分権主義）。

1−2 訴え提起の方式

　訴えの提起は，訴状を裁判所に提出する方式によるのが原則である（133条1項）が，簡易裁判所への訴えの提起は，口頭をもってすることができる（271条）。訴状においては，だれとだれの間で（当事者および法定代理人），どの権利・義務につき，どの範囲でどのような判決を求めるか（請求の趣旨および原因）を，原告が明らかにする必要がある。これらの事項は，訴状としての効力をもつためには必ず記載していなければならないもので（必要的記載事項，133条2項），これが不備でかつ補正されないときは，訴状は却下される（137条）。

　当事者は，氏名，住所，職業，年齢，商号などの記載により特定される。法定代理人は，当事者が未成年または成年被後見人のときに必要とされ，当事者

が法人の場合は代表者の記載が必要である（37条，規18条）。請求の趣旨においては，原告が訴えによって求める判決内容（通常は原告の請求を認容する勝訴判決の主文に該当する文言。たとえば，給付の訴えの場合は「被告は原告に対し金500万円を支払え，との判決を求める」，確認の訴えの場合は「別紙目録記載の建物につき原告が所有権を有することを確認する，との判決を求める」，形成の訴えの場合は「原告と被告とを離婚する，との判決を求める」）が記載される。請求の原因は，請求の趣旨を補足し，請求を特定するのに必要な事実をいう（規53条1項）。たとえば金銭支払請求などでは，上述の請求の趣旨だけでは，原告・被告間のどの債権が審判の対象となっているのかを特定できないので，さらに具体的な債権発生原因事実を記載する必要がある。

またこれらの上記事項に加えて，裁判所をしてできるだけ早期に事件の概要を把握し適切な争点整理を行わせることを可能にする趣旨から，請求を理由づける事実（攻撃防御方法），重要な間接事実や証拠を具体的に記載することが求められる（規53条1項）。また，不動産事件では登記簿謄本，人事訴訟では戸籍謄本など重要な書証の写しの添付も求められる（規55条）。ただしこれらの記載や添付がなくても訴状としての適否には関係はない（任意的記載事項）。

訴状提出の際にはさらに，申立手数料の納付として，訴額に応じて収入印紙を訴状に貼り（民訴費3条他），被告の数に応じた訴状の副本を添付し，送達費用を予納しなければならない（民訴費11条・12条）。

2　訴訟救助と法律扶助

訴訟をするには，さまざまな費用がかかる。たとえば，訴えの提起などの申立てに必要とされる手数料，書類の送達費用，証人や鑑定人などの旅費・日当・宿泊料など裁判所へ納める裁判費用，訴状や準備書面などの書類の作成費用や当事者，代理人が出頭するための旅費・日当・宿泊料などの当事者費用，弁護士費用などである。裁判費用と当事者費用は民事訴訟費用法でいう訴訟費用として，最終的には敗訴者が負担するのが原則であるが（61条・敗訴者負担の原則），訴訟の決着がつくまでは各当事者が支出する必要があるし，弁護士費用は訴訟費用に含まれないので，最終的にも各当事者の負担となる。訴訟が

複雑になり長期化すれば，それだけ費用はふくらみ，当事者の負担は大きなものとなるが，これを放置しておけば，経済的余裕をもたない者は訴訟をすることができないことになる。そこで当事者の経済的負担を軽減し，裁判を受ける権利を実質的に保障するための制度が必要となる。

2−1 訴訟救助

訴訟上の救助は，訴訟の準備および追行に必要な費用を支払う資力がない，またはその支払により生活に著しい支障を生ずる者に対して，当事者が支弁または予納しなければならない費用の支払を，裁判所が猶予する制度である（82条・83条1項1号・2号）。救助の対象となるのは，訴訟費用のうちの裁判費用，裁判所において付添を命じた弁護士の報酬および費用の支払のみで，当事者費用や弁護士費用は含まれない。また，本制度を利用するための要件として，当事者の無資力に加えて，勝訴の見込みがないとはいえないことが要求されている（82条1項但書）ことから，扶助件数は増加傾向にあるとはいえ，まだまだその運用はきわめて貧弱であるといわざるを得ない。今後は救助対象の拡張や，救助の効果として猶予だけではなく，免除を認めるなど，一層の活用が望まれるところである。

2−2 法律扶助

法律扶助は，法務大臣によって公益法人に指定された財団法人法律扶助協会が，国庫や地方公共団体などからの補助金を受けて運用しているもので，事件の勝訴の見込みや資力要件等を調査したうえで，訴訟費用や弁護士費用を立て替える制度である。従来の制度は，予算規模の点などで諸外国に比してきわめて不十分であるといわれていたが，平成12年に民事法律扶助法が新たに制定され，民事法律扶助事業の整備および発展を図るために必要な事項を定めたとともに，大幅な国家補助の増加が見込まれている。同法は，民事裁判等の手続の準備および追行のために弁護士報酬等の立替えをすることに加えて，手続に必要な書類の作成を司法書士に依頼した場合の報酬等の立替えや，法律相談の実施も含めて法律扶助事業と定義し（扶助2条），法律扶助事業についての国の責務を明らかにしている（同3条）。また，国が上記財団法人に対して事業に

要する費用の一部を補助することが明記された（同11条）ことにより，法律扶助事業に対する国の補助に成文法上の根拠が与えられたことで，今後の制度の発展が期待されている。

3 訴え提起後の手続

3－1 訴状の審査

訴えが提起されると，裁判所の事務分配の定めにより，その事件は特定の裁判体（裁判官あるいは合議体）に分配される。事件の配付を受けた裁判体の裁判長は訴状の審査を行う。この審査は，必要的記載事項の記載や手数料額の印紙の貼付など形式的事項を対象とする。審査の結果，上記事項に不備がある場合には，裁判長は相当の期間を定めて原告にその補正を命じる（137条1項，補正命令。裁判所書記官に行わせることもできる。規56条）。原告がこれに応じないときは，裁判長は命令で訴状を却下する（137条2項）。この命令に対しては即時抗告ができる（137条3項）。

3－2 訴状の送達

訴状が適法なものとして受理されると，裁判所書記官はその副本を被告に送達する（138条1項）。送達は被告をして自己に対していかなる訴えが提起されているかを知らしめ，当該手続に関与させる契機となるという意味で，被告の裁判を受ける権利を実質的に保障するための最初の手続である。送達は職権によって行われ（職権送達主義，98条1項），郵便業務従事者または執行官により実施される（99条）。送達方法に関しては，名宛人に，その住所・事務所などにおいて訴状を直接手渡す交付送達が原則である（101条・103条1項）が，就業場所での送達も許されるし（103条2項），また，交付は名宛人以外の一定の関係者にもなしうる場合があり（補充送達，106条1項・2項），送達を受けるべき者が正当な理由なく受領を拒むときは，その場に訴状を差し置くことも認められている（差置送達，106条3項）。なお，当事者には送達場所を届け出る義務があり，その届出があった場合はその場所に送達がなされる（104条）。これらいずれの方式によっても送達ができない場合には，裁判所書記官は訴状を書

留郵便等に付すことができ，その場合はその発送の時点において送達があったものとみなされる（付郵便送達，107条）。上記のいずれの方法によっても送達ができない場合には，最後の手段として，当事者の申立てにより，裁判所書記官が訴状を保管し，名宛人に対していつでも交付の用意がある旨を裁判所の掲示板に掲示するという方式がとられる（公示送達，110条・111条）。この場合は掲示後2週間（外国においてすべき送達については6週間）経過した時点で送達の効力が生じる（112条）。付郵便送達および公示送達は，被告の実際の受領なしに送達の効力を認めるものであることから，被告の裁判を受ける権利の保障との関係で慎重な運用が望まれる（最判昭和42・2・24民集21巻1号209頁など参照）。

3-3 口頭弁論期日の指定

訴状の送達とともに，裁判長は訴えの審理をはじめるために，第1回目の口頭弁論期日を指定し（規60条1項），当事者双方を呼び出さねばならない（139条）。期日をいつに指定するかは裁判長の裁量事項であるが，できるだけ早い日を指定すべきである（規60条2項参照）。

4 訴え提起の効果

4-1 訴訟係属とその効果

訴えの提起によって，特定の事件が特定の裁判所で審判される状態が生じる。これを訴訟係属という。訴訟係属の発生によりさまざまな訴訟法上の効果が生じる。実体法も訴えの提起にもろもろの効果を結び付けているが，実際の訴訟係属の発生時期については，訴状提出の時とする説と被告への送達時とする説とが対立している。訴訟法上の効果については，被告の防禦権を保障することが重要であるから，被告への送達時を訴訟係属の発生時期とすべきであるが，実体法上の効果については，原告の権利行使の意思が重要であることから，訴状提出の時を訴訟係属の発生時期とすべきである。

訴訟係属の発生により生じる主な訴訟法上の効果としては，訴訟参加（42条・47条・52条），訴訟告知（53条），反訴（146条1項），中間確認の訴え（145

条),訴えの変更(143条)が可能となるが,特に重要な効果は重複訴訟の禁止である。

4-2 重複訴訟の禁止

(1) 意　義

すでに裁判所に係属する事件については,当事者はさらに訴えを提起することができない(142条)。もし重複訴訟が許されるとすれば,後訴被告にとっては応訴にあたって時間,費用,労力の二重の負担となるし,裁判所にとっても無駄な審理を強いられることになる。さらに,内容の矛盾した2つの判決が並存する可能性もある。これらの不都合を回避するために,同一事件について2つの訴訟手続が別々に並行して進むことを避けようとするのが,重複訴訟禁止の趣旨である。

(2) 要　件

重複訴訟にあたるか否かは,前訴と後訴の事件の同一性を基準に考える。事件が同一かどうかは,当事者および審理対象の各点から考察する必要がある。まず当事者については,前訴と後訴で原告・被告の立場が逆である場合や,前訴の判決効の拡張を受けるべき者が後訴の当事者である場合(たとえば選定当事者と選定者など,訴訟担当者と実質的利益帰属者)も,同一性が認められる。したがって,債権者代位訴訟中に債務者が提起した同一債権の給付請求の別訴は重複訴訟にあたる(ただし,債務者が47条により訴訟に参加し,第三債務者に対して訴訟物を同じくする訴えを提起することは許される。なぜならこの場合,両請求は併合審理を強制され合一に確定されるため重複訴訟禁止の趣旨に反しないからである。最判昭和48・4・24民集27巻3号596頁)。つぎに審理対象については,訴訟物たる権利・義務が同一である場合はもちろん,訴訟物が異なっていても,請求の基礎が同一である場合や2つの事件における主要な争点が共通である場合も,同一事件として後訴を認めるべきではないとする考え方も有力である(たとえば,同一の土地についての所有権確認訴訟と所有権に基づく明渡請求訴訟など)。

また,重複訴訟禁止の趣旨が矛盾判決の防止にあることから,既判力が抵触する場合には重複訴訟にあたることになるが,この点については,相殺の抗弁

との関係が問題となる。相殺の抗弁は訴訟物ではないから，直接には重複訴訟にはあたらないが，理由中の判断であっても既判力が生ずるとされていることから，142条を類推して何らかの規制をするべきかが問題となる。判例は，係属中の別訴において訴訟物となっている債権を自働債権として他の訴訟において相殺の抗弁を主張すること（最判昭和63・3・15民集42巻3号170頁，最判平成3・12・17民集45巻9号1435頁）も，すでに相殺の抗弁に供されている自働債権を別訴で訴求すること（東京高判平成8・4・8判タ937号262頁）も，いずれも重複訴訟禁止の趣旨に鑑みれば許されないとする。しかしこのような判例の立場に対しては，相殺の担保的機能を尊重する立場からの批判も有力である（最判平成10・6・30民集52巻4号1225頁は，相殺の担保的機能を重視し，明示の一部請求訴訟の係属中に残部債権を自働債権とする相殺の抗弁を同一当事者間の別訴において提出することは，債権の分割行使が権利濫用にあたるなど特段の事情がない限りは，重複訴訟禁止の趣旨には反しないとする）。

(3) 効 果

重複訴訟の禁止に反して提起された訴えは原則として却下される。これを看過してなされた本案判決に対しては上訴で争うことができるし，前訴と後訴で矛盾した判決が確定した場合には，後に確定した判決が再審で取り消される（338条1項10号）。ただし，請求の基礎や主要な争点が共通している場合にも同一の事件と考える立場は，この場合に後訴を前訴手続に併合審理すれば不適法でなくなるときは，後訴を却下せず，移送ないし併合審理の方向にもっていくべきであるとする。

4-3 実体法上の効果

実体法が訴えの提起に特別の効果を認めていることがある。たとえば，時効の中断（民147条・149条），出訴期間その他の除斥期間の遵守（民201条・747条2項・777条，商105条1項・248条1項・280ノ15条1項など），善意占有者の悪意の擬制（民189条2項），手形法上の償還請求権の消滅時効期間の開始（手70条3項）などである。これらの効果の発生や消滅については，それぞれの制度の趣旨によって定まる。裁判上の請求による時効中断および法定期間遵守の発生時期は，起訴の時，すなわち裁判所への訴状提出の時とされている（147条）。

第6章

民事訴訟の審理

1 口頭弁論

1-1 口頭弁論とは何か

　民事訴訟は，原告が訴えにより主張する私法上の権利または法律関係の存否を判決によって確定し，当事者間の紛争を解決することをその目的とする（第1章参照）。この目的を適正，迅速かつ経済的に達成するために，民事訴訟の審理については，弁論主義，職権進行主義，双方審尋主義，口頭主義，直接主義，公開主義，適時提出主義などの諸原則のもと，進められなければならないとされている（審理の諸原則については第3章参照）。

　これらの諸原則を充たし，民事訴訟の目的をもっともよく実現できるものとして，歴史的経験に基づき形成されて来たのが口頭弁論という審理方式である。すなわち，口頭弁論とは，公開の法廷において開かれる期日において，受訴裁判所の面前で，両当事者対席の上，双方が口頭で弁論をなし，証拠調べが行われ，それに基づいて裁判がなされることが保障されている審理方式をいう（審理方式としての口頭弁論）。

　なお，口頭弁論という語は，審理方式としての口頭弁論で行われる，当事者や裁判所のさまざまな行為を指すものとしても使われる（訴訟行為としての口頭弁論）ので，注意が必要である。

　そもそも弁論とは，受訴裁判所に対して本案の申立てを行い，判決の基礎となる事実を主張し，証拠を提出する当事者の行為をいう。したがって，口頭弁論とは，当事者が口頭で行う弁論，すなわち本案の申立ておよびこれを基礎づける攻撃防御方法の陳述を指す（最狭義の口頭弁論。なお，後述3参照）。また，口頭弁論という語は，当事者の陳述に加え，証拠調べをも含む意味で用いられることもある（広義の口頭弁論）。さらに民事訴訟法では，審理方式としての口

頭弁論のほかに，そこで当事者，裁判所が行ういっさいの行為を指して，口頭弁論ということがある（最広義の口頭弁論）。

口頭弁論の多義性

審理方式としての口頭弁論		公開法廷で当事者対席の上実施される審理方式	87条1項（多義的）
訴訟行為としての口頭弁論	狭義	当事者が口頭でなす本案の申立ておよび攻撃防御方法の陳述	87条（多義的）・150条・155条など
	広義	狭義の口頭弁論＋証拠調べ	148条・249条・251条など
	最広義	裁判所および当事者が口頭弁論期日において行う一切の訴訟行為（裁判所による訴訟指揮，証拠調べ，裁判の言渡しなども含む）	152条・160条1項・同条3項など

1-2 口頭弁論の必要性

当事者は，訴訟について，裁判所において口頭弁論をしなければならない（87条1項，必要的口頭弁論）。訴訟とは，訴え，すなわち原告の裁判所に対しておこなう被告への一定の権利または法律関係の存否の主張の当否を審理し，裁判所の判決によってその判断を示す手続である。権利または法律関係の存否を適正に判断するためには，口頭弁論という，慎重かつ厳格な方式によって審理される必要がある。これが口頭弁論の必要性である。したがって，訴訟においては，口頭弁論にあらわれた当事者の主張および証拠だけが裁判所の事実認定の基礎となる。

ただし，決定で完結すべき事件については，裁判所が，口頭弁論をすべきか否かを定めるとされている（87条1項ただし書，任意的口頭弁論）。決定とは，管轄の指定（10条），除斥・忌避の裁判（25条），特別代理人の選任（35条）などの手続に関する付随的，派生的事項について，裁判所の判断が求められているときに用いられる裁判形式である（また，非訟事件のように，権利の存否そのものではなく，その内容について裁判所の裁量判断が示される裁判も，決定によってなされることがある。非訟17条参照）。これらの手続は迅速な処理が強く要請

される一方，実体法上の権利関係そのものについて判断されるわけではないので，より簡易な審理方式をとることができる。すなわち，口頭弁論を行うかどうかは裁判所の裁量に委ねられており（87条1項ただし書），口頭弁論をしない場合には，審尋を行うことができるとされている（87条2項）。審尋とは，任意の方法で当事者から事情を聞くことである（審尋が必要とされているのは，50条2項・199条1項・223条2項・346条2項など。また，審尋が許されない場合につき386条1項参照。）。

なお，訴えや上訴の不適法却下（140条・290条・317条・355条1項）や上告棄却判決（319条）などのように，特別の定め（87条3項）がある場合は，口頭弁論を開かずに判決をなすことができる。

口頭弁論は，公開法廷において，指定された期日に，両当事者立会いのもとで実施される。つぎに期日と期間について説明する。

1-3 期日と期間

(1) 期　日

当事者その他の訴訟関係人が裁判所の面前で訴訟行為をなすための時間および裁判所が訴訟行為，とくに裁判をなすための時間をいう。

本案の申立て，弁論，裁判など主要な訴訟行為は期日においてなされる。訴訟が1回の期日で裁判するに熟すれば，弁論は終結され，終局判決が言い渡され，訴訟は終結する（243条参照）し，そうでなければ裁判するに熟するまで期日が続行される。

期日は，口頭弁論期日（たとえば139条）と，弁論準備手続期日（たとえば169条1項）とに大別される。口頭弁論期日は，実務上，証拠調期日，和解期日，判決期日などと別称されることもある。また準備的口頭弁論期日も口頭弁論期日であって，単にその目的が争点および証拠の整理に向けられているにすぎない（第8章参照）。これら口頭弁論期日はすべて，公開，当事者の対席といった，口頭弁論に必要な一定の審理形式にしたがって行われなければならない（口頭弁論の諸原則については第3章参照）。一方，弁論準備手続期日は，争点や証拠を整理して，口頭弁論の集約化を目指す弁論準備のための期日であり，口頭弁論の審理形式にしたがう必要はなく，原則として非公開であり，一定の場

合に傍聴が認められるにすぎない（169条，詳しくは第8章2参照）。

　期日指定権限は裁判長にあり，裁判長は，当事者の申立てを待つことなく，職権で期日を指定し（93条。なお，受命裁判官による弁論準備手続につき171条2項），当事者を呼び出す（94条）。当事者には期日指定の申立権が認められているが（93条1項），これは補充的に職権発動を促すものにすぎない。ただし，法律で申立権が認められているので，申立てに対する裁判所の応答を得ることができる。期日指定は裁判長の権限であるから，その判断（裁判）は，命令の形式でなされるが，期日指定の申立てを拒むときは，訴訟進行を拒否することになるので，特に裁判所が決定で裁判すべきであると解されている。当事者の都合により期日の変更を求めることはできるが，安易に変更を認めると訴訟が遅延するため，手続の状況に応じて変更が認められる事由が定められている（93条3項4項）。

　すなわち，口頭弁論および弁論準備手続の続行期日については，「顕著な事由」がある場合に限り（93条3項本文），弁論準備手続を経た口頭弁論期日については，「やむを得ない事由」がある場合に限り（同条4項）変更が認められる。「顕著な事由」については，該当しない例が民事訴訟規則37条に示されている。口頭弁論および弁論準備手続の最初の期日は，「顕著な事由」があるときのほかに「当事者の合意」があるときにもその変更が認められる（同条3項本文およびただし書）。この期日は，当事者の都合を聞かずに裁判所によって一方的に指定されるものだから，前二者の場合に比べて期日の変更のための要件が緩和されているのである。

　口頭弁論期日に当事者が欠席した場合，自白が擬制されたり（159条3項），訴えの取下げが擬制されたり（263条），審理の現状に基づく判決がなされたり（244条）というように，欠席した当事者に一定の不利益が課せられたり，裁判が打ち切られたりすることがある。なお，口頭弁論は書面で準備しなければならないとされており（161条1項），当事者は，口頭弁論で行おうとする陳述や証拠申立て，あるいは相手方の主張に対する応答などを，この書面に予告的に記載して裁判所に提出することになる。この書面を準備書面というが，この準備書面があらかじめ提出されているときには，当事者の欠席について特別の取扱いがなされることがある（詳細は第6章3－5参照）。

(2) 期間とは何か

訴訟上の意味を有する一定の時の経過を期間という。期間には，裁定期間と法定期間がある。裁定期間とは，裁判所または裁判官が具体的事情に応じてその長さを定めるものをいう（34条1項・75条・79条3項・137条1項・162条など）。法定期間とは，期間の長さが法定されているもので，さらに不変期間と通常期間とに分けられる。不変期間とは，法定期間中特に法律上不変期間と明示されているものをいい（285条・313条・332条・342条1項），それ以外の法定期間を通常期間という。不変期間はその伸縮が許されないが（96条1項ただし書），その徒過には追完が認められる（97条）。また，遠隔の地に居住する者のために，付加期間が付与されることがある（96条2項）。通常期間および裁定期間は，裁判所がその裁量で伸縮することができる（96条1項本文）。

当事者その他の関係人が期間中に一定の訴訟行為をしないことを期間の不遵守といい，原則として当該行為をする機会を失うことになる。しかし，当事者の責めに帰すことができない事由によって期間が遵守できなかった場合には，その救済が必要となる。とくに，不変期間は，比較的短期間であり，裁判の確定（285条・313条・332条）や訴権の喪失（342条）といった重要な効果をもたらすものなので，追完という救済制度が設けられている。すなわち，当事者らが，予期しない天変地異など，その責めに帰すことができない事由により不変期間を遵守できなかったときは，その事由が消滅した後1週間以内に（外国にいる当事者については2カ月以内），不変期間になすべき訴訟行為を追完することができる（97条1項）。追完のための期間は伸縮できない（同条2項）。

2 期日における裁判所の行動

2-1 訴訟指揮権

民事訴訟では，訴訟の開始，審判対象の特定等については当事者にその権限と責任があるとする処分権主義が，審判資料の提出についても，当事者にその権限と責任があるとする弁論主義が，それぞれ妥当している（第3章）。
一方，民事訴訟法は，迅速かつ充実した審理を実現するために，手続の進行および審理の整序に関する権限と責任については，これを裁判所（原則として裁

判長，148条）に認めている。このように裁判所に認められた審理における手続主宰権能あるいは活動権能を訴訟指揮権という。訴訟の進行と審理の整序について裁判所に訴訟指揮権が認められる結果，これらの場面で当事者が有する権限は補充的なものにとどまる。すなわち，訴訟手続の進行であれ，審理の整序であれ，当事者には申立権が認められておらず，たとえ，当事者に申立権が認められている場合でも，それは裁判所の職権発動を促すにすぎず，裁判所は必ず裁判によってそれに応答しなければならないというにとどまる（たとえば，訴訟の移送について17条・18条，期日の指定について93条1項，時機に後れた攻撃防御方法の却下につき157条）。

訴訟指揮権に基づき裁判所が行う訴訟行為には，大別して以下のようなものにある。

裁判所の訴訟行為

訴訟の進行に関するもの	期日の指定・変更（93条），期間の伸縮（96条，規38条），訴訟手続の中止（130条），中断した手続の進行（129条）など。
審理を整理し，促進させるためのもの	弁論の制限・分離・併合（152条1項）や弁論の再開（153条），時機に後れた攻撃防御方法の却下（157条）など。
期日になされる訴訟行為の整理のためのもの	当事者の発言を命じたり禁じたりするなどの口頭弁論の指揮（148条）。
訴訟関係を明瞭にするためのもの	釈明権の行使（149条），釈明処分（151条）。これらは，職権進行主義というよりも弁論主義の補完としてなされる。

2−2 口頭弁論の制限・分離・併合

当事者は，処分権主義により，1人または複数の相手方に対する複数の請求につき，別々の訴えによってこれをなすこともできるし，また，1つの訴えによることもできる（訴えの併合，第13章参照）。しかし，審理の状況によっては，別々に訴えられた請求をまとめて審理した方が適正かつ迅速に審理できる場合がある。また，1つの訴えで提起された請求について，個別に審理した方がよい場合もある。

訴訟の進行については，裁判所に責任と権限があるので（職権進行主義，第3章参照），このような場合，裁判所は，その裁量により，必要に応じて，弁

論の併合，分離，制限またはそれらの取消しを命ずることができる（152条）。

弁論の併合（訴訟の併合）とは，同一の裁判所に別々に係属している数個の請求（同一当事者間，あるいは異なる当事者間の請求）を併合させ，同一の訴訟手続で審理・判決すべきことを命ずる処置をいう。原告が初めから訴えを（客観的・主観的）併合して提起できるにもかかわらず，別々に提起した場合に，それらの事件相互間の共通な事項に関して，証拠調べを共通の期日に行い，共通の認定を図り，裁判の矛盾抵触の防止を目的とする。この結果，数個の単独訴訟は訴えの客観的併合か共同訴訟となる。

弁論の分離（訴訟の分離）とは，1つの訴えにより数個の請求につき審判が求められている場合に，ある請求が他の請求と関連性がないと認められる場合に，併合審理では審理の複雑化，訴訟遅延の原因となることから，この請求を切り離して別の手続で審理することをいう。ただし，必要的共同訴訟や独立参加訴訟，離婚事件の本訴と反訴のように必ず同時に審判しなければならない場合は弁論の分離を命ずることは許されない。

弁論の制限とは，たとえば，数個の独立した攻撃防御方法あるいは訴訟要件の具備が争われている場合など，1つの訴訟において数個の弁論・証拠調べをなすべき事項がある場合，あるいは1つの訴えにより数個の請求が併合提起されている場合に，弁論を整序するため，審理をそのうちの1つの事項・請求に集中させることをいう。中間判決をする場合にも行われるが，弁論の分離が許されない場合に，審理を整理するためにも用いられる。

2−3 釈明権

釈明権とは，事件の内容をなす事実関係や法律関係を明らかにするため，当事者に対し事実上や法律上の事項について質問を発し，または立証を促す裁判所の権能であり（149条1項），釈明権は弁論主義の補完として行使される（第3章参照）。

(1) 釈明権の行使　釈明権は，当事者からの申立ての有無に関わらず，合議体においては，裁判長が行使する（149条1項。陪席裁判官も必要があれば，裁判長に告げたうえで行使できる。149条2項）。その行使は，口頭弁論期日または期日外においてなすことができる。期日外における行使を期日外釈明という

が，期日外釈明は裁判所書記官に命じて行わせることができる（規63条）。裁判長または陪席裁判官が，口頭弁論の期日外において，攻撃または防御の方法に重要な変更を生じ得る事項について釈明権を行使した場合は，その内容を相手方に通知しなければならない（149条4項）。

(2) 釈明処分　　裁判所は，事案の解明を図るために適当な処分をすることができる（151条）。これを釈明処分という。釈明権が，主張・立証などの訴訟行為を当事者に促す手段であるのに対し，釈明処分は，当事者本人またはその法定代理人に対して口頭弁論期日への出頭を命じ，当事者の事務処理者や補助者に陳述をさせ（151条1項1号・2号），当事者の所持する文書等の提出を命じ，留置し（151条1項3号・4号），検証をし，もしくは鑑定を命じ（151条1項5号），または必要な調査を嘱託する（151条1項6号）などの方法を通じて，裁判所自身の行為によって事件の概要を把握し，争点を整理するための手段である。釈明処分の手続に関しては証拠調べの規定が準用され（151条2項），その結果として裁判所が事実関係について一応の心証が形成されるが，争いとなる事実についての証拠調べとは区別され，そのまま判決の基礎とされることはない。

3　期日における当事者の行動（訴訟行為）

3-1　訴訟行為とは

　訴訟は最終的な目標である裁判に至るまで当事者の行為が積み重ねられていくものである。原告が裁判所に訴状を提出することからはじまり，口頭弁論において原告・被告がそれぞれの主張を述べ，争点につき証人尋問など証拠調べを実施し，最終的に判決にいたる。場合によっては判決まで至らず，訴えの取下げ（261条）や訴訟上の和解（267条）などで訴訟が終了することもある。一連の訴訟手続の中で，当事者は事件の移送を求めたり（16条以下），証拠の申出をしたり（180条），期日指定の申立て（93条1項）を行ったりする。以上のように，訴訟法上の法律効果を生じさせる当事者の行為のことを訴訟行為と呼んでいる。

　訴訟行為には実にいろいろな種類のものがあるので，すべてに全く同じ規律

があてはまるとは限らない。また，それぞれの性質によって別々の法律問題が生じることもある。このような点から，さまざまな訴訟行為をその性質などに応じ，別々に考察することが必要となる。この観点から当事者の訴訟行為をみると，以下のようにまとめられる。

当事者の訴訟行為

訴訟係属前に行われる訴訟行為	不起訴の合意，管轄の合意（11条），仲裁契約，訴訟委任など
訴訟を終了させる目的を持つ訴訟行為	訴えの取下げ（261条），請求の放棄・認諾（266条），訴訟上の和解（267条）など
裁判所の応答によって効果が発生する訴訟行為（取効的訴訟行為）	申立て・主張・立証
裁判を介在することなく，訴訟法上の効果が生じる訴訟行為（与効的訴訟行為）	管轄の合意（11条），選定当事者の選定（30条），責問権の放棄（90条），訴え（上訴）の取下げ（261条，292条，313条），飛越上告の合意（281条但書）など

　これらのうち，管轄の合意（11条），訴えの取下げ（261条）など意思表示の性質を持つ訴訟行為についてはつぎのような問題がある。日常の社会生活の中で契約をする際に，錯誤や強迫に基づいて意思表示をしてしまった場合には，前者の意思表示は無効となり（民95条），後者の意思表示は取り消すことができるとされているが（民96条），錯誤や強迫に基づいて上述のような訴訟行為をしてしまった場合はどうなるのだろうか。通説は，民法の意思表示の瑕疵に関する規定の訴訟行為への適用可能性を否定する。訴訟行為は判決に至るまで積み重ねられていくものであり，手続の安定性が重視されるからである。

　また，私法上の形成権を訴訟上ではじめて行使するといった訴訟行為については，つぎのような問題もある。すなわち，訴訟外で相殺の意思表示をせず，訴訟上ではじめて相殺の意思表示をした後に，訴えが取り下げられたり，あるいは相殺の抗弁が時機に後れた攻撃防御方法として却下される（157条1項参照）などして訴訟上の意味がなくなってしまった場合に，私法上は相殺の効果が生じたことになるのか，さらにそうであるとして，その私法上の効果はそのまま残るのだろうかという点である。判例は，建物買取請求権（借地借家13条）について，訴えが取り下げられ，あるいは和解が成立したなどの理由により，建物買取請求の意思表示について裁判所の実体的な判断を受けることなく訴訟

が終了するに至った場合には，いったん発生した実体的効果は，初めに遡って消滅するとしている（東京地判昭和45・10・31判時662号92頁）。

3-2 申立て

訴訟は原告の訴えの提起により開始される。訴えは裁判所に対し請求の当否について判断を求める当事者の行為である。これに対し被告は裁判所に請求の棄却，あるいは訴えの却下を求めるのが通常である。また，当事者が訴訟手続中，裁判所に事件の移送（16条以下）を求めたり，裁判官の除斥・忌避（23条・24条）を求めたりすることもある。このように，裁判所に対し一定の行為を求める当事者の訴訟行為を申立てと呼ぶ。

申立てには「期日は，申立てにより又は職権で，裁判長が指定する」（93条1項）など条文上当事者に申立権を認める文言のあるもの（その他，移送申立て〔16条から19条〕，手続の受継申立て〔126条〕など）とそうでないものがあるが，前者については，裁判所は必ず裁判によってその許否を明示する必要があるのに対し，後者については，裁判所の職権発動を促すにすぎず，裁判所には応答義務はない（口頭弁論の併合〔152条〕，口頭弁論の再開〔153条〕，調査の嘱託〔186条〕など）。

申立ては書面でも口頭でも行うことができる（民訴規1条1項）。ただし，特に重要な訴訟行為については手続の安定を図るため，書面による申立てが要求されている（訴え提起の方式〔133条〕，訴えの変更〔143条2項〕，中間確認の訴え〔145条3項〕，控訴提起の方式〔286条〕）。

3-3 主 張

原告Xが被告Yに対して貸金の返還を求める訴え（本案の申立て）を提起したところ，被告Yがこれを争ってきた場合には，原告Xは申立てを基礎（理由）づける必要が生じる。このように申立てを基礎（理由）づける訴訟行為のことを主張という。主張には，法規の解釈・適用などについて行う主張（法律上の主張）と事実の存否について行う主張（事実上の主張）がある。以下，この二者について述べる。なお，原告の本案の申立てを基礎づける一切の裁判資料を攻撃方法，被告の反対の申立てを基礎づける一切の裁判資料を防御方法と

いい，合わせて攻撃防御方法と呼んでいる。
(1) 法律上の主張
　たとえば，売買代金支払請求訴訟の中で，原告が被告に対する金銭の支払を求める申立てを理由づけるために売買代金債権の存在を主張することや所有権に基づく移転登記請求訴訟の中で，移転登記請求を理由づけるために所有権の存在を主張することがある。このように法規の存在や解釈，法規の適用（あてはめ），法律効果，契約の解釈などについての主張のことを法律上の主張という。裁判官は法律の専門家であり，法規の解釈・適用をすることは本来の職責であるから，当事者による法律上の主張は何ら裁判所を拘束するものではない（いわゆる「裁判官は法を知る」の原則）。しかしながら，法律上の主張については，上記の例のように，被告が売買代金債権の存在を認めたり，所有権の存在を認めたりした場合に，それらの権利の存否に関する裁判所の審判権が排除されるのか（いわゆる「権利自白」）という問題や，裁判所の法律上の見解と当事者の法律上の見解との間に乖離がある場合に裁判所は見解の相違があることを当事者に伝える義務があるのか（いわゆる「法的観点指摘義務」）などの問題がある。

(2) 事実上の主張
　法律上の主張に対し，売買代金債権を発生させる「代金の支払を約束した」，「財産権の移転を約束した」など事実の存在に関する主張は，事実上の主張と呼ばれる。事実上の主張については，弁論主義が妥当する民事訴訟の下，一定の事実について当事者がその提出に権能と責任を負うと理解されている。なお，事実の存否について相手方がそれを認める陳述をした場合の効果については後述する。

(3) 主張責任
　弁論主義の第1テーゼによれば，「裁判所は当事者の主張しない事実を判決の基礎とすることはできない」とされている。それゆえ，裁判所が当事者の主張していない事実の存在を証拠調べの結果から確信したとしても，当事者の主張がない以上，その事実を判決の基礎とすることはできない（「訴訟資料と証拠資料の峻別」）。たとえば，XがYに対する貸金の返還を求める訴訟において，当事者が「金銭の受渡しがあった」という事実を主張しなければ，裁判所は

「金銭の授受」の事実を判決の基礎とすることはできない。そうすると、裁判所は貸金返還請求権の発生を認めることはできなくなるので、結果的にＸには、敗訴判決を受ける危険が生じることになる。このように訴訟において自己に有利となる事実を主張しない場合に存在する敗訴の危険を主張責任という。また、敗訴判決を受けないためには、当事者は自己に有利となる事実を自ら積極的に主張する必要があることになるが、このような行為責任も含めて主張責任と呼ぶことがある。なお、上記の「金銭の授受」の事実は、Ｘが主張責任を負っているのであるが、ＸではなくＴ被告Ｙの方から「金銭を受け取った」と主張していた場合には、裁判所はその事実を判決の基礎として差し支えない（主張共通の原則）。

(4) 主要事実と間接事実の区別

　訴訟には実にさまざまな事実が登場する。貸金返還請求訴訟を例にとれば、原告は「被告に金銭を渡した」と主張し、被告は「原告にすでに弁済した」、「原告から債務の免除を受けた」などと主張することがある。また、金銭が受け渡されたという日に「被告が多額のお金をギャンブルにつぎ込んでいた」という事実や、弁済があったとされる日に「被告が弁済相当額を銀行から引き出していた」という事実が主張されることもあるだろう。上記の「被告に金銭を渡した」、「原告にすでに弁済した」、「原告から債務の免除を受けた」などの事実は、それぞれ民法が定める「金銭の授受」（民587条）、「弁済」（民474条以下）、「免除」（民519条）の要件事実に該当する具体的な事実であって、権利の発生・変更・消滅を直接判断するのに必要な事実（「直接事実」とも呼ばれる）ということができる。このような法規の要件事実に該当する具体的な事実のことを主要事実と呼んでいる。他方、「被告が多額のお金をギャンブルにつぎ込んでいた」、「被告が弁済相当額を銀行から引き出していた」という事実は、「被告に金銭を渡した」、「原告にすでに弁済した」という主要事実の存在を推認させる事実である。このような事実のことを間接事実という。さらに訴訟に登場する事実には「証人は虚言癖がある」、「証人は偽証罪で有罪判決を受けたことがある」など証拠の信用力に影響を与える事実もある。この事実のことを補助事実という。

　ここで問題となるのは、弁論主義の第１テーゼにいう事実に上記３つの事実

すべてが含まれるのか，あるいはそうではないのかという点である。補助事実が第1テーゼにいう事実に含まれないことについては争いはない。通説・判例は間接事実についても第1テーゼの事実には含まれず，主要事実のみが含まれると考えている（最判昭和27・12・25民集6巻12号1240頁）。したがって，通説・判例によれば，裁判所は先の「被告が多額のお金をギャンブルにつぎ込んでいた」などの事実について，当事者の主張がなくとも判決の基礎とすることができることになる。この理由については，わが国の民事訴訟では自由心証主義（247条）により，裁判官は取り調べた証拠の証拠力を自由に評価して主要事実の存否を認定することができるが，証拠調べの結果から間接事実が得られた場合に，たまたまその間接事実について当事者の主張がなかったことにより，これを主要事実の存否を推認するために用いてならないとすると，裁判官に不自然な判断を要求することになるからであるという。

　弁論主義の第1テーゼは主要事実のみにあてはまるという上述のような考えをとると，主要事実と間接事実の区別が弁論主義の適用を決める重要な基準となる。この点に関し，従来，主要事実は法規の要件事実に掲げられた事実であるという考えが強かったので，つぎのような場合が問題とされた。それは法規の上で要件として掲げられている「過失」（民709条）や「正当の事由」（借地借家法6条）だけをそのまま主要事実として取り扱ってよいのかという点である。たとえば，交通事故に基づく損害賠償を求める訴訟において，被害者は加害者である被告の「過失」の存在を主張し，それを基礎づける事実として「被告が脇見運転をしていた」と主張して争っていたとする。このような場合，「過失」以外の事実，すなわち，「被告が脇見運転をしていた」という事実をはじめ「被告がスピード違反をしていた」，「被告が信号無視をした」といった事実は間接事実ということにとどまるのだろうか。もし，そうであるとすると，裁判所は当事者の主張がなくとも「被告のスピード違反」などの事実を認定して被告敗訴の判決をすることができることになり，被告にとっては予想しなかった理由で敗訴判決（いわゆる「不意打ち判決」）を受ける可能性が出てくる。そこで，「過失」「正当の事由」といったいわゆる「不特定概念」については，それらにあたる具体的な事実が主要事実であると考えられるようになってきている。

3－4　相手方の主張に対する応答

　口頭弁論では，相手方の主張に対して，当事者が応答するという形で手続が進んでゆく。たとえば，相手方の主張を真っ向から否定するときもあれば，何も知らないということで暗に否定するときもある。反対に，相手方の主張を認める場合もあるだろうし，あるいは何も答えないという場合もあるだろう。このような当事者の応答によって，その後の訴訟はどのように変わるのだろうか。民事訴訟法では，当事者のとりうる応答の態様を，否認・不知・自白・沈黙の4通りとして，それぞれに一定の効果を定めているので，以下に解説する。このほか，応答を留保するという態様もありうるが，これは一時的な応答であり，最終的には上のいずれかに決めなければならない。

(1) 否　認

　相手方の主張した事実を否定する陳述を否認という。そして，否認は，さらに2種類のものに分かれる。1つは，たとえば，貸金返還請求訴訟で，原告が「〇月×日，被告に100万円の金銭を手渡した」と述べたのに対し，被告が「金銭は受け取っていない」と述べる場合のように，相手方の主張に対し，何ら理由も示さず単に否定する陳述である。もう1つは，先の例で，被告が「〇月×日には，外国へ旅行に行っていて日本にいなかった」と述べる場合のように，相手方の主張と両立しない事実を示して間接的に否定する陳述である。前者を単純否認といい，後者を理由付否認という。先の例では，被告が否認をすると，原告の主張した事実は真実かどうか，その後の訴訟で争われることになる。基本的には，証明責任に従って，原告が事実を証明しなければならない。それに対し，被告は，理由付否認の場合の理由（「日本にいなかった」）の部分を証明する必要はない。

(2) 不　知

　相手方の主張する事実について，「知らない」あるいは「記憶にない」とする陳述を不知という。不知の陳述は事実が存在しないことが見て取れるから，否認と推定される（159条2項）。したがって，それをくつがえす証拠があらわれない限り事実は争われ，証拠調べが開かれる。

(3) 自　　白

　相手方の主張する自己に不利益な事実を認める陳述を自白という。たとえば，貸金返還請求訴訟において，原告が「金銭を手渡した」と述べたのに対し，被告が「その金銭を受け取った」と述べる場合である。なお，訴訟の争点整理手続や口頭弁論になされる自白を裁判上の自白，訴訟手続外でなされる自白を裁判外の自白と呼んでいるが，後者については(c)を参照されたい。

　裁判上の自白が成立するには，①相手方の主張する事実と一致した陳述をすることが必要である。事実が一致すれば部分的にも自白は成立するので，たとえば，貸金返還請求訴訟の被告が「100万円は受け取ったが，それは借りたものでなくもらったものだ」と述べる場合は，返還約束の点においては理由付否認であるが，金銭授受の点では自白が成立することになる。また，事実が一致する時点は，被告の陳述のときか原告の陳述のときかを問わない。相手方が主張していないのに，自らすすんで不利な事実を述べた場合，相手方が援用すれば，その時点で自白が成立する。このような自白を先行自白という。ただし，相手方が援用する前に撤回すれば，自白の成立する余地はなくなる。つぎに，②自己に不利益な事実についての陳述でなければならない。ここにいう「不利益」は何を基準に判断するのかについては学説が分かれている。相手方が証明責任を負う事実のことだとすれば（証明責任説），基準は明確で簡明であるが，自己が証明責任を負うからからといって相手方の主張と同一の事実主張を勝手に撤回できる，とするのは相手方に酷な場合がある（たとえば，貸金返還請求訴訟で，原告が主張する弁済期を前提に，被告が消滅時効の抗弁を提出した後に，原告が弁済期の主張を撤回するようなケース）。後述するように，自白の不可撤回効の根拠を相手方の信頼保護におく以上，「不利益」とは自己が敗訴する可能性のある事実のことだと解すべきである（敗訴可能性説）。

(a)　自白の効果

　裁判上の自白が成立すると，①自白された事実については証明が不要となり（179条，不要証効），裁判所と当事者に対して，一定の拘束力が生ずる。まず②裁判所は当事者の自白した事実に拘束され，その事実に基づいてそのまま判決の基礎としなければならず（弁論主義第2原則，審判排除効），③自白をした当事者も，その自白を勝手に撤回したり，自白と矛盾した事実を述べたりするこ

とはできない（不可撤回効）。たとえば，貸金返還請求訴訟において，被告の述べる「100万円を受け取った」との事実が，原告の陳述内容と一致していた場合，裁判所は100万円の金銭の授受について，証拠調べを行わないでよく，さらには，仮にその事実に疑いを抱いていたとしても，その事実を真実として判断しなければならない。ただし，この拘束力は弁論主義に基づくものなので，職権探知主義があてはまる事件（たとえば人事訴訟事件）には生じない（人訴20条等）。また，被告もいったん述べた事実をあとになって否定したり，「実はお金を受け取っていなかった」等と述べてはならない。このように，自白の撤回については，みだりに撤回を許すと，自白の相手方が不測の不利益を受けるばかりでなく，裁判所の審理が混乱したり遅延したりするので，訴訟上の信義則に基づいてこれを許さないものとしている。ただし，例外的に，①撤回により不利益を受ける相手方が同意する場合，②自白が詐欺・脅迫などの刑事上罰すべき他人の行為によりなされた場合，③自白内容が真実に反し，かつ錯誤に基づく場合（大判大正4・9・29民録21輯1520頁）には，撤回も許されるとされている（通説）。

> **コラム**
>
> **自白の対象**　　判例や従来の通説は，裁判上の自白が生ずる対象を主要事実に限られるとし，間接事実は自白の対象とはならないとしてきた。これは，もし，間接事実について裁判所が自白に拘束されるとすると，主要事実を推認させる間接事実の存否については裁判所が自由の心証に基づき心証を形成できるはずなのに（247条，自由心証主義），これと矛盾することになるからである。したがって，間接事実について自白が成立したとしても，裁判所はこれに拘束されずに自由に事実の認定が可能であり，当事者も自白を撤回できる（最判昭和31・5・25民集10巻5号577頁）。しかし，現在，この考えに対して，間接事実の自白に一定の拘束力を認めても裁判所の心証形成は害されないとする見解や，訴訟上の信義則（禁反言の原則）から当事者への不可撤回効は認めるべきであるとする見解等も有力に主張されている。

(b)　**権利自白**

相手方がなした，自己に不利益な権利や法律関係の存否について，他方の当

事者が認める旨の陳述のことを，通常の自白とは区別して，権利自白と呼んでいる。たとえば，貸金返還請求訴訟で，債務者である当事者が，自己に債務があることを認めるような陳述である。伝統的に，法の発見とその解釈・適用は裁判所の専権事項であり，当事者には権限がないとの理解に立てば，裁判所は権利や法律関係について当事者が行った自白に拘束されないということになる。しかし，近年では，訴訟上の信義則等を用いて，権利自白にも一定の拘束力を認める見解が有力になりつつある。また，売買や賃貸借など当事者がよく理解している日常的な法律概念を用いた自白については，具体的な事実の陳述があったとみなし，事実についての自白の成立を認める見解もある。

  (c) **裁判外の自白**

  自白は，裁判上の自白の場合以外に，訴訟手続外でなされる場合がある。後者は裁判外の自白といわれ，訴訟上では，自白された事実があることを推認させる事実（間接事実）としての効果しかない。

(4) **沈　　黙**

  沈黙とは，相手方の主張する事実について，明らかに争わず，または弁論の全趣旨からみて争っているとみられない態度をいう。相手方の主張と関係のないことを陳述しても，主張事実との関係では，沈黙となる。当事者の沈黙は，相手方の主張する事実について，自白したものとみなされる（159条1項，擬制自白）。この場合，当該事実について証拠調べは行われない。

(5) **抗　　弁**

  抗弁とは，当事者の一方が，相手方の主張する事実と別個の両立する事実を主張して，相手方主張の法律効果の発生を妨げたり，法律効果を消滅させたりすることをいう。

  たとえば，貸金返還請求訴訟を例にとってみよう。まず，原告は自らの請求を理由づけるために，まず訴訟物である権利や法律関係の発生要件にあたる具体的な事実（請求原因事実）を主張する。金銭消費貸借契約（民587条参照）の成立要件となる具体的事実であるから，返還約束と金銭授受ということになる。これに対し，被告は，返還約束も金銭授受もあったことを認めたうえで，「その後借金は弁済した（民474条）」，あるいは「原告の金銭債権は消滅時効により消滅した（民167条）」等と主張したとしよう。このように，請求原因事実と

両立しながら，原告の金銭債権を消滅させる内容の主張が，抗弁である。抗弁は，被告みずからが証明責任を負わなければならない。この点で，先述の理由付否認とは異なる。さらに，被告の抗弁に対しては，原告はもちろん否認して争うこともできるが，抗弁と両立しうる別個の事実を主張することもできる（たとえば，「被告の弁済は錯誤により無効であった」等）。このような事実の主張を再抗弁といい，さらに被告がまた別の事実を主張すれば再々抗弁というふうに続いていくことになる（下記の図を参照）。

なお，当事者はつねに相手方の主張をいったん自白しなければ抗弁を提出できないというわけではない。たとえば，貸金返還請求訴訟の被告は「返還約束の事実は否認する」，しかし「仮に返還約束があったとしてもすでに弁済している」という主張もできる。このような抗弁のことを仮定抗弁と呼ぶ。

弁論における主張と応答

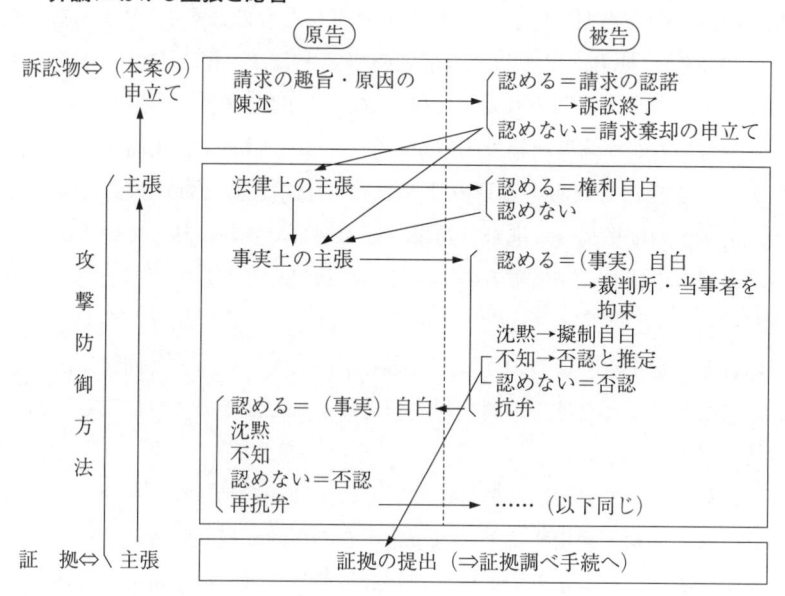

		原告	被告
訴訟物⇔	（本案の）申立て	請求の趣旨・原因の陳述	認める＝請求の認諾 →訴訟終了 認めない＝請求棄却の申立て
攻撃防御方法	主張	法律上の主張	認める＝権利自白 認めない
		事実上の主張	認める＝（事実）自白 →裁判所・当事者を拘束 沈黙→擬制自白 不知→否認と推定 認めない＝否認 抗弁
		認める＝（事実）自白 沈黙 不知 認めない＝否認 再抗弁	……（以下同じ）
証　拠⇔	主張	証拠の提出（⇒証拠調べ手続へ）	

3-5 当事者の欠席

必要的口頭弁論の原則および口頭主義の原則から，当事者は訴訟期日において出席することが求められるが，現実には，当事者が呼出しを受けながら指定

された口頭弁論期日に出頭しなかったり，出頭したが弁論をせずに退廷したりすることがある。この場合に，その者が期日に何らかの訴訟行為をするのを待っていたのでは，訴訟手続が遅延し，相手方当事者の利益を害するだけでなく，訴訟経済上も好ましくない。そこで，法は，当事者の欠席の態様および期日の性質に応じて，一定の措置を定めている。

(1) 当事者の一方の欠席

　当事者が口頭弁論期日において欠席した場合でも，なるべく訴訟を停滞させずに，一定の訴訟行為を擬制することが肝要である。そこで，まず，①最初にすべき口頭弁論期日においては，原告の請求の提示がない限り審理が始まらないので，原告の提出した訴状その他の準備書面に記載した事項は，これを陳述したものとみなすことにし，出頭した相手方に弁論をさせることができるようにした。また公平の観点から，被告が最初の期日に欠席した場合も同様に，答弁書その他の準備書面に記載した事項を陳述したものとする（これを陳述擬制という，158条）。他方，出席した当事者の事実主張は，相手方が知りうる準備書面に記載した事実に限られる（161条3項）。出席当事者の主張した事実について欠席当事者が準備書面等で明らかに争っていなければ，欠席当事者は，その事実につき自白したものと取り扱われる（擬制自白，159条3項）。争っていれば，出席者の証拠調べに進む。結果，その期日で裁判に熟している場合，あるいは審理の現状および当事者の訴訟追行の状況を考慮して相当と認めた場合（244条）には，裁判所は，ただちに弁論を終結し，弁論の続行が必要ならば，次回期日を指定する。このように，欠席者が出席しているのと同様に訴訟を進行し，欠席したことだけで不利な判決を受けることがないようにする建前を，対席判決主義という。

　それに対し，②弁論の続行期日においては，陳述擬制はなされない。すべての期日に陳述擬制を適用すると，当事者不在の訴訟が成立することになり，口頭主義が骨抜きになるからである。ただし，簡易裁判所の手続では，訴額が少額であり，簡易迅速な訴訟進行が望まれるので，例外とされている（277条）。裁判所は，欠席者のこれまでの弁論と出席者の弁論とを突き合わせ，弁論を終結するか，新期日を指定する。

(2) 当事者双方の欠席

当事者双方が期日に欠席する場合には，その期日は目的を達成せず終了する。ただし，証拠調べおよび判決の言渡しは双方欠席の場合でも行うことができる（183条・251条2項）。裁判所は，職権により新期日を指定することもできるが，当事者による期日指定を待つのが通常である。その場合，欠席した当事者のどちらも1カ月以内に期日指定を申し立てない場合，または連続して2回期日に欠席した場合には，両当事者に訴訟追行の意思がないものとみて，訴えを取り下げたものとみなされる（263条）。もっとも，裁判所は，審理の現状および当事者の訴訟追行の状況を考慮して，欠席期日に，それまでに提出された資料に基づいて終局判決をすることができる（244条）。

(3) 争点および証拠の整理手続における欠席

準備的口頭弁論は口頭弁論の1つであるが，弁論準備手続期日においても，当事者の一方が欠席した場合の効果（陳述擬制，擬制自白等）は準用される（170条5項）。準備的口頭弁論期日または弁論準備手続期日に，当事者が出頭せず，または準備書面の提出もしくは証拠の申出をしないときは，裁判所はこれらの手続を打ち切ることができる（166条・170条5項）。

4　手続の停止

訴訟手続が進行している間にも事象は刻々と変化する。たとえば，訴訟係属中に突然，当事者が交通事故に遭い死亡してしまったり，大地震がきて当事者が裁判所に出向く交通手段が当分復旧のめどがたたない事態に陥ったりしたときに，訴訟の相手方と裁判所が，先に訴訟を進めてよいとすると，それは当事者にとって酷である。また，双方審尋主義にも反する。そこで，このような場合に，法は，「訴訟手続の停止」という制度を定めている。

4-1　訴訟手続の停止

訴訟手続の停止とは，訴訟係属中に，訴訟手続が法律上進行しえない状態となることをいう。「法律上」であるから，単に当事者双方が欠席する等して，手続が事実上停滞しているにすぎないことは，訴訟手続の停止ではない。また，

当事者の合意に基づく，いわゆる訴訟手続の休止は，現行法下では認められていない（263条参照）。

訴訟手続の停止の種類には，通常，手続の中断と手続の中止の2種類がある。手続の中断とは，訴訟係属中，当事者の一方に，訴訟進行を不能または困難にする事由が発生した場合，その当事者に訴訟上の不利益をこうむらせないように，かつ立ち直りの時間的余裕を与えるため，訴訟手続を停止しようとする制度である。手続の中止とは，裁判所や当事者に訴訟をできない障害があるときや，訴訟の進行が不適当であるとき等に，法律上当然にあるいは裁判所の処置によって手続を停止する制度である。

その他に，特別な停止として，除斥または忌避の申立てに基づく停止（26条）がある。右の停止とは異なり，停止は絶対的ではない。

4-2　訴訟手続の中断

(1)　中断事由

中断が生じる原因は，中断事由と呼ばれる。中断事由は，訴訟を追行する者が交代しなければならない事情である点で共通し，大きく分けて次の3つがある。裁判所や当事者の相手方が知っていたか否かは問わない。

(a)　当事者能力の消滅　これには，①当事者である自然人が死亡したこと（124条1項1号），②当事者である法人が合併により消滅したこと（124条1項2号）がある。ただし，新たに訴訟を追行する者が存在しないときには，そもそも中断事由が生じない。たとえば，委任契約上の権利義務（民653条），扶養を受ける権利（民881条）のように，一身専属的な権利が訴訟の対象となっているときは，中断は生ぜず，当事者の死亡によってその訴訟は終了する。また，死亡した当事者の相手方が，たまたま相続人であったというように，権利義務の混同が生ずるときも同様である。

(b)　当事者の訴訟能力の喪失，法定代理人の死亡，法定代理権の消滅
これらの事由は，当事者自体は変わらないが，訴訟を追行する者が交代する類型である（124条1項3号）。このうち，当事者の訴訟能力が喪失する場合とは，たとえば，当事者が後見開始の審判を受けたり（民7条），未成年者の営業許可が取り消されたりした場合（民6条2項）である。なお，弁護士等の訴訟代

理人の死亡は，中断事由ではない。それは，当事者本人が自らただちに訴訟を追行できるためである。

　(c)　**当事者の訴訟を追行する資格（当事者適格）の喪失**　これには，以下の場合がある。①当事者である受託者の信託の任務終了（124条1項4号）。②一定の資格に基づき自己の名で他人のために訴訟の当事者となる者の死亡や資格喪失（125条1項5号）。他人のための訴訟当事者とは，たとえば，破産管財人（破80条），後見監督人（民851条），遺言執行者（民1012条1項）等である。③選定当事者全員の死亡や資格喪失（124条1項6号）。④当事者の破産，および破産手続と中断については，(2)で述べる。

　(d)　**中断事由の例外**　中断事由が発生しても，その当事者に訴訟代理人がいる間は手続は中断しない（124条2項）。訴訟代理人は，その訴訟関係について熟知しているので，そのまま訴訟行為を追行させても審理に支障をきたすことはないし，当事者に不利益となるおそれがないからである。ただし，訴訟代理人は，中断事由の発生を裁判所に届け出る義務がある（規52条）。

　この例外に関して，たとえば，当事者が死亡した場合，訴訟代理人が上訴についての特別授権（55条2項3号）を受けていなかったケースが問題となる。この場合，当事者の死亡時には，もちろん手続は中断しない。しかし，訴訟代理人が上訴権限を有しない以上，上級審に移審することはないから，当該審級における終局判決の送達時に訴訟手続は中断したことになり，上訴期間は進行しないものと解されている。

(2)　**破産手続と中断**

　当事者が破産手続開始決定を受けたとき，訴訟手続は中断するが（破44条1項），その理由は場面によって異なる。たとえば，XがYに貸金返還請求訴訟を提起し，Xが破産手続開始決定を受けたとすると，財産は破産財団に取り込まれ，これを管理処分する権限は，破産管財人に帰属する（破78条）。その結果，Xは，Yに対する債権について，訴訟を追行する資格を失うので，手続は中断するといえる。これに対し，Yが破産手続開始決定を受けたとすると，Xは，Yに対して当該債権を個別的に請求することができず，破産手続によってのみ権利を行使しなければならなくなる（破100条）。その結果，手続は中断するといえる。

しかし，破産者は，破産手続開始決定によって訴訟能力を失うわけではないから，破産財団に関係のない訴訟を追行することは妨げられない。たとえば，離婚訴訟や離縁訴訟のような身分法上の訴訟等には，中断規定の適用はない。

当事者が破産手続開始決定を受けたことにより中断していた訴訟は，破産法の規定による受継（破44条）があるまでに破産手続が解止したときには，破産者が，当然に訴訟手続を受継する（破44条6項）。他方，破産管財人の行う破産財団に属する財産に関する訴訟は，破産手続の解止により中断し，破産者が訴訟手続を受け継ぐことになる（破44条5項）。これらは，破産手続が，破産取消し，破産廃止，破産終結等によって終了することで，破産者の管理処分権が復活することに起因する。

また，前述した訴訟代理人が存在する場合の例外規定は，破産に関する中断事由には適用がない。それは，破産者と破産管財人とでは利害が異なるためである。

(3) 中断の解消

中断は，当事者の受継の申立てまたは裁判所の続行命令によって解消し，訴訟手続の進行が再開される。

(a) 受継の手続　中断事由が生じると，それだけで当然に新たに訴訟を追行すべき者が，当事者としての地位を受け継ぐ。受継は，その者が本当に訴訟追行者としてふさわしいかを裁判所に判断してもらい，適当ならば中断した手続を続行させる制度である。この申立てができる者は，中断事由の生じた当事者の新たな訴訟追行者と，その相手方である（126条）。

申立てをすべき裁判所は，中断当時，訴訟が係属していた裁判所であると解されている。問題となるのは，上訴がなされたが，実は前審の終局判決が言い渡された後に中断していた場合である。この場合，中断中に，上訴しても移審の効果は生じていないので，元の裁判所に受継の申立てをすべきとする考えと，上訴人の便宜，手続の安定から，上訴審裁判所に申し立ててもよいという考えが，対立している。

申立てを受理した裁判所は，職権で調査し，新たな訴訟追行者としてふさわしいと判断したときは，次の期日を指定して，手続を続行させる。ふさわしくないと判断したときは，申立てに理由がないものとして却下決定を下して，あ

らためて適法な受継を待つことになる。

　(b)　続行命令　当事者から受継の申立てがなされないときでも，裁判所は，職権で手続の続行を命ずる決定をして，中断を解消させることができる（129条）。

4－3　訴訟手続の中止

　訴訟手続が中止される原因には，次の3種類が法定されている。

　第1は，天災その他の事故で，裁判所の職務執行が一般にできなくなった場合である（130条）。たとえば，大地震で裁判所庁舎が倒壊してしまったとき等がこれにあたる。この場合は，中止原因が生じると当然に訴訟手続が中止するので，当然中止と呼ばれる。

　第2は，当事者が訴訟を追行するに際して不定期間の故障が生じた場合である（131条1項）。たとえば，冒頭の例（89頁参照，交通事故や大地震の例）や，当事者が伝染病により隔離されたとき等がこれにあたる。この場合は，裁判所の職権により中止されるので，裁定中止と呼ばれる。

　第3は，他の手続との関係で，訴訟を続行することが不適当と認められる場合である。たとえば，その訴訟と同一事件につき民事調停または家事調停が行われているときや（民調規5条，家審規130条），特許権侵害訴訟で，先決問題となっている特許の有効無効が，他の手続で争われているとき（特許168条2項）等がこれにあたる。この場合は，すべて裁判所が職権で手続を中止することができる。

　中止原因が取り除かれたり，一応の決着がつくと，手続の中止は解消する。中止の解消には，中止原因の消滅と同時に当然に解消する場合と，中止決定の取消しが必要な場合（131条2項）とがある。

4－4　訴訟手続停止の効果

　訴訟手続の停止中は，当事者も裁判所も，その事件の訴訟手続上の行為を行うことが禁止される。停止中に当事者の行った行為は，相手方との関係で無効であるし，停止中に裁判所が行った証拠調べ等も，両当事者との関係で無効である。ただし，当事者が，責問権を放棄・喪失したとき（90条）は，有効とな

る。なお，上記の原則の例外として，判決の言渡しは，訴訟手続が中断中も許されている（132条1項）。

　また，手続停止中は，訴訟上の期間は進行しない。すでに進行中の期間も進行しなかったことになり，停止の解消後は，残存期間ではなく，全期間が進行する（132条2項）。

第7章

事実の認定

1　証　　明

1－1　事実の認定は証拠による

　当事者の請求の当否の判断をするためには，事実関係を認定し，それに適用すべき法規の存在および内容を明らかにしなければならない。現存の権利の存否は，過去においてその権利が発生したか，消滅したかを確かめることによって明らかにされる。これら過去の事実のうち，当事者間に争いのない事実や裁判所にすでに明らかな事実については，そのまま認定し，判決の基礎とすることができるとしても，それ以外の事実について，たとえば裁判官がたまたま私的に経験して知っているというだけで認定することはできないし，そもそも裁判官が直接経験していないことの方が多い。

　それでは裁判官は，何を手掛かりにして事実関係を明らかにしていくのか。裁判が真実に即した適正なものであるためには，判決の基礎となる事実の認定が，裁判官の偶然的主観的なものではなく，客観的になされたものであることが不可欠である。こうした事実認定の客観性を担保するために，その認定の手掛かりを訴訟という公開の場に現出させ，利害の対立する当事者にそれをおのおのの立場から評価させる機会を与え，それに基づいて裁判所が事実認定に必要な手掛かりを収集・感得していくという方法がとられることになる。この裁判官の事実認定の手掛かりとなり，判決の基礎となる資料を裁判所に提供するものが訴訟における証拠であり，それを収集・感得する手続が証拠調べである。そしてこの手続において事実関係が明らかにされ，事実を認定するに足る確信を裁判所が抱いていく過程が証明の問題となる。

1－2　証拠とは何か

　すでに述べたとおり，証拠とは裁判官が判決の基礎となる事実を認定するための手掛かりとなるものの総称であるが，事実認定・心証形成の過程では，段階的に次の3つの意味で用いられる。

　第1には，裁判官が判決の基礎資料を得るために，直接に五官の作用によって取り調べることのできる対象となる有形物をさし，これを証拠方法という。証拠方法はその存在形態によって，証人・当事者本人・鑑定人という人証と，文書・検証物という物証とに分けられる。

　第2には，上述の証拠方法の取調べによって裁判官が感得した内容をさし，これを証拠資料という。証人の証言，当事者の供述，鑑定人の鑑定意見，文書の記載内容，検証の結果がこれにあたる。

　第3には，証明を要する事実の存否について裁判官が確信を抱くに至った根拠をさし，これを証拠原因という。これには，裁判所が事実認定のために採用した証拠資料のほかに，弁論の全趣旨も含まれる（247条）。

1－3　証明とは何か

　裁判をするには，その基礎として認定すべき事項の存否について裁判官が真実であると確信を得た上でするのが原則であり，この裁判官が確信を得た状態のこと，または当事者がその主張する事実についてこの確信を抱かせることを目標として証拠を提出する行為を，証明という。訴えに対する判決の基礎となる事実を認定するためには，この証明がなければならない。

　これに対して，迅速な処理を必要とする事項や派生的な手続問題についてまでいちいち証明を要求していたのでは，時機を失することになり，また派生的問題のために事件の解決を遅らせることになり妥当ではない。そこでこれらの事項については，一応確かであるという程度の事実の蓋然性があれば足りるとされている（35条1項・44条1項・198条など）。これが疎明であり，証明と対比して用いられる。疎明は，迅速・簡易な処理が必要なことから，即時に取り調べることができる証拠（持参文書，在廷証人等）によってしなければならない（188条）。

この他にも，証明には厳格な証明と自由な証明とがある。前者は，法定された証拠調べ手続（179条〜242条）によって行う証明であり，後者は，これらの規定には必ずしも拘束されない証明をいう。請求の当否を判断するために事実を認定する場合には，その公正さを担保するために厳格な証明が要求されるが，職権調査事項や決定手続で審理される事項については，自由な証明で足りるとされている。

1-4　証明の対象

　当事者は，自分にとって有利な事実を認定してもらうために，より強力な証拠を探索・収集し，それを訴訟に現出し，その事実の存在について裁判官に確信を抱かせるよう努力しなければならない。そのためには，どのような事実についてどのような方法で裁判所を説得すればよいのか，すなわち立証活動の目標が何かを当事者が理解する必要がある。これは証明の対象は何かという問題である。

(1)　事　　実

　証明の対象となるのは，当事者間に争いのある事実である。判決で請求の当否を判断するのに，現存の権利関係の存否を直接に証明し認識する方法はないので（民法188条に基づく占有による所有権の推定は例外である），一般には過去においてその権利が発生したか，消滅したかを確かめることによって明らかにするしかない。そしてそのためには，その発生・消滅を規定する実体法規の構成要件に該当する具体的事実（主要事実）が存在したかどうかを判断する必要がある。したがって証明の対象となるのは，この構成要件に該当する主要事実である。弁論主義のもとでは，当事者が主張しない限りは主要事実を判決の基礎とすることはできないが，主張された主要事実は，裁判所に顕著であるか，または相手方がそれを争わない場合を除き，常に証明の対象となる（179条）。ただし実際の訴訟においては，主要事実の存否が証拠から直接明らかにならないことも多く，この場合には，間接事実や補助事実から主要事実の存在を推認することが必要となる。したがって，主要事実の証明の手段として必要な限度で，間接事実や補助事実も証明の対象となる。

　これに対して，弁論にあらわれた事実のうちでも，当事者間に争いのない事

実および顕著な事実については，証明による認定を必要としない（179条）。当事者間に争いのない事実とは，当事者が自白した事実（裁判上の自白）または自白したとみなされる事実（擬制自白，159条）であるが，これらについて証明を要しないのは，当事者意思を尊重し裁判所が介入すべきではないという弁論主義の建前から，裁判官の心証形成そのものが排除されるからである。顕著な事実とは，公知の事実（歴史上の著名事件，天災，大事故など一般人に広く知れわたっている事実）および裁判所に顕著な事実（審理を担当している裁判官が職務の執行上知ることができた事実，たとえば別の事件につき自らした裁判や，その裁判所で公告された破産宣告など）である。これらの事実について証明を要しないとするのは，裁判所がその事実の存在についてすでに心証を得ていることについて，証拠による裏付けなくしてこれを認定しても，その判断が恣意的なものとならず，客観的に公正な事実認定が保障されているからである。

(2) 法　　規

法規は原則として証明の対象とはならない。法規を知ることは裁判官の職責であるから，裁判官は，当事者の主張や証明を待たずに自ら知っている法を適用して差し支えない。しかし，外国法や地方の条例，慣習法については，裁判官が必ずしも知っているとは限らないので，その適用を欲する者は，その法規の存在・内容を証明する必要がある。

(3) 経　験　則

経験則とは，経験から帰納された事物に関する知識や法則であり，一般常識に属するものから職業上の技術や専門科学などその内容は多岐にわたる。経験則は，具体的な事実ではなく，事物の判断をする場合の前提となる知識という意味で，三段論法の大前提となる法規に類似する機能をもっているといえる。経験則の中でも，だれもが知っているような常識的なものであれば，証明の対象とせずにこれをそのまま用いて事実認定をしても，その認定について疑いをもたれる心配はない。他方で，特殊の専門的知識に属する経験則については，客観的な事実認定を担保し，当事者に攻撃防御を尽くさせ公正な裁判を保障するという観点から，証明の対象とすべきであろう。

2 証明の方法

2-1 証拠の取調べ方法　総論

(1) 証拠申出

　弁論主義のもとでは，証拠調べは，当事者の申し出た証拠について行われるのが原則である（これに対して職権証拠調べが可能なのは，14条・186条・207条1項・228条3項・233条等）。証拠申出とは，裁判所に対して特定の証拠方法を取り調べるよう求める当事者の申立てであり，攻撃防御方法の提出行為の1つである。申出には，証明すべき事実（180条1項，規99条1項）および証拠方法と，両者の関係（立証趣旨）を具体的に明示しなければならない（規99条1項）。さらに証拠の種類に応じて，それぞれ特定の事項を表示しなければならない（219条，規106条など）。申出人は，原則として証人等に対する報酬や裁判官および裁判所書記官の旅費・宿泊料などの概算額を予納しなければならず，これがなされないときは，裁判所は証拠調べを行わないことができる（民訴費11条・12条，ただし費用の予納は相手方がしてもよい，最判昭和32・6・25民集11巻6号1143頁）。証拠申出を記載した書面は相手方に対して直送しなければならない（規99条2項）。

　証拠申出は攻撃防御方法の1つであるから，訴訟の進行状況に応じ適切な時期になされなければならず（156条），時機に後れた証拠申出は職権で却下されうる（157条1項）。期日における取調べを可能にするために，証人の呼出しや書証の提出命令をあらかじめしておく必要があるから，申出は口頭弁論期日前においてもすることができる（180条2項。書証の取調べについては弁論準備手続においても可能である，170条2項）。裁判長は，特定の事項に関する証拠の申出をすべき期間を定めることができるし（162条），書面による準備手続においては，これを定めなければならない（176条2項）。争点および証拠の整理手続が行われる場合には，これらの手続終了後の最初の口頭弁論期日においてただちに証拠調べをすることができるようにしなければならないので（規101条），これらの手続の終了までに証拠の申出をする必要がある。また，証人および当事者本人の尋問は，争点および証拠の整理が終了した後に集中して行われなけれ

ばならないので（集中証拠調べ，182条），これらの証拠申出はできる限り一括してしなければならない（規100条）。争点および証拠の整理手続が終結した後に証拠の申出をする場合には，他の攻撃防御方法の提出の場合と同様，相手方の求めがあるときは，相手方に対し，これらの手続終了前に申出ができなかった理由を説明しなければならない（167条・174条・178条）。

　いったんなされた証拠申出であっても，証拠調べが実施されるまでは何時でも任意に撤回することができる。しかし証拠調べが開始された後は，相手方の同意がないと撤回はできなくなる。これは，証拠調べが始まれば証拠共通の原則により，相手方にも有利な証拠資料が現れる可能性が生じるからである。また証拠調べが終了した後は，これに影響を受けた裁判官の心証を抹殺することはできないので，申出を撤回する余地はない（証人尋問につき，前掲最判昭和32・6・25民集11巻6号1143頁）。

(2) 証拠採否

　証拠申出に対して，相手方は証拠抗弁を提出する機会を保障されなければならない（161条2項2号）。その上で裁判所は証拠申出に対して，証拠調べをするかどうかを裁量で決定する（証拠決定，181条1項）。この場合裁判所が考慮するのは，要証事実と証拠方法との関連性（要証事実と無関係な証拠は取り調べる必要はない），当該証拠による要証事実の証明の必要性（自白の有無，別の証拠による心証形成の可能性等），証拠申出の適法性（方式違背，費用の予納，時機に後れた申出），証拠調べに不定期間の障害があるかどうか（証拠調べがいつできるか見込みがつかない場合，181条2項，証人の行方不明，文書の紛失や公務員の尋問につき監督官庁の承認を得られる見込みがないときなど），唯一の証拠方法かどうか等である。証拠決定は，相当と認める方法で告知すれば足りる（119条）。また，証拠調べの要否の決定は裁判所の訴訟指揮にまかせられることから，裁判所はいつでも取り消すことができる（120条）。証拠申出が不適法である，またはその取調べを不要として申出を拒否する場合は，当事者の立証活動に指針を与えるという意味で迅速に却下の決定をすべきであるが，却下の決定もせず取り調べもしないまま弁論が終結した場合には，黙示的に却下の裁判をしたことになる（最判昭和27・12・25民集6巻12号1240頁）。証拠決定に対する独立の不服申立てはすることができず（例外は文書提出命令の申立てに対する決定，223

条4項)，終局判決に対する上訴によって争うことになる（283条)。

(3) 唯一の証拠

証拠申出の採否について裁判所が裁量権を有しているとはいえ，唯一の証拠方法の申出があった場合に却下決定をすることは，証拠調べをせずに弁論の全趣旨のみを証拠資料として心証を形成することになるため，原則として却下決定をすることは違法であると解される（最判昭和53・3・23判時885号118頁は，裁判所が心証を得ていた場合でも，特段の事情もないのに唯一の証拠方法の採否を明示せずに弁論を終結したのは違法であるとする)。唯一か否かの基準自体あいまいではあるが，争点単位で，かつ全審級を通じて判断されるとする説が有力である。これに対して，唯一の証拠方法であっても取り調べなくてよい場合としては，申請者が怠慢なために証拠調べが合理的な期間内にできない場合（最判昭和35・4・26民集14巻6号1064頁）や，証拠申出自体は適法であるが立証命題である主張自体が失当で理由がない場合（最判昭和38・11・7民集17巻11号1330頁）などが挙げられる。

2-2 証拠の取調べ方法 各論1 人証

人証とは，証拠方法のうち，人が取調べの対象となっているもののことで，その対象となる人としては，証人，当事者本人，鑑定人がある。

証人尋問は，当事者本人の主観的・恣意的な証言によらずに，第三者（証人）の客観的な認識に基づいて紛争の事実関係を明らかにしようとするものである。また，事実関係についていちばん詳しいであろう当事者本人から証言を取る場合が当事者尋問である。さらに，鑑定人は，紛争をめぐる事実関係が特殊・専門的な場合に鑑定意見を報告することによって裁判官の知識や認識を補充する役割を担うものである。

(1) 証 人 尋 問

(a) 証人尋問の意義 証人尋問とは，証人に口頭で質問し，証人が経験した事実を供述（証言）させて行われる証拠調べのことである。証人とは，自己が過去に経験した事実を裁判所で供述するよう命ぜられた第三者（当事者とその法定代理人以外の者）である。

(b) 証人義務 わが国の裁判権に服する者はすべて，公法上の一般的義

務として証人にならなければならない（証人義務，190条）。なぜなら，証言を強制されることがその者にとって精神的負担や経済的不利益を伴うことがありえるとしても，民事訴訟が真実発見に基づく紛争解決制度として機能するためには，国民がそのような負担・不利益を甘受し，協力しなければならないからである。証人義務は，具体的には以下のような3つの義務からなる。すなわち，証人は，裁判所の呼出し（規108条）に応じて指定された期日に出頭すべき義務を負い（出頭義務），証言に先立って宣誓をしなければならない（宣誓義務）。そして，証人は，裁判所に対して誠実に自己が過去に経験・認識したことを述べなければならない（供述義務）。

① **出頭義務**　証人が正当な理由なく出頭しないと，一定の制裁が科される。不出頭によって生じた訴訟費用（当事者やその代理人が当該期日に出頭するために要した費用など）を負担させられたり，過料（192条），罰金または拘留の刑罰（193条）を科されることもある。また，必要な場合は，身柄を拘束して強制的に出頭させられることもある（勾引，194条）。証人が出頭を拒みうる正当理由としては，重病や交通機関の故障・海外旅行等によって出頭不能の場合のほか，出頭費用が不足する場合や呼出状の送達が遅れて出頭期限に間に合わない場合などがある。

② **宣誓義務**　証言にあたって，証人は宣誓しなければならない（201条1項）。正当な理由なしに宣誓を拒むと，過料等の制裁が科せられることがある（同条5項）。また，宣誓した証人が虚偽の証言をすると，偽証罪に問われる（刑169条）。偽証罪という制裁によって，証人の証言内容の真実性を担保しようとするものであり，そのために宣誓義務を課しているのである。ただし，宣誓の趣旨を理解できない者は宣誓の対象から外すこととしたり（201条2項），証言拒絶権を有する者で証言するという者の場合は，偽証罪に問うのでは酷だろうということで宣誓の免除を認めたり，証言に一定の利害関係を有する者については（同条3項），宣誓させても証言内容の真実性担保の可能性が期待しにくいため，拒否をすることが認められている（同条4項）。

③ **供述義務**　証人は，裁判所に対して誠実に自己が過去に経験・認識したことを述べる義務がある。先に述べたように，わが国の国民はこの供述義務を負う。

しかし供述義務の例外として，以下のような場合には，証言を拒絶することが認められている。

ⓐ 証人やその親族が刑事訴追・有罪判決を受けるおそれがある事項，またはこれらの者の名誉を害すべき事項については，供述を強要することは酷であるとして（憲38条1項），証言を拒むことができる（196条）。

ⓑ 法律上，あるいは職務上守秘義務が課されている者，すなわち，公務員（197条1項1号），医師や弁護士など（197条1項2号）は職務上守秘義務を負っているので証言拒絶権が認められている。公務員または公務員であった者を証人として職務上の秘密について尋問する場合には，裁判所は，当該監督官庁の承認を得なければならない。また，医師や弁護士が職務上知りえた事実で，しかも黙秘すべき事項については，証言拒絶権によって保護されるのは患者，依頼人などの秘密であって，これら本人が秘密保護の利益を放棄した場合は証言を拒むことはできない。

ⓒ 技術または職業上の秘密に関する事項について尋問を受ける場合には，証言拒絶することができる（197条1項3号）。特許や営業上のノウハウなど，営業秘密に関わる事項が開示されることによって営業上，重大な影響がある場合には証言を拒むことができる。

(c) 証人尋問の手続 ① **証人尋問の手続** 証人尋問は次のような方式で実施される。

　　　　証人は当事者が指定する（規106条）。
　　　　↓
　　　　裁判所は，証人に対して人違いでないことを確かめ（人定尋問），宣誓させる。

〔**交互尋問**（202条1項）〕
　　　　主尋問：その証人に対する尋問を申し出た当事者が尋問する。
　　　　↓
　　　　反対尋問：相手方当事者が尋問する。
　　　　↓
　　　　再主尋問，再反対尋問といった順序で尋問が続き，

　　　　補充尋問：最後に裁判長が重要と思われる点や聴き忘れたと考える点などについて尋問する（規113条1項・2項）。

なお，裁判長は適当と認めるときは，当事者の意見を聴いたうえで，尋問の順序を変更することができ（202条2項），みずから尋問を行うなどすることができる（介入尋問）。また，当事者の尋問を許すことができる（規113条3項）。

② **口頭陳述の原則**　証人は，口頭で供述するのが原則である（口頭陳述の原則）。書面に基づく陳述を認めると，書面作成段階で弁護士が関与すること等により，証言内容の客観性が担保できなくなるおそれがあるからである。しかし事実関係が複雑な場合など，裁判長が許可したときは，文書，図面，写真，模型などを用いて供述することができる（書面に基づく陳述の禁止，203条，規116条）。

③ **隔離尋問の原則**　複数の証人を同一期日に尋問する場合は，順序が後の証人を入廷させる前に，先の証人を退廷させるなど，個別に隔離して行うのが原則である（隔離尋問の原則）。しかし，複数の証人の供述が食い違うような場合には，先の証人を在廷させたまま矛盾点に関する証人同士の弁明討論を命じることができる（対質，規118条・120条）。

④ **出頭が困難な証人に対する尋問の実施**　遠隔地に居住する証人の場合には，受訴裁判所で尋問を行う代わりに映像等の送受信による通話で尋問を行うことができる（テレビ会議システム，204条，規123条）。また，出頭が困難で，当事者からの異議がない場合は，証人尋問に代えて尋問事項に対する回答書を提出させることができる（書面尋問，205条）。

(2) **当事者尋問**

(a) **当事者尋問の意義**　当事者尋問とは，当事者本人に口頭で尋問し，当事者本人が過去に知りえた事実について当事者本人から供述を得て行われる証拠調べである（本人尋問ともいう）。

当事者尋問で尋問を受ける者は，当事者本人のほか，当該訴訟において当事者を代表する法定代理人である（211条・31条）。

(b) **当事者尋問の方法**　原則として証人尋問の方法に従う。

当事者尋問は，当事者の申立てによっても開始されるし，裁判所が必要と判断すれば，その職権で行うこともできる（207条1項前段）。

当事者は，証人と同様の各義務を負うが，訴訟の主体なので偽証罪による制裁はなく，また宣誓させるか否かも裁判所が判断できる（207条1項後段）。た

だ，宣誓のうえ虚偽の陳述をすると，過料の制裁を受ける（209条）。出頭を拒んだ場合も罰金・勾引等の制裁はないが，正当な理由なく義務に違反した場合は，尋問事項に関する相手方の主張を真実と認める真実擬制がなされる（208条）。

　証人と当事者本人の両方を尋問するという場合には，証人尋問を先にするのが原則である（207条2項本文）。裁判の結果に利害関係を有する当事者本人の供述に引きずられて審理が誤った方向に進むことを排除するためである。しかし必ずしも，審理が当事者本人の供述に過度に引きずられるとは限らないし，事実関係について最も詳しいのは当事者であることが多く，その供述によって争点を早期に整理することが可能になる場合もあるため，裁判所が適当と認めるときは，当事者の意見を聴いたうえで，当事者本人を先に尋問することができる，とされている（207条2項ただし書）。

　その他の尋問手続について，たとえば書面に基づく陳述の禁止（203条）や，映像等の送受信による通話の方式による尋問（204条）を認めることなどについては，証人尋問の規定が準用される（210条，規127条）。

(3) 鑑　　定

(a) 鑑定の意義　裁判官が事実認定に際して用いる経験則には，一般常識レベルのものから特殊・専門的なものまで広範である。ある専門分野について特別な学識経験を有する者を鑑定人という。鑑定とは，鑑定人を証拠方法とし，その専門的知識やそれによって得られた判断（鑑定意見）を陳述させることによって行われる証拠調べのことである。鑑定人が有する特殊・専門的な知識やそれに基づく鑑定意見によって，裁判官の知識の不足を補うことができ，それにより証拠の評価が可能になる。鑑定の対象は，争いの対象となっている具体的な事実ではなく，証拠の評価のために用いられる一般的な経験則である。争いの対象となる経験則は証拠調べに基づいて認定されることが必要である。そのため，鑑定人は，自己が過去に知った事実を供述する証人とは異なる役割を担うものである。

　鑑定人は，学識経験を有する第三者であって，証言義務と同様に一般的義務としての鑑定義務を負う（212条1項）。鑑定人は，不出頭の場合に過料や罰金の制裁はあるが，専門的な知見に基づく意見の陳述という鑑定業務の性質上，

その身柄を拘束してまで鑑定させることはできない（216条ただし書，194条を準用せず）。

　訴訟の結果について利害関係を有する者の鑑定意見は，その中立性に疑問が生じるので，一定の証言拒絶権や宣誓拒絶権を有する者と同一の地位にあるような者は，鑑定人となることができない（212条2項）。また，当事者は鑑定人を忌避することができる（214条）。

（b）鑑定の手続　　鑑定人の宣誓義務や鑑定人質問手続などについては，原則として証人尋問の手続による。鑑定は当事者の申出により開始する（213条）。当事者の申立てがなされないのに，裁判所が職権で鑑定を命じることができるかについては見解が分かれている。職権証拠調べの一般規定が削除され（旧法261条），職権鑑定を認める個別の規定があること（218条・233条参照），経験則の不明は最終的には主要事実に関する証明責任の問題として解決されることなどにより，否定する見解が多数説である。

> **コラム**
>
> **私鑑定**　　実務では，裁判所の指名によらずに当事者（の一方または双方）が任意に，学識経験のある第三者に依頼して専門的知識・判断を記載した書面を作成してもらい，これを裁判所に提出することが行われており，俗に私鑑定または私的鑑定と呼んでいる。私鑑定については，提出された書面を書証として扱い，その作成過程や内容について確認を要するときは，作成者を証人尋問すればよい，とするのが支配的な見解である。なお，鑑定という訴訟法上の正規の手続によることなく行われる，このような扱いを疑問視する有力な立場もある。

　鑑定人は，書面（鑑定書）または口頭で鑑定意見を報告する（215条1項）。鑑定人は，必要があれば，審理に立会い，証人または当事者本人に対する尋問を裁判長に求め，あるいは裁判長の許可を得て直接証人等に対して質問することができる（規133）。

　裁判所は，鑑定意見の内容が不明瞭であるとか，その根拠が曖昧で確認の必要があると認めるときは，申立てまたは職権により鑑定人に鑑定意見の内容を明らかにする意見を補充的に述べさせることができる（215条2項）。従来，補

充的意見を述べさせることの可否をめぐって争いがあったが，現行法上これが可能となった。

　鑑定人が口頭で報告する場合に，裁判所は鑑定人に対して質問することができる（鑑定人質問，215条の2第1項・2項）。この質問は，裁判長，当該鑑定の申出当事者，他の当事者という順序で行うが（場合によっては順序の変更も可能，215条の2第3項），証人尋問の場合と質問の順序が異なるのは鑑定人の特性を重視したためである。

　また，証人尋問や当事者尋問の場合と異なって，相当と認めるときは，遠隔地に居住していなくともテレビ会議方式を用いることができる（215条の3）。

---コラム---

鑑定証人　　一般的通用性のある経験則について意見を述べる鑑定人と異なって，特別の学識経験により過去に知った事実を陳述する者は鑑定証人と呼ばれ，事実に関する自己の認識を述べる証人に準じて扱われ，証人尋問の手続による（217条，規135）。

　医師が患者の症状や治療の内容，手術の術式などについて陳述する場合がこれにあたる。

2-3　証拠の取調べ方法　各論2　物証

　証拠調べで裁判官による取調べの対象となる物（証拠方法）には，先述した人的証拠（人証）のほかに，文書や検証物といった物的証拠（物証）がある。とくに，文書は，現代の社会生活において証拠としての重要度が高まっている。以下では，物証についての証拠調べ手続を詳しく見てみよう。

(1) 書　　証

　書証とは，人の思想等が表現された文書の記載内容を裁判所が閲読して，その内容を証拠資料とする証拠調べをいう。ここにいう文書とは，作成者の思想・認識・報告が文字や記号を組み合わせて言葉として表現された有体物をいうとされており，記載方法（手書きか，印刷か）や表現方法（文字か暗号か）は問わない。たとえば，借用証，医師の作成したカルテ，所得証明書等がこれにあたる。写真や地図，境界線等は思想が表現されていないので文書ではない。

ただし，法は，図面，写真，録音テープ，ビデオテープその他の情報を表すために作成された物件は，文書に準じて書証の対象となるとしている（準文書，231条）。民訴法231条に規定されていない，フロッピーディスクや光ディスク等のコンピュータ用記録媒体についての証拠調べは，解釈と運用に委ねられている。

> **コラム**
>
> **電子情報の証拠調べ**　　紙媒体ではない，いわゆる新種証拠の証拠調べについては，従来から，書証で行うのか検証で行うのか，見解の対立があった。このうち，録音テープやビデオテープ等は，平成8年民訴法改正により，文書に準じて取り扱われることとなったが（231条），コンピュータ用記憶媒体についてはなお見解が分かれる。現在では，通常，当該媒体に記憶されている内容が証拠調べの対象であるから，プリントアウトしたり，ディスプレイに表示したりしたものを文書に準じて取り扱うこととし，もし内容の同一性が問題となったときには，記憶媒体自体について鑑定を求めることで対処すればよいとする見解が有力に主張されている。

(a) 文書の証拠力　　書証は，文書作成者の思想や認識等の表現内容を文書の記載から判断するものであるから，表現者から直接聞く人証とは異なり，まず，その文書が，真に挙証者が作成者だと主張する特定人によって作成されたものであるか否かを確かめなければならない。これが認められる段階での証拠力を形式的証拠力といい，真にその者の作成であると肯定されることを，訴訟上，文書の成立が真正であるという（228条1項）。つぎに，その文書の記載内容が要証事実の証明にどの程度役立つのかという度合いが，裁判官の自由な心証によって判断されることになる。この段階での証拠力を実質的証拠力という。たとえば，偽造文書については真正に成立した文書ではないので，形式的証拠力を欠くことになり，裁判官は，実質的証拠力の評価に立ち入ることはできない。

(b) 文書の種類　　文書は，作成者，記載事項，および作成目的に応じてさまざまであるが，訴訟上は，証拠力等の関係でつぎのような種類が問題となる。

① **公文書と私文書**　　公務員が権限に基づいて職務上作成した文書を公文

書，それ以外のものを私文書という。公文書は，その成立の真正が推定される（228条2項）。私文書は，本人または代理人の署名または押印がある場合に，その成立の真正が推定される（228条4項）。

② **処分証書と報告証書** 書面自体によって意思表示をする内容をもつ文書を処分証書，作成者の意見や報告を述べたにすぎない文書を報告証書という。たとえば，手形・遺言状等が前者にあたり，カルテやメモや日記等は後者である。処分証書は，文書の真正（形式的証拠力）が証明されれば実質的証拠力が肯定され，その記載内容たる法律行為をした事実が直接証明されたことになる。したがって，処分証書の成立の真正を争うときは，事実の確認ではあるが独立した訴えの利益が認められるから，証書真否確認の訴え（134条）によって争うことが可能となる。これに対し，報告証書は，上記のような効果はなく，文書の真正が証明されても，記載内容の事実が真実であるということにならない。

③ **原本・正本・謄本・抄本** 記載内容たる思想の主体自身が作成した元の文書を原本といい，これに対し，原本の全部または一部を写したものを正本・謄本・抄本といい区別する。正本とは，原本と同じ効力をもたせるために公証権限を有する公務員が作成した写しである（たとえば，判決正本）。謄本は，全部の写しのことで，かつ，原本の存在および内容の同一性について謄本作成者が証明を与えたものをいう（たとえば，戸籍謄本）。公の機関による証明がある場合を認証ある謄本と呼ぶ。抄本は，一部の写しのことである。証拠調べは，原則として，原本，正本，または認証ある謄本を対象としてなされる（規143条1項）。

(c) **書証の手続**

① **書証一般** 書証の申出は，挙証者が自ら所持している文書であれば，これを裁判所に提出して行う（219条前段）。しかし，相手方当事者または第三者が所持する文書については，裁判所に文書提出命令の申立て（219条後段・221条）か，文書の送付嘱託の申立て（226条）をしなければならない。いずれの場合であっても，裁判所が，提出・送付された文書を閲読することにより，証拠調べが行われる。裁判所は，必要があれば，提出・送付文書を留め置くことができる（227条）。

② **文書提出命令** 文書提出命令は，文書提出義務を負う相手方当事者ま

たは第三者が所持する文書を裁判所に提出させ，証拠方法として利用することを可能にする手続である。この手続の詳細については，項を改めて述べることにする。

③ **文書の送付嘱託**　文書の送付嘱託は，文書の所持者の提出義務にかかわらず，当該文書を証拠方法とすることができる手続である。送付を命じられる相手方が協力的である場合には，文書提出命令よりも効果的な手続である。嘱託に応ずる義務があるか否かは，相手方と嘱託機関である受訴裁判所との関係によって決まる。一般に，相手方が官公署や公務員の場合には，守秘義務を負う事項を除き，国法上の義務として嘱託に応じなければならない。それに対し，私人は，そのような義務を負う者ではなく，嘱託に応じなくとも制裁はない。

送付嘱託については，民訴法221条1項1号から4号までが類推適用され，文書が特定され，証明すべき事実が明らかにされなければならない。送付された文書は，当然に取調べの対象となり，あらためて当事者の書証の申出は不要であると解されている。

(d)　**文書提出命令手続**

① **文書提出命令の申立て**　文書提出命令の申立ては，ⓐ文書の表示，ⓑ文書の趣旨，ⓒ文書の所持者，ⓓ証明すべき事実，およびⓔ提出義務の原因を明らかにして，書面でしなければならない（221条1項）。提出義務の原因については，220条1号から4号までの提出義務のいずれに該当するかを記載する。4号に該当する場合には，書証の申出を文書提出命令の申立てによって必要のある場合でなければすることができない（221条2項）。これは，文書提出命令が，本来は挙証者が自分で証拠を提出するところを代わりに裁判所の命令で他人に文書の提出を強いる方法であるため，挙証者が容易に入手できる文書（たとえば，登記簿謄本や公刊されている文書等）についてまで提出を命ずることができるとすると，文書の所持者に酷であるからである。

② **文書提出義務**　命令は，文書の所持者が文書提出義務を負う場合に出される。提出義務がある場合とは，ⓐ所持者が訴訟において文書を引用した場合（引用文書），ⓑ挙証者が文書の引渡しまたは閲覧を求める請求権を有する場合（引渡し・閲覧請求権ある文書），ⓒ文書が挙証者の利益のために作成され

たか（利益文書），または挙証者と所持者との間の法律関係につき作成された（法律関係文書）場合である（220条1項〜3号）。さらに，法は，220条1号から3号の各号に当たらない場合であっても，除外事由がない限り，広く一般的に文書提出義務を認めている（文書提出義務の一般義務化，220条1項4号）。

提出義務がないとされる除外事由は，220条1項4号に掲げられている。列挙すると，ⓐ文書の所持者またはその近親者等が刑事訴追・有罪判決を受けたり名誉を害されたりするおそれのある事項（196条参照）が記載されている文書，ⓑ公務員の職務上の秘密に関する文書でその提出により公共の利益を害し，または公務の遂行に著しい支障を生ずるおそれのあるもの（公務秘密文書），ⓒ医師・弁護士等の職務上の秘密や，技術または職業上の秘密（197条参照）が記載されている文書，ⓓ専ら文書の所持者の利用に供するための文書（ただし，国または地方公共団体が所持する文書にあっては，公務員が組織的に用いるものは含まれない）（自己使用文書），ⓔ刑事事件に係る訴訟に関する書類もしくは少年の保護事件の記録，またはこれらの事件において押収されている文書である。このうち，自己使用文書については，たとえば，金融機関の貸出稟議書等，事案によって判断が大変難しい場合があり，学説上の見解が分かれている。

───コラム───

自己使用文書概念について 判例は，自己使用文書に該当するか否かの基準について，①その作成目的，記載内容，これを現在の所持者が所持するに至るまでの経緯，その他の事情から判断して，専ら内部の者の利用に供する目的で作成され，外部の者に開示することが予定されていない文書であって，②開示されると個人のプライバシーが侵害されたり個人ないし団体の自由な意思形成が阻害されたりするなど，開示によって所持者の側に看過し難い不利益が生ずるおそれがあると認められる場合であって，③自己使用文書性を否定する特段の事情がないこと，の3要件を挙げている（最判平成11・11・12民集53巻8号1787頁）。この基準に従い，金融機関の貸出稟議書については，特段の事情がない限りは自己使用文書に当たるとするのが近年の判例の傾向である。

③ 文書の特定のための手続 文書提出命令を申し立てる当事者は，他人

の所持する文書を常に明確に特定できるとは限らず，そのため申立てが事実上できないか，文書不特定を理由に申立てを却下されることになりかねない。そこで，法は，挙証者が文書の表示および趣旨（221条1項1号・2号）を明らかにすることが著しく困難であるときは，これらの事項に代えて，所持者が申立ての対象とされる文書を識別することができる事項を明らかにすれば足りるとして，文書の特定性を緩和している（222条1項）。また，裁判所も，所持者に対して，文書の表示および趣旨を明らかにすることを求めることができる（222条2項）。所持者は，この求めに応じなくても制裁はないが，特定の程度には弾力性があるので，同項の求めに所持者が応じないことを考慮して，裁判所は場合によっては文書提出を命ずることも可能であるとの見解が有力に主張されている。

所持者は，文書特定の申出について意見があれば，意見を記載した書面を裁判所に提出しなければならない（規140条2項・3項）。

④ **文書提出命令** 220条4号を根拠として文書の提出が申し立てられた場合，裁判所は，4号イからニまでの除外事由の存否を判断するために必要と認めるときは，所持者に文書の提示を命ずることができる（223条6項）。この場合，何人も，文書の中身を知ることはできず，裁判所だけが文書の記載内容を確認し，秘密性の記載の有無や程度を迅速に判断することができる（イン・カメラ手続という）。

また，行政文書について，220条4号に基づき文書の提出が申し立てられた場合，裁判所は，申立てに理由がないことが明らかなときを除き，同号ロの除外事由の有無について，監督官庁の参考意見を聴取しなければならない。この場合，監督官庁が，同号ロの文書に該当する旨の意見を述べるときは，その理由を示さなければならない（223条3項）。この手続は，提出義務の存否についての最終的な判断権限を裁判所に委ねている点が大きな特徴である。もっとも，公務秘密文書について，国の安全が害されるおそれ等を理由として当該監督官庁が提出義務がない旨の意見を述べたときは，裁判所は，その意見につき「相当の理由がある」かどうかしか判断できず，その限りで判断権限が制限されている（223条4号）。

裁判所は，文書に取調べの必要があり，かつ提出義務があると認めたときは，

文書提出命令の申立てに理由ありとして，決定で，文書の所持者に対して提出を命ずる（223条1項前段）。また，必要な部分のみ一部提出を命ずることも可能である（223条1項後段）。裁判所は，第三者に対して文書の提出を命じようとするときは，その第三者を審尋しなければならない（223条2項）。文書提出命令の申立てについての決定に対しては，即時抗告が認められる（223条7項）。

⑤ **文書提出命令に従わない場合の効果** 文書を所持する当事者が文書提出命令に従わないとき，および挙証者たる相手方当事者の使用を妨げる目的で文書を滅失または使用不能にしたときは，当該文書の記載に関する相手方の主張を真実であると擬制される（224条1項2号）。さらに，その場合に，相手方が，当該文書の記載内容を具体的に主張すること，および当該文書によって証明すべき事実を他の証拠で証明することが著しく困難であるときは，裁判所は，直接に要証事実を真実と認定することができる（224条3項）。

第三者が文書提出命令に従わないときは，過料の制裁が課される（225条1項）。

(2) 検　　証

検証とは，裁判官が五官の作用によって直接に物の形状・性質を観察し得られた内容を証拠資料とする証拠調べである（232条）。たとえば，売買の目的となった土地の瑕疵を見たり，交通事故のタイヤのスリップ痕を調べたりするという手続である。検証の対象を検証物という。血液採取のように人体も対象となる。検証物が文書である場合，先述した書証が文書の意味内容を証拠資料としていたのに対し，検証は文書の存在自体やその外形を証拠資料とする。

検証の手続は基本的に書証の手続に準ずる（232条1項）。わが国の裁判権が及ぶ者は，一般に検証物の提示義務および検証受忍義務を負うと考えられている。

2-4　その他の関連する手続

証拠調べには，前述したようなさまざまな手続があるが，民事訴訟法には，それ以外にも証拠に関連する手続がある。近年，証拠法の分野において，現代社会の証拠の偏在化や，当事者の立証の困難を解決するための方策が模索されている。新しい制度には，そうした視点が盛り込まれている。

(1) 調査の嘱託

　調査の嘱託とは，裁判所が，必要な調査を内外の官庁公署，学校，商工会議所，取引所その他の団体に嘱託して，事実や専門知識につき調査報告を受ける，簡易かつ特殊な証拠調べである（186条）。この手続は，裁判所が証拠調べの一種として行うもので，調査結果は，そのまま証拠資料となる（この点で，弁護士法上の照会制度（弁護士23条の2）と異なる）。したがって，調査結果は，裁判所が口頭弁論において提示して，当事者に意見を述べる機会を与えればよく，改めて書証を申出る必要はない。本手続は，裁判所の職権で行うこともできるが，当事者としては，調査の嘱託を申し出ることによって証拠資料収集の手段として利用できる。

　なお，調査の嘱託は訴え提起前にも可能である（132条の4第1項2号）。

(3) 証拠調べとしての審尋

　審尋とは，決定手続における審理方式の1つであり，関係人に対して，無法式で個別的に，書面または口頭による陳述の機会を与えることをいうが，民訴法上，「口頭弁論に代わる審尋」（87条2項・50条2項等）のほかに，「証拠調べとしての審尋」がある。つまり，決定手続に限り，当事者や参考人を尋問して供述証拠を得るという簡易な証拠調べが可能であり（187条），これが機動的な審理に役立っている。裁判所は，当事者本人または当事者の申し出た者に限って参考人の審尋ができる。相手方がある事件については，当事者双方が立ち会うことができる審尋の期日においてしなければならない（188条）。これらすべてにつき，受命裁判官による審尋が可能である（88条）。

(4) 専門委員制度

　証拠調べの手続とは異なるが，訴訟において専門家を関与させ，その専門的知見を活用する専門委員制度がある。知的財産事件や，医療過誤事件，建築関係事件等のような専門的で複雑な訴訟においては，適切な紛争解決基準を見出すのに法律以外の専門的知見が不可欠である。専門委員制度は，このような専門型訴訟の増大に伴い，審理の充実・促進を目的として，設けられたものである。専門委員は，鑑定人と異なり，争点等について「意見」を述べるものではなく，訴訟資料や証拠資料を正確に理解するための「説明」を裁判所に提供するものである。また，当事者の申出によらず，裁判所が必要と認めたときに，

決定で，専門委員を関与させることができる（92条の2）。

専門委員は，訴訟の各段階，すなわち，①争点・証拠の整理または訴訟手続の進行協議，②証拠調べ，③和解の試みにおいて，関与が可能である（92条の2）。専門委員は事件ごとに指定され，とくに証拠調べの場面においては，尋問される証人や当事者，あるいは鑑定人に対し，直接発問することが許されている（92条の2第2項）。一方で，このような専門委員の関与は，裁判の結果に重大な影響を与えることも否定できず，実質は裁判官以外の者による裁判になるとの批判が考えられる。そこで，法は，専門委員を手続に関与させるには，「当事者の意見」を聴くことを要件とし，かつ，専門委員が直接発問することを裁判長が許す要件として「当事者の同意」を必要としている（92条の2）。さらには，当事者双方の申立てにより，無条件で専門委員関与の決定を取り消すことができることとした（92条の4）。また，専門委員制度は，除斥・忌避の手続をおくことで，制度の中立性も保障している（92条の6）。

(5) 当事者照会

当事者は，訴訟の係属中，相手方当事者に対して，主張または立証の準備をするために必要な事項について，照会書を送付し，相当の期間内に書面で回答するように照会することができる（163条）。この手続を当事者照会という。当事者照会は，裁判所が関与することなく，直接に当事者間で照会と回答がなされる点が特徴であり，争点を有効に整理し審理の充実・促進を図る趣旨から，設けられたものである。これにより，当事者は，事実や証拠について，相手方の有する情報の開示を求める権能をもつこととなり，相手方はこれに誠実に回答する義務を負うこととなった。とくに，証拠が偏在する現代型訴訟での役割が期待されている。

当事者照会制度によって，照会できる範囲は，特定の訴訟について主張立証を準備するに必要な事項であれば，主張事実，証拠として申し出るものに限られず，広範囲に渡る。ただし，具体的・個別的でない照会，相手方を侮辱または困惑させる照会，相手方が証言拒絶権を有する事項と同様の事項についての照会等は，許されない（163条但書）。

さらに，当事者照会は，訴え提起前にも利用することができる（132条の2）。訴え提起前では，照会できる範囲が，主張または立証を準備するために必要で

あることが「明らかな」事項に限られる（132条の2第1項）。

3 証拠による事実の認定

　裁判所は，原告が設定した訴訟物たる権利あるいは法律関係の存否について審理・判断することによって事件の解決をはかる。しかし，権利や法律関係の存否は，目に見えるわけでも，触ることができるわけでもなく，それを直接認識することはできない。そこで，裁判所は，民法や商法などの実体私法が定める権利の発生・変更・消滅という法律効果を発生させる法規の構成要件に該当する事実（要件事実）の存否を確定することによって権利の存否を推論する。この裁判官による事実認識の作業を事実認定という。事実認定は裁判官の恣意を排除して適正に行わなければならないから，近代の訴訟法は事実の認定は証拠によらなければならないとする証拠裁判主義を採用している。もし，事実の存否が不明な場合は，当事者はその事実が存在したことあるいは存在しなかったことを推認させる手がかりとなる証拠を集め，その証拠調べを通じて自己に有利な認定をするよう裁判所に働きかけることになる。

3－1 事実の認定

(1) 自由心証主義

　裁判所は，口頭弁論の全趣旨および証拠調べの結果を自由な心証に従って評価し，判決の基礎となる事実を認定することができる（247条）。これを自由心証主義という。これに対して，心証形成の前提となる証拠方法の種類やその証明力に関して一定の拘束を設けるたてまえ（ある事実を認定するには一定の証拠方法に基づかなければならないとか，一定の証拠があれば必ず一定の事実を認定しなければならない等）を法定証拠主義という。法定証拠主義は，一定の条件がみたされるとどんな裁判官でも同じ心証形成をすることになるから，裁判官の恣意的判断を抑制して裁判の公正を維持することに役立つとして，採用された時代もある。しかし，社会関係が複雑化すると，限られた形式的な証拠法則で対応することは不可能となり，法定証拠主義はかえって真実発見の妨げとなると認識されるようになった。一般的に裁判官の資質が向上したこともあり，近

代訴訟法はいずれも，裁判官の識見を信頼して自由心証主義を採用している。

もっとも，「自由」心証主義といっても，無条件に裁判官の恣意的判断を許容するものではなく，通常人の常識に照らして考えうる判断でなければならない。当事者を納得させるに足りる客観的な事実認定であるためにも，それは論理法則や経験則といった内在的な制約に服する。経験則とは，「通常こういうことがあればこうなるだろう」という経験から帰納された事物に関する知識や法則であり，一般常識から，職業上の技術，専門科学上の法則まで含まれる。常識的な経験則であればこれを証明する必要はないが，特殊専門的な経験則については標準的な裁判官が知っていることを期待できないから，証明の必要がある。経験則に反した事実認定は上告理由となりうる。

(2) 弁論の全趣旨

裁判所は，適法に訴訟に顕出された一切の資料や状況，すなわち，弁論の全趣旨と証拠調べの結果から心証を形成する（247条）。247条の趣旨は，裁判所が当事者の行為自体に対する評価を事実認定の資料として用いることを認めることにある。

弁論の全趣旨とは，口頭弁論にあらわれた一切の資料から証拠調べの結果（証拠資料）を除いたものである。具体的には，当事者または代理人の弁論内容や陳述の態度，攻撃防御方法の提出時期・態様など，口頭弁論における訴訟行為やこれに付随する事情であり，さらに，準備手続期日における陳述や，釈明処分（151条）によって得られた資料などが含まれる。たとえば，証拠調べの結果だけでは原告の言い分が正しいかどうか不明な場合でも，原告の主張に対して被告が異常な動揺を示したような場合には，裁判所はこのことをあわせて評価し，原告の言い分を認めることもできる。通常，弁論の全趣旨は，証拠調べの結果を補充するものとして用いられるが，それだけで心証形成ができるときは証拠調べをしなくともよいし，証拠調べをしたときでも，その結果より弁論の全趣旨を重視することもできる。また，記録の照合によって明らかになる限り，判決理由中では，弁論の全趣旨の内容を具体的に説示する必要がないとされている（最判昭和36・4・7民集15巻4号694頁）。しかし，裁判所としては，重要な間接事実や主要事実については証拠を取り調べるべきであり（もっとも弁論主義から，当事者による主張が必要である），これを経ることなく，ただ

弁論の全趣旨のみに基づいて認定すべきではないと思われる。

(3) 証拠能力

自由心証主義のもとでは，①原則として証拠能力の制限はなく，②裁判所は証拠力（証明力）を自由に評価することができる。

証拠資料を事実認定に利用できるかどうかが証拠能力の問題である。民事訴訟では，法律上，原則としてどんな証拠にも証拠能力が認められる。刑事訴訟では，捜査の行き過ぎを抑制し誤判の危険を避けるという要請から，たとえば，伝聞証言（証人自らが見聞した事実ではなく第三者が見聞した事実について第三者の認識を陳述する証言，いわゆるまた聞き）の証拠能力は制限されている（刑訴319条・320条1項参照）が，民事訴訟では，伝聞証言でも，証拠力の評価が裁判官の自由心証に委ねられていることを理由として証拠能力が認められる（最判昭和27・12・5民集6巻11号1117頁）。児童の証言であっても証拠能力は認められるのであり，あとは証拠力（証明力）の問題が生じるにすぎない（最判昭43・2・9判時510号38頁）。

もっとも，証拠方法として証拠調べの対象となりうる資格を証拠能力という場合もあり，その意味での証拠能力は制限される場合がある。当事者本人や法定代理人，法人の代表者などを証人尋問手続で取り調べることは許されず（207条1項・211条・37条），忌避された鑑定人は鑑定能力を欠く（214条1項）。また，代理権は書面による証明が必要であり（規15条・23条1項），口頭弁論の方式に関する事項は調書により証明される（160条3項）。疎明のための証拠には即時性が要求され（188条），手形小切手訴訟では証拠方法は文書に限られ（352条1項・367条2項），少額訴訟では即時に取り調べることができる証拠に限られる（371条）。

証拠能力について特に問題となるのは，違法に収集された証拠（違法収集証拠）の証拠能力である。これについても，無制限に証拠能力を認めるとすれば，公正な裁判に期待する国民の信頼を裏切ることになるし，裁判所が違法行為を是認するとの誤解を与えるおそれもある。そこで，違法性の程度・態様や証拠価値および訴訟の性質などの要素を考慮したうえで，その証拠が著しく反社会的な手段を用いて，人の精神的肉体的自由を拘束する等の人格権を侵害するような方法によって収集されたものである場合には，それ自体違法の評価を受け，

証拠能力を否定すべきであろう（執筆者の同意なしに提出された日記の証拠能力を肯定したものとして，大判昭和18・7・2民集22巻574頁。反社会的手段により採集された証拠について証拠能力が否定されるという前提にたちながら，その程度に至らないとして無断録音テープの証拠能力を肯定したものとして，東京高判昭和52・7・15判時867号60頁。証拠の重要性などを考慮して同様にテープの証拠能力を肯定したものとして，盛岡地判昭和59・8・10判時1135号98頁）。

(4) 証明力（証拠力）

証拠資料が事実の証明にどれだけ役立つか，すなわち，証拠資料がどれだけ裁判官の心証形成に与える影響力（証拠価値）をもつかを証明力（証拠力）という。自由心証主義のもとでは，証明力の評価は裁判官の自由な心証に委ねられる。ただし，当事者の一方が相手方の立証を故意に妨げる行動をとったときには，公平の見地から，その者の不利に認定してよいという規定がある（224条・232条等）。

3-2 証明責任

(1) 証明責任

裁判所は自由な心証に基づいて事実認定をするが，どんなに証拠を調べても，どうしても主要事実の真偽が不明となる場合もある（これをノン・リケットの状態という）。民事訴訟は，いわば最終的な手段として，裁判によって民事紛争の公権的・強制的解決をはかるものであるから，このような場合でも裁判所は裁判を拒絶することはできない。そこで，裁判ができないことを回避するためのテクニックとして用いられるのが，証明責任である。証明責任は，ある主要事実が真偽不明のままに証拠調べが終わった結果，自己に有利な法律効果の発生が認められない，という一方当事者の不利益をいう。証明責任は，自由心証主義が尽きたところではたらく。

一般に「証明責任」といった場合，上に述べたような，客観的証明責任を意味する。これに対して主観的証明責任という概念がある。弁論主義の下では，証拠の提出は当事者に委ねられているから，客観的証明責任を負う当事者は，証拠を提出しなければ，相手方が自分に有利な証拠を提出しない限り，敗訴することになる。主観的証明責任とは，この場合の証拠を提出する行為責任をい

う。しかし，結局のところ，主観的証明責任の所在と客観的証明責任の所在とは一致するものとされ，当事者の証拠提出活動の規律にそれほど有用な概念ではないと指摘されている。

また，弁論主義を前提とした手続では，証明責任は主張責任というかたちで，当事者が事実を主張する行為に影響を及ぼすことになる（主張責任については前述）。

原告と被告のいずれに，いかなる要件事実について証明責任を負わせるべきかについての定めを証明責任の分配という。証明責任の分配は，個々の要件事実について，主として実体法の規定により，あらかじめ客観的に定まっており，訴訟の途中で変動するものではない。また，原告・被告の両者が同一の事実について証明責任を負うことはない（もし，原告がA事実の存在，被告がA事実の不存在について証明責任を負うとすると，A事実が真偽不明の場合結局裁判できなくなってしまう）。

もちろん，証明責任を負う当事者が，提出した証拠（本証）によって裁判官の心証が形成され，証明に成功しそうになったとき，相手方は別の証拠（反証）を提出して，裁判官の心証を動揺させなければ，敗訴してしまう。これを立証の必要という。逆に，相手方は主要事実の存否を真偽不明の状態までもっていけば，証明責任によって勝訴することができる。この立証の必要は訴訟の過程において変動するものであり，証明責任の分配が客観的に定まっていることと異なる。

(2) 証明責任の分配基準

証明責任は証明が難しいケースでは裁判の勝敗を握るものになりうるから，これを原告と被告にどのように分配するかは大きな問題である。これについては，自己に有利な法律効果の発生を主張する者がその規定の構成要件に該当する事実について証明責任を負うとする，法律要件分類説が通説となっている。この説によれば，法規は，①権利の発生を規定する権利根拠規定，②いったん発生した権利の消滅（弁済，相殺，消滅時効，解除，取消等）を規定する権利消滅（滅却）規定，③権利の発生を阻害する（錯誤，虚偽表示等）権利障害規定に分類され，①の構成要件該当事実についてはその権利の発生を主張する者が，②・③については権利の不存在を主張する者が証明責任を負うことになる。

法律要件分類説は一般に基準が明確であるというメリットがあるが，実体法規定が分配基準として明確でない場合もある。たとえば①と③の区別は困難である場合が多いし（たとえば，「契約は両当事者の合意によって成立する。ただし錯誤がある場合にはこの限りでない。」と定められている場合と，「契約は，錯誤がない場合に限り，両当事者の合意によって成立する。」と定められている場合とで証明責任の所在が変わってくることになりうる），また，法規は，それが立法された当時の事情を反映するものであるから，規定自体は明確であっても，法規を基準とした証明責任の分配が現代の紛争に必ずしもなじまないこともある。そこで，法律要件分類説でも，法規による分配が不当な結果になる場合には，解釈による修正の余地を認める立場もある。たとえば，債務不履行による損害賠償（民415条）では，債務者が自己に帰責事由がないことについて証明責任を負うと解釈する（修正法律要件分類説，最判昭和34・9・17民集13巻11号1412頁参照）。

これに対して，もっと実質的な利益考量に基づいて証明責任を分配すべきであるとし，立証の難易，当事者と証拠との距離，実体法の立法趣旨，禁反言あるいは経験則の蓋然性等を基準として証明責任の分配を決定する考え方もある（利益衡量説）。

(3) 証明責任の転換

証明責任の転換とは，権利行使を容易にしようという特別の政策的考慮から，一般の証明責任の分配基準を変更して，相手方に反対事実についての証明責任を負わせることをいう。この証明責任の転換は法律で規定されているものであって，訴訟の具体的経過によって生ずるものではない。たとえば，一般に不法行為に基づく損害賠償請求では，被害者が加害者の過失につき証明責任を負う（民709条）が，自動車事故の場合には，被害者保護という観点から，証明責任を転換し，加害者に自己の無過失についての証明責任を負わせている（自賠法3条ただし書）。

(4) 法律上の推定

さらに，挙証者の立証負担を軽減する技術として，法律上の推定がある。これは，たとえば，B事実からRという法律効果が発生するが，B事実の証明が困難であるという場合に，「A事実があればB事実があると推定する」と法律で定めることによって，証明主題（証明対象事実）を拡大して証明を容易にし，

証明責任を転換するものである（Rを主張する当事者は，証明の難しいB事実に代えてA事実を証明すれば，B事実の存在からA事実の存在が推定されるから，相手方によってB事実の不存在が証明されない限りRの発生が認められることになる）。法律上の推定には，このように一定の事実が推定される場合（事実推定）と（民186条2項・619条・772条，手20条2項等），「A事実があればR権利があるものと推定する」のように，権利（法律効果）を推定する権利推定とがある（民229条・250条・762条2項等）。

さらに，暫定真実と呼ばれるものがある。これは，ある権利の発生を定める規定の構成要件に該当する複数の事実相互間で推定する旨が規定されている場合であり，実質的には，推定される事実を構成要件からはずし，その不存在を法律効果の不発生を定める規定の構成要件とするものである（たとえば，民162条1項は，民186条1項を前提とすると，「20年間他人の物を占有した者は，その所有権を取得する。但し，所有の意思をもって平穏かつ公然に占有しなかった場合はこの限りでない」ということになる）。暫定真実は，証明責任を転換する効果はあるが，証明主題を拡大する効果はない。

法律上の推定に対して，裁判官が経験則を適用してA事実からB事実を推認することを事実上の推定という。現実の訴訟では，間接事実から経験則によって主要事実の存在が推認される場合が多い。この事実上の推定は証明責任の転換とは関係がなく，相手方当事者に立証の必要を生じさせるにすぎない。

(5) 間接反証

証明責任の分配を前提とした立証の困難から救済するための方法として，間接反証という理論も提唱されている。これは，証明責任を負う当事者が，主要事実の存在を推認させるに足りる間接事実を一応立証した場合に，相手方が，それと両立する別の間接事実を立証することによって，主要事実の推認を妨げる証明活動をいう。たとえば，認知請求訴訟で，原告（子）が，原告の母が懐妊当時被告と性的交渉があったこと，被告（父とされる者）と原告との身体的特徴が似ていること，血液型に矛盾がないこと，被告が父親らしい素振りをみせたことなどの間接事実から，父子関係の存在という主要事実の存在を推定させるのに成功しそうな場合に，被告が，原告の母が当時被告以外の男性とも性的関係があったといういわゆる不貞の抗弁（間接反証事実）を提出して，この

推認を間接的に妨げるような場合である。公害訴訟で被害者が証明責任を負う因果関係の証明につき，この理論によって被害者の立証を緩和したとみられる裁判例もある（新潟地判昭和46・9・29下民集22巻9・10号別冊1頁）。

　間接反証は，主要事実についての証明責任の分配を変更するものではなく，間接事実の証明を通じて主要事実の推認を妨げるものであって，主要事実との関係では裁判官の心証を動揺させれば足りる（反証）。しかし，経験則を利用して推認を覆そうとするものであるから，少なくとも関節反証事実については，被告側で完全に立証しなければならない。したがって，実質的には，主要事実の一部につき証明責任が相手方に転換されたことに等しく，法律要件分類説の破綻を示すものであるといった批判もある。

第8章

審理の準備

　口頭弁論を迅速かつ充実したものとするためには，充分な準備が必要である。すなわち，口頭弁論で当事者双方が主張する事項についてあらかじめ裁判所および相手方に知らされており，相手方がこれに応答する準備ができていなければならない。当事者は準備書面を提出することとされているのはこのためである。さらに，事実関係が複雑な事件については，本格的な審理に入る前に争点および証拠の整理をする必要がある。このための手続として，準備的口頭弁論，弁論準備手続および書面による準備手続がある（なお，この他に審理の準備のための制度として前述の当事者照会（第7章2－4(5)参照）がある）。

　また，事件によっては訴えを提起する前に，証拠の散逸を防ぐため，これを保全する必要が生じることもある。そのための制度が証拠保全である。さらに平成15年の改正では，訴え提起前の証拠収集手続が定められ，訴え提起前に当事者が相手方に対して照会することや，裁判所が証拠収集処分を行うことができるようになった。

　本章ではこれらの制度について概説する。

1　準 備 書 面

　当事者は，口頭弁論で陳述する予定の攻撃防御方法や相手方の請求および攻撃防御方法に対する陳述について，口頭弁論期日前に裁判所および相手方に書面を提出（送付）しなければならない（161条）。この書面を準備書面という。

　準備書面に事実についての主張を記載する場合には，できる限り，請求を理由づける事実，抗弁事実または再抗弁事実についての主張とこれらに関連する事実についての主張とを区別して記載し，立証を要する事由ごとに証拠を記載することとされ，相手方の主張する事実を否認するときは，その理由を記載し

なければならないとされている（規79条2項ないし4項）。被告または被上訴人が最初に提出する準備書面を答弁書と呼ぶが，答弁書には，上記のほか，被告またはその代理人の郵便番号と電話番号等の記載が求められ，また，立証を要する事由ごとに当該事実に関連する事実で重要なものおよび証拠を記載し，重要な書証の写しを添付することとされている（規80条）。

準備書面は，これに記載した事項について相手方が準備をするのに必要な期間をおいて，裁判所に提出し（規79条1項），相手方に直送しなければならない（規83条1項）。直送を受けた相手方は，準備書面を受領した旨の書面を相手方に直送するとともに，裁判所にも提出しなければならない（規83条2項，なお3項参照。）。

準備書面により，当事者の予定している攻撃防御方法と相手方の主張に対する陳述とが，あらかじめ裁判所や相手方当事者に知らされることとなり，相手方はこれに応答する準備ができるので，口頭弁論期日における不意打ちが避けられ，両当事者の主張の応酬により，充実した審理が迅速になされることが期待できる。

相手方が欠席している口頭弁論期日においては，準備書面に記載した事実でなければ主張できない（161条3項）。相手方が出席していれば，準備書面に記載のない事実でも主張できるが，相手方がこれに即答できず，そのため期日が続行した場合には，勝訴しても続行により生じた訴訟費用の負担を命じられることがある（63条）。

2　争点および証拠の整理手続

事実関係が複雑な事件や，争点や証拠が多岐にわたる事件では，口頭弁論における審理を充実させかつ効率的に行うために，あらかじめ紛争の実体を把握し，争点を絞り込み，争点の解明に必要な証拠を整理することが必要となることがある。民事訴訟法は，争点等整理手続として，準備的口頭弁論，弁論準備手続，書面による準備手続という3つの手続を規定し（同法第2編第2章第3節），事件の種類や紛争の内容に応じて適切な整理が行われるようにしている。

2-1 準備的口頭弁論

準備的口頭弁論は，争点および証拠の整理を目的として実施される口頭弁論である。口頭弁論であるから，実質的審理を行う本来の口頭弁論（本体的口頭弁論という）と同じく，公開の法廷で，受訴裁判所が主宰し，当事者が対席して行われる。

準備的口頭弁論は裁判所の裁量により開始する（164条）。口頭弁論なので，その実施にあたって当事者の意見を聴くことは求められておらず，口頭弁論において実施可能なあらゆる行為，たとえば，弁論準備手続では認められない証人尋問や当事者尋問も，必要な範囲で行うことができる。一方，受命裁判官が手続を主宰したり，電話会議の方法で実施したりすることはできない。

準備的口頭弁論は争点および証拠の整理の完了により終了する。整理された結果について，当事者双方や裁判所との間に食い違いが生じないようにするため，準備的口頭弁論の終了にあたって，その後の証拠調べによって証明すべき事実を確認すべきこととされている（165条1項）。また，裁判所が相当であると認めるときは，当事者に争点および証拠の整理の結果を要約した書面を提出させることができる（同条2項）。

なお，遅延防止のため，当事者が準備的口頭弁論の期日に出頭しない場合および裁判長が定めた期間内に準備書面の提出または証拠の申出をしないときは，裁判所は準備的口頭弁論を終了することができる（166条）。

2-2 弁論準備手続

弁論準備手続は，口頭弁論期日外において，受訴裁判所または受命裁判官が主宰し，当事者の立会いのもと実施される争点等整理手続である。口頭弁論ではないので，実施要件が緩和されている一方で，そこで実施できる内容には一定の制約がある。すなわち，弁論準備手続では，当事者は準備書面の提出（170条1項）や，訴えの取下げ，訴訟上の和解，請求の放棄・認諾（同条5項）などをなすことができ，裁判所は，釈明権の行使や準備書面の提出期間の裁定（同条6項）などをなし得るほか，受訴裁判所がこれを主宰する場合には，証拠の申出に関する裁判その他の口頭弁論期日外にすることができる裁判および

文書の証拠調べをすることができる（170条2項）が，書証の取調べ以外の証拠調べはできない。争点整理のために検証や鑑定が必要なときは，釈明処分（170条6項・151条）として実施可能な範囲に限られ，また，争点整理のために証人尋問等，人証の取調べを要するときは，準備的口頭弁論によらなければならない。

　弁論準備手続の開始にあたっては，あらかじめ当事者の意見を聴かなければならない（168条）。口頭弁論とは異なる手続なので，その実施につき当事者に意見表明の機会を与えることが必要であり，以後の手続の円滑な進行のためにも有益であると考えられるからである。もっとも，当事者の同意までは要求されていないので，裁判所が必要と考えたときは，当事者が反対しても手続を開始することができる。

　当事者が遠隔の地に居住しているときその他相当と認めるときは，裁判所は当事者の意見を聴いて，いわゆる電話会議の方法による弁論準備手続を実施することができる（170条3項）。裁判所まで出頭する時間と費用の負担を軽減し，手続を利用しやすくするためであるが，少なくとも一方当事者は出席していなければならない（170条3項）。電話会議の方法により手続に関与した当事者は，その期日に出席したものとみなされる（170条4項）が，この当事者は，訴えの取下げ，和解，請求の放棄・認諾といった訴訟の終結をもたらす訴訟行為はできない（170条5項）。実際に期日に出席した当事者はこれらの行為ができるし，出席当事者がした訴えの取下げに対する同意を電話ですることは禁止されていない。なお，あらかじめその旨の書面を提出していれば，電話会議による請求の放棄・認諾を行うことができる（170条5項但書）。

　弁論準備手続は口頭弁論ではないので，法廷で実施される必要はなく，第三者への一般公開までは要求されていない。関係者間の率直なやり取りを通じて効率良く争点等を整理するためであり，一般公開を要する事件の整理は準備的口頭弁論にゆだねる趣旨である。ただし，当事者が申し出た者については，手続の実施に支障がない限りその傍聴を許さなければならず，また，裁判所が相当と認める者の傍聴を許すことができる（関係者公開，169条2項）。それでも，弁論準備手続においても当事者双方に攻撃防御をつくす機会を保障する必要はあるので，当事者双方が立ち会うことができる期日に行うものとし，当事者に

立会権があることを明確にしている（当事者公開，169条1項）。したがって，一方当事者だけを呼び出して弁論準備手続を実施することは許されない。しかし，この規定は当事者双方が現実に立ち会うことまで要求するものではないので，期日の呼び出しを受けながら当事者の一方が欠席した場合は，弁論準備手続を実施でき，当事者双方が同意すれば，個別に事情を聴取する交互面接方式を行うこともできるとされている。

争点等の整理が完了したときは，整理された結果について，当事者双方や裁判所との間に食い違いが生じないようにするために，その後の証拠調べによって証明すべき事実を確認すべきこととされているのは，準備的口頭弁論と同様である（170条6項は165条1項を準用している）。当事者双方が欠席したときの取扱いについても準備的口頭弁論と同様である（170条6項・166条）。

裁判の基礎にできるのは口頭弁論に提出された訴訟資料に限る（弁論主義，第3章参照）ので，当事者は弁論準備手続の結果を訴訟資料として利用できるようにするために，弁論準備手続後に実施される口頭弁論期日において，弁論準備手続の結果を陳述しなければならない（173条）。

裁判所は，相当と認めるときは申立てによりまたは職権で，弁論準備手続に付する裁判を取り消すことができる（172条本文）。当事者双方が申し立てたときは，手続を取り消さなければならない。このような場合，もはや弁論準備手続による円滑な争点整理等は望めないからである。裁判所が弁論準備手続に付する裁判を取り消したときは，他の方法により争点等の整理をはかることになる。

2-3　書面による準備手続

書面による準備手続とは，遠隔地に居住するなど相当の理由により，裁判所への出頭が困難な当事者のために，当事者の出席なしに準備書面の交換等によって争点等の整理を行う手続である（175条）。前二者の争点等整理手続がいずれも当事者の出席を前提とする手続であるので，当事者の出席が期待できない事件においても争点等の整理を可能とするために設けられた手続である。

書面による準備手続の開始に際しても，弁論準備手続と同様，裁判所は当事者の意見を聴かなければならない（175条）。手続を主宰するのは原則として裁

判長であり，高等裁判所においては，受命裁判官にこれを行わせることができる（176条1項）。経験豊富な裁判官に手続を主宰させる趣旨である。

書面による準備手続においては，当事者は出席しないので期日は開かれず，準備書面や書証となるべき文書の写しの提出などにより争点と証拠を整理していくので，裁判長等は，準備書面等の提出期間を定めなければならない（176条2項）。裁判所が必要と認めるときは，電話会議の方法により当事者等と協議することができる（176条3項）。

書面による準備手続は，将来開かれる口頭弁論期日で陳述予定の主張および提出予定の攻撃防御方法を事前に整理する作業にすぎないので，手続の終結に際して，当事者に争点整理の結果を要約した書面を提出させることはできるが（176条4項・165条2項），その手続内において，その後の証拠調べで証明すべき事実を当事者と確認することはできない（176条4項は165条1項を準用していない）。

この手続における争点等の整理の結果は，手続終結後に開かれる口頭弁論の期日において，その後の証拠調べによって証明すべき事実の確認がなされることによって，審理に反映される（177条）。

2－4　争点等整理手続終了後の攻撃防御方法の提出

争点等整理手続は，あらかじめ当事者の主張・立証しようとしている事柄を整理し，効率的な審理を実現するために実施される。争点等整理手続が実施され，そこに提出された攻撃防御方法をもとに，効率的な審理計画を立てた後に，当事者から新たな攻撃防御方法が提出されると，せっかく行った争点等の整理の意味が失われる。また，そのような当事者の行動が自由に認められるとすると，争点等整理手続に対する当事者の誠実な協力が期待できなくなる。一方，争点等整理手続の終了に強力な失権効を認めると，失権を恐れる当事者から，仮定的な主張が多数提出され，争点整理が困難になったり，失権を恐れる当事者が争点等整理手続の利用そのものに抵抗したりする可能性がある。

そこで，民事訴訟法は，争点等整理手続終了後に攻撃防御方法を提出した当事者に対して，相手方からの要求に応じて，争点等整理手続の終了前に提出できなかった理由を説明しなければならないものとした（167条・174条・178条）。

この相手方当事者に対する説明義務（とこれに対応する相手方の詰問権）は，訴訟上の信義則（2条）に由来するものである。仮に十分な説明ができなかったとしても，失権効はなく，他に訴訟上直接の効果が生じるわけでもないが，手続終了後の攻撃防御方法の提出に対する心理的な抑制効果が期待できるほか，時機に後れた攻撃防御方法としてこれを却下する際の故意または重大な過失（157条）の判断資料となりうる。

なお，書面による準備手続は，前述のように，将来開かれる口頭弁論の期日で陳述予定の主張および提出予定の攻撃防御方法を事前に整理する作業にすぎないので，この手続が集結した後の最初の口頭弁論期日において，当事者がその主張を要約した書面に記載した事項を陳述するか，または証拠調べで証明すべき事実の確認をした時点で初めて，詰問権と説明義務が発生することとされている（178条）。

3 証拠保全

証拠方法が，時間の経過とともに変化し，あるいは散逸し，取り調べることができなくなる場合がある。たとえば，建物の取り壊しなど，検証物の現状変更のおそれがある場合，証人に海外渡航の予定がある場合などである。このように，本来の証拠調べが行われるのを待っていたのではその証拠の取調べが困難あるいは不可能になるような場合に，あらかじめ証拠調べを行い，その結果を確保する手続を証拠保全という（234条）。

証拠保全を行うためには，保全の必要性（予め証拠調べをしておかないと，将来その証拠方法を使用することが不可能または困難となる事由）がなければならない。保全の必要性は疎明しなければならない（規153条3項）。

証拠保全の申立ては，訴訟係属の前後を問わず，することができる。訴え提起前の申立ては，尋問を受けるべき者もしくは文書を所持する者の居所または検証物の所在地を管轄する地方裁判所または簡易裁判所にしなければならない（235条2項）。訴えの提起後は，原則としてその証拠を使用すべき審級の裁判所が管轄裁判所となる（235条1項）。また，裁判所は，訴訟係属中，必要と認めるときは職権で証拠保全の決定をすることができる。

証拠保全手続における証拠調べ期日には，急速を要する場合を除き，申立人および相手方を呼び出し，手続に関与する機会を与えなければならない（240条）。不法行為における加害者が不明な場合のように，相手方を指定することができないときも証拠保全をすることができるが，裁判所は，将来の訴訟において相手方となるべき者のために，特別代理人を選任することができる（236条）。

証拠保全に関する記録は，本案訴訟が係属すれば，証拠保全に関する記録は受訴裁判所に送付され（規154条参照），口頭弁論に提出されることにより本案訴訟における証拠調べの結果と同じ効果を有する。ただし，証人尋問については，直接主義の要請が強いので，当事者の申立てがあり，かつその証人を尋問しうる場合には，裁判所は口頭弁論においてその証人の再尋問をしなければならない（242条）。

なお，最近では，一方当事者が自己の主張を補充したり，自己に有利な証拠を発見したりするために，相手方当事者がどういう証拠を有しているのかを開示させる目的で用いる例がふえる傾向にある（証拠保全の証拠開示的運用）。

4 訴え提起前の証拠収集手続

上述の証拠保全の証拠開示的運用は，証拠の偏在等により，権利を有する（と主張する）者が，訴訟資料や証拠方法を充分に有していないことから，勝訴の見込みがたたず，訴えの提起を断念するという事態が生じるのを緩和するためのものであった。

訴え提起前の証拠収集活動を可能にし，訴訟のリスクを訴え提起前に的確に判断できるようにすることは，権利者が確実に権利を実現するために必要な手だてである一方で，勝訴の見込みがない訴えの提起をあきらめたり，当事者間での自主的な紛争解決をうながしたりするなど，訴訟を回避する契機にもなる。そこで民事訴訟法は，訴えを提起しようとする者が，書面により訴えの提起を予告する（提訴予告通知）場合には，相手方に事実関係等について照会をしたり（訴え提起前の照会），裁判所の証拠収集処分を求めたりする（訴え提起前の証拠収集処分）ことができる制度を設けた。これが，訴え提起前の証拠収集手

続である。

4－1 訴え提起前における照会

訴えを提起しようと思う者は、被告とする者に対して、まず、請求の要旨と紛争の要点を記した書面で提訴予告通知を行い、その通知から4カ月内に限って、訴えを提起した場合の主張または立証を準備するために必要であることが明らかな事項について、相当の期間を定めて書面で照会し、回答を求めることができる（132条の2第1項）。訴訟中になされる当事者照会（163条）を訴え提起前にも認めたものである。

ただし、訴え提起前であることを鑑み、照会できる事項は、訴えを提起した場合の主張または立証の準備のために必要であることが「明らかな」事項でなければならない（132条の2第1項ただし書・2項・132条の3第1項）とされる。また、相手方または第三者のプライバシーに関する事項についての照会であって、その者が社会生活を営むのに支障を生じるおそれがあるもの、および相手方または第三者の営業秘密に関する事項については照会できない（132条の2第1項2号・3号）。

被予告通知者は、相手方の照会に対して、請求の要旨に対する答弁の要旨及び紛争の要点に対する答弁の要旨を具体的に記載した書面によって返答しなければならないとされている（132条の2第3項・132条の3第1項）が、訴え提起後の当事者照会と同様、回答拒否に対する制裁は予定されていない。一方、予告通知者からの照会に対して書面で返答した被予告通知者も、同様の事項について、予告通知者に対して照会することができる（132条の3）。

4－2 訴えの提起前における証拠収集の処分

予告通知者、または132条の3第1項の返答をした被予告通知者は、一定の場合、すなわち、申し立てられた証拠収集の処分により収集しようとしている証拠となるべきものが、将来訴えが提起された場合の立証に必要であることが明らかであり、また、申立人がその証拠となるべきものを自ら収集することが困難であるとき、予告通知から4カ月の不変期間内に限り、証拠を収集するために必要な処分を裁判所に申し立てることができる。裁判所は、相手方の意見

を聴いた上で，必要と認めるときは処分をする。ただし，証拠の収集に要すべき時間または嘱託を受けるべき者の負担が相当なものとなることその他の事情により，処分をすることが相当でないと認められる場合はこの限りではない（以上，132条の4第1項）。

申し立てることができる処分は，①文書の所持者に文書の送付を嘱託すること，②資料に基づいて容易に調査することができる客観的事項についての官庁その他の団体への調査嘱託，③専門的な知識経験を有する者に対する専門的な知識経験に基づく意見の陳述の嘱託，④執行官に対する物の形状，占有関係その他の現況についての調査命令である（132条の4第2項）。

この手続は，あくまで当事者が将来裁判所に提出すべき証拠を収集するためのものであり，証拠調べではないから，これによって収集された証拠は，提訴後に改めて裁判所に提出される必要がある。したがって，この制度が導入されても，あらかじめ裁判所が証拠を確保する手続である証拠保全が不要になるわけではない。

第 9 章

裁　　判

1　裁　　判

1 − 1　裁判とは何か

　裁判機関がその判断または意思を法定の形式に従って表示する手続上の行為を裁判という。終局判決のように当事者の申立てに対応してなされる場合だけではなく，審理に関連して生じる派生的・付随的事項（裁判官の除斥・忌避，管轄の指定等）の解決，訴訟指揮上の処分（期日指定や弁論の分離・併合等），裁判所のする執行処分（債権差押命令，転付命令，強制競売の開始，売却許可等）など，必ずしも申立てを前提としない場合もある。裁判の行為の主体となるのは，受訴裁判所，裁判長，受命裁判官，受託裁判官であり，裁判所書記官や執行官などの行為は，たとえ裁判としての実質をもつものであっても，形式的には裁判とみなされない（71条・110条・382条等）。

1 − 2　裁判の種類

　「裁判」というと，一般的にすぐイメージされるのは，いわゆる「判決」であろう。しかし，裁判には，判決だけではなく，「決定」と「命令」も含まれる。とはいえ，判決は一番重要であり，判決についての基本的な定めは，その性質に反しない限り，決定・命令に準用される（122条）。判決，決定および命令は，裁判機関，成立および不服申立手続，対象事項，訴訟法上の効果および性質等において異なる。

裁判の種類

	機関	手続	告知方法	不服申立方法
判　決	裁判所	必要的口頭弁論	判決書に基づく言渡し（原則）	控訴・上告（上訴）
決　定	裁判所	口頭弁論不要（任意的口頭弁論・審尋）	相当の方法による告知	抗告・再抗告
命　令	裁判官	口頭弁論不要（任意的口頭弁論・審尋）	相当の方法による告知	異議申立て・抗告など

(1) 裁判機関

　判決および決定は，単独裁判官によって構成される単独体あるいは複数の裁判官によって構成される合議体，すなわち「裁判所」によってなされる裁判である。これに対して，命令は，「裁判官」が，裁判長，受命裁判官または受託裁判官という資格において行う裁判である（なお，法が「命令」の名称を付していても性質上「決定」とみなされる場合もある。差押命令〔民執143条〕，転付命令〔民執159条〕等）。

(2) 成立および不服申立手続

　判決は慎重に行われる。原則として口頭弁論が開かれなければならず（87条1項本文），公開法廷における一定の方式に則った言渡しの方法によらなければ効力を生じない（250条。ただし254条）。判決に対する不服申立方法は，控訴および上告である。これに対して，決定および命令は簡易迅速に行われる。口頭弁論を経なくともよく（任意的口頭弁論。87条1項ただし書），裁判機関が相当と認める方法で関係人に対して告知することによって効力が生じる（119条）。広く調書の記載をもって決定書，命令書といった裁判書に代えることもできるし（規67条1項6号），裁判書が作成される場合でも，裁判官の記名押印で足りる（規50条1項）。決定および命令に対する不服申立方法は，抗告および再抗告である（しかも常に認められるというわけではない）。

(3) 裁判事項

　判決は，重要な事項，とくに訴訟を終了する終局判決やそれを容易にする中間判決の場合に用いられる。これに対し，決定および命令は，それ以外の，訴訟指揮としての処置や付随的争いの解決，あるいは民事執行・民事保全に関する事項などの処理に用いられる。

2 判　決

2-1　判決の種類

(1)　終局判決・中間判決

　判決は，ある審級の手続を終結させる効果をもつかどうかにより，終局判決と中間判決とに分けられる。

　終局判決はある審級の手続を終結させる効果をもち，裁判所の審判の範囲によって全部判決と一部判決，また，原告の提示した請求内容に立ち入ったものかどうか（判断内容）によって本案判決と訴訟判決とに分けることができる。中間判決は終局判決を準備する目的をもち，審理中に問題となった事項について終局判決に先立って解決しておくものである。いったん中間判決をすると，その審級の裁判所はこれに拘束され，その主文で示した判断を前提として終局判決をしなければならない。また，中間判決に対する独立の不服申立ては許されず，不服がある場合には，終局判決をまち，これに対する上訴の中で不服を主張しなければならない（283条）。中間判決には既判力も執行力も生じず，その拘束力は上級審には及ばないから，上級審は中間判決に対する不服についても審理することになる。

　中間判決をしてよい事項は，①独立した攻撃または防御の方法（本案に関する争点のうち，独立に判断でき，またそうすることが審理の整理に役立つような争点に関する攻撃防御方法），②中間の争い（訴訟要件の存否など，訴訟手続に関する当事者間の争いのうち口頭弁論に基づいて判断すべきもの），③請求の原因および数額について争いがある場合の原因（不法行為に基づく損害賠償請求における過失など，数額〔損害額〕を切り離して考えた訴訟物たる権利関係の存否自体に関する事項。この場合の中間判決を原因判決という），である（245条）。

(2)　全部判決・一部判決

　1つの訴訟手続において審判を求められている請求の全部についてなされる判決を全部判決，他の部分と切り離してその一部をについてなされる判決を一部判決という。全部判決の場合には，当該審級の手続全体が同時に終了するが，一部判決の場合には一部の請求についての手続が終了するのみであり，残部に

ついての手続は続行する（残部請求についての判決を残部判決または結末判決という）。事件全部について裁判に熟したと認めるときは全部判決をすべきであるが（243条1項），訴訟の一部が裁判をなすに熟した場合には，それについて判決をすることによって当事者になるべく早い解決を示し，迅速な訴訟の進行をはかることができるから一部判決がなされる。一部判決も終局判決であるから，その部分については独立して上訴することができる。しかし，一部判決に対して上訴があると，残部請求についての部分と異なる審級で審判されることになり，かえって不経済となり，解決が不統一になるおそれもある。そこで，一部判決ができる場合でも，これをするかどうかは裁判所の裁量に委ねられる（243条2項・3項）。

弁論の分離が許容されることが一部判決の前提となる。したがって，基本となる法律関係が共通であるとか，相互の法律関係の間に先決関係が存在する場合などは，弁論の分離や一部判決をなすと，判断が矛盾・抵触するおそれがあるので一部判決は許されないし，請求相互間に条件関係がある場合にも（予備的併合等）一部判決は許されない。弁論の併合がなされている場合や本訴と反訴の関係にある場合には，1つの手続で審理が行われているため一部判決ができる（主要な争点を共通にする場合には一部判決が許されないとする見解もある）。

裁判所が終局判決の主文で判断すべき事項の一部について判断せず，無意識に一部判決をしてしまった場合を，裁判の脱漏という。脱漏した部分はなお裁判所に係属しており（258条1項），裁判所はこれに気づけば，職権で判決しなければならない（追加判決）。

(3) 本案判決・訴訟判決

原告の訴訟上の請求に理由があるか否かを裁判する終局判決を本案判決という（262条2項参照）。本案判決には，原告の請求に理由があるとする請求認容判決（原告勝訴）と，原告の請求に理由がないとする請求棄却判決（原告敗訴）とがある。請求認容判決は，訴えの類型に応じて，給付判決，確認判決および形成判決に分類される。請求棄却判決はすべて確認判決である。

本案判決をするためには訴訟要件が具備していなければならず，これが欠缺している場合には，訴えは不適法なものとして却下される。この訴えを却下する終局判決を訴訟判決という（上訴の要件の欠缺を理由として上訴を不適法却下

する判決も訴訟判決という）。訴訟要件が欠缺しているにもかかわらずなされた本案判決は違法であり，当事者はこれを上訴により争うことができる（299条）が，判決が確定した場合には再審事由にあたらない限り（338条1項），もはや争うことができない。

　(a) 訴訟要件　訴訟要件は，訴訟開始のための要件ではなく，本案判決を行うために必要な要件であるから，最終口頭弁論終結時までに具備すればよく，訴訟要件の審理は本案の審理と並行して行われる。もっとも，ひとくちに訴訟要件といっても，それにはさまざまなものが含まれている。

　①裁判所に関するものとして，請求と当事者がわが国の裁判権に服すること，裁判所が当該事件について管轄権を有すること，②当事者に関するものとして，当事者の実在，当事者能力および当事者適格があること（訴訟能力や代理権の存否は個々の訴訟行為の有効要件である），③訴えに関するものとして，訴え提起や訴状の送達が有効であること，訴訟費用の担保を提供する必要がある場合にはその担保を提供したこと（75条），訴えの利益があること，重複起訴の禁止に触れないこと（142条），再訴の禁止に触れないこと（262条2項），複雑訴訟になる場合にはその要件を具備すること（38条・47条・136条・143条・145条・146条等），④その他，不起訴の合意がないこと，仲裁合意がないことなど。

　訴訟要件は，司法権の限界を画し，本案判決による紛争解決に適した主体および客体を選んで無駄な訴訟を排除し，判決の正当性確保あるいは訴訟機能維持といった公的利益に関係するので，訴訟要件の存在については，裁判所が職権で調査するのが原則である（職権調査事項）。これに対して，④の要件はとくに私的な利益に関するものであるので，当事者の申立てをまって調査すればよい（抗弁事項）。

　もっとも，訴訟要件の調査が職権あるいは当事者の申立てによって開始されたとしても，その判断資料の収集の責任を裁判所に負わせるか，それとも当事者に負わせるかは，訴訟要件によって異なる。裁判権や専属管轄，当事者の実在等はそれを看過すると判決が無効となり，またその審理も本案と密接な関係にはなく，職権探知事項とされる。これに対して，抗弁事項や，応訴管轄（14条）の認められる任意管轄の判断資料収集責任は当事者にある（弁論主義）。また，訴えの利益や当事者適格の審理は本案の審理と密接な関係にあるから，資

料収集の責任は当事者にある（弁論主義）。近時，訴訟要件の多様性から，職権探知主義か弁論主義かという二分的な考え方だけではなく，さらに職権審査という中間的な考え方（判断資料の収集責任は当事者にあるが裁判所はその自白に拘束されない等）を入れる見解も主張されている。

　原告が訴訟費用の担保提供をしなければならない場合（75条4項）には，被告は本案についての応訴自体を拒むことができる（防訴抗弁）。

　(b)　**訴えの利益**　ⓐ　**意義**　裁判所に訴えを提起して本案判決を受けるには，それだけの正当な利益ないし必要性が必要である。これを訴えの利益という。先に述べた当事者適格が当事者の関係で本案判決をする必要性を問題とするのに対して，訴えの利益は，訴訟上の請求（訴訟物）の関係で本案判決の必要性を問題とする。裁判制度は，国民の税金のうえに，有限の人的・物的資源によって運営されているから，どのような訴えでもすべて本案判決されるというわけではなく，それだけの必要性がある訴えだけが許される。それをしぼりこむのが，訴えの利益の要件である。これによって，被告も，応訴しても紛争解決にとって意味のないような訴訟から解放される。

　ⓑ　**各種の訴えに共通の訴えの利益**　給付・確認・形成の各種の訴えに共通の要件として，まず，裁判所が法律を適用することによって終局的に解決することができる，具体的な権利関係の存否の主張でなければならない（裁3条1項参照）。単なる事実の存否の主張は原則として許されず，また，抽象的に法令の解釈や効力を論じるものも民事訴訟の対象とすることはできない。司法権の限界の問題も基本的に訴えの利益の問題として取り扱われる。なお，重複訴訟の禁止（142条），再訴の禁止（262条2項），不起訴の合意や仲裁合意など当事者間に訴訟を利用しない旨の特約がないことについても訴えの利益に含める考え方もあるが，これらはそれぞれ別個の独立した訴訟要件と考えれば足るであろう。

　ⓒ　**各種の訴えにおける訴えの利益**　㈎　**給付の訴え**　現在給付の訴えは，原告がすでに期限の到来した給付請求権の存在を主張するものであるから，特別の事情がない限り，それだけで訴えの利益が認められる。現実には強制執行の可能性がない給付請求権であっても訴えの利益は否定されない（最判昭和41・3・18民集20巻3号464頁）。これに対して，将来給付の訴えは，まだ履行期

の到来していない給付請求権の存在を主張するものであるから，あらかじめその請求をする必要がある場合に限って，訴えの利益が認められる（135条）。具体的には，すでに被告が給付義務の存在や内容を争っていて履行期が到来しても履行しない可能性が高い場合（建物明渡義務を争っていて，履行期が来ても明け渡さないことが予測されるような場合等），反復的給付が約定されているがすでに履行期が到来した分について債務不履行がある場合（新聞の定期購買契約をむすんでいるが，新聞代をすでに3カ月分滞納しているような場合等），扶養料の請求のように給付義務の性質上履行期に履行されないと意味がない場合などには将来給付の利益が認められる。ただし，継続的不法行為について，判例（最大判昭和56・12・16民集35巻10号1369号）はこれを否定している。

(イ) **確認の訴え**　確認の訴えにおいては，確認の対象が理論的には無限定であるため，本案判決の対象を限定する必要性が大きく，訴えの利益が重要な役割を果たすことになる。

　一般的には，原告の権利または法律的地位につき危険・不安があり，その原告・被告間で確認判決をすることがその危険・不安を除去するために有効適切である場合には，訴えの利益（確認の利益）が認められる（最判昭和30・12・26民集9巻14号2082頁）。

(i) **確認対象の適否**　従来，確認の訴えの対象は，民事訴訟の目的が現在の紛争を解決することにあることから，原則として現在の権利・法律関係でなければならず，過去の権利・法律関係や単なる事実の確認は訴えの利益を欠くと考えられてきた（「過去」より「現在」を，「事実」より「権利・法律関係」を）。しかし，証書真否確認の訴え（134条），株主総会決議不存在確認の訴え（商252条）等，明文規定においても例外が認められているし，判例も，遺言無効確認の訴え（最判昭和32・7・20民集11巻7号1314頁），学校法人の理事会決議無効確認の訴え（最判昭和47・11・9民集26巻9号1513頁），両親または子が死亡した後の親子関係確認の訴え（最判昭和47・2・15民集26巻1号30頁，最大判昭和45・7・15民集24巻7号861頁）について確認の利益を認めている。過去の法律関係の確認が現在の法律関係の確認よりむしろ紛争の直接かつ抜本的な解決につながる場合には，訴えの利益を認めるべきであろう。

　また，一般に，積極的確認の訴えが可能である場合には消極的確認の訴えに

は訴えの利益がないと考えられる（「消極的」より「積極的」に）。たとえば，AとBが，甲土地の所有権の帰属をめぐって争う場合，「甲土地が自己の所有に属することの確認」を求めるべきであり，「甲土地が相手方の所有に属しないことの確認」を求めることは訴えの利益を欠く（Aの所有でないことが確認されてもBの所有であるとは限らないから，紛争解決にとって迂遠である）。しかし，消極的確認の訴えのほうが紛争解決のために有効適切である場合には訴えの利益を認めてよい。たとえば，一番抵当権者が二番抵当権の実行を阻止するために二番抵当権の不存在確認の訴えを提起する場合，一番抵当権の存在を確認しても目的を達成することができないから，訴えの利益を認めてもよいだろう（大判昭和8・11・7民集12巻2691頁は反対）。

　　(ii)　**即時確定の利益**　　確認の利益が認められるためには，紛争が成熟しており，原告の権利・法的地位の危険・不安を除去するために，判決によって権利関係を即時に確定してもらう必要がなければならない。

　　(iii)　**方法選択の適否**　　すぐ後で述べるように，給付判決，形成判決には既判力のほかにそれぞれ執行力，形成力が生じるが，確認判決には既判力が生じるにとどまる。したがって，紛争の直接的解決をはかるという観点から，給付の訴えや形成の訴えが可能である場合には，確認の訴えではなく，原則としてそれらの訴えによるべきである（たとえば，「1,000万円の債権が存在すること」の確認判決を得ても，相手方が任意に履行しなければ，さらに「1,000万円支払え」という給付の訴えを起こさなければならなくなる）。

　　(ウ)　**形成の訴え**　　形成の訴えは，そもそも訴えを提起できる場合が法律によって個別的に定められているから，その要件の存在を主張するものであれば，原則として訴えの利益が認められる。ただし，たとえば，取締役を選任した株主総会決議取消の訴え（商247条）係属中に，その取締役が任期満了により退任した場合（最判昭和45・4・2民集24巻4号223頁，最判平成11・3・25民集53巻3号580頁）など，その後の事情の変化により例外的に形成の必要性がなくなった場合には，訴えの利益は消滅する。

　(c)　**給付判決・確認判決・形成判決**　　本案判決が確定すると，訴えの内容に対応して，その判断内容に応じた一定の拘束力が生じる。給付の訴えにおける請求認容判決を給付判決といい，給付判決は既判力と執行力を有する。既

判力は，判断内容の蒸し返しを禁じる効力であり，判決主文中の判断について生じる（114条1項参照）。執行力は，執行機関に対して，判決中の給付命令の強制的実現を求める地位を当事者に付与する。また，確認の訴えにおける請求認容判決を確認判決といい，確認判決は既判力を有する。形成の訴えにおける請求認容判決は形成判決といい，形成判決は既判力と形成力（判決によって，当事者間の権利関係ないし法律関係を変動させる効力）を有する。

2-2 判決の成立

(1) 評　　議

判決の基礎となる口頭弁論に関与した裁判官が構成する裁判所が判決内容を確定する（直接主義，249条1項）。裁判所が1人の裁判官から構成される単独体の場合は，その裁判官が判決内容を決めればよいが，合議体の場合にはそれを構成する定足数の裁判官の評議採決によって判決書の内容が決定される。評議は，裁判長がこれを開始・整理し，秘密に行い（裁75条），判決の結論を導くために必要な事実認定及び法規の解釈適用のすべてについて行う。裁判官はこれらについて必ず自分の意見を述べなければならない（裁76条）。裁判官の意見が一致しないときは採決を行い（結論を導く理由について，その論理的順序に従って個々に採決する），これは原則として過半数の意見による（裁77条1項）。数額について，意見が三説以上に分かれ，それぞれがいずれも過半数に達しないときは，最も多額の意見の数を順次少数の意見の数に加えていき，過半数に達したときの最も少額の意見による（裁77条2項1号）。

(2) 判決書（判決原本）

判決内容が確定すると，裁判所は，判決書（判決原本）を作成する（252条）。判決書の必要的記載事項（253条1項）は，①当事者および法定代理人，②主文（訴えの適否ないし請求の理由の有無についての判決の結論を簡潔かつ明確に表示するもので，訴訟費用に関する裁判〔67条〕や仮執行宣言〔259条〕等を含む），③事実（請求を明らかにし，請求に対する主文が正当であることを示すのに必要な主張を摘示する〔253条2項〕），④理由（事実の確定と法律の適用により主文の結論を導き出した経路を明らかにする），⑤口頭弁論の終結の日（既判力の基準時），⑥裁判所の表示である。判決書には，評決に関与した裁判官の署名押印がなさ

れる（規157条1項）。

(3) 言渡し

　裁判所は，原則として判決内容を公証する判決書に基づいて言渡しを行い（252条），判決はこれによって効力を生じる（250条）。言渡しは，原則として，口頭弁論終結の日から2カ月以内になされる（251条1項）。言渡期日はあらかじめ裁判長が指定し（93条1項，なお規156条），双方当事者を呼び出す（94条）が，当事者の一方または双方が出頭しない場合でもすることができる（251条2項）。指定された言渡期日と異なる日時に言い渡された判決に対しては上訴できる（306条・318条）。言渡しは，判決言渡期日に，公開の法廷で（裁70条），裁判長が主文を朗読して行う（規155条1項）。

(4) 判決書によらない判決の言渡し

　判決は言渡しの方法によらなければならないのが原則であるが，当事者間に実質的に争いのない事件（被告が口頭弁論において原告の主張した事実を争わず，その他何らの攻撃防御方法も提出しない場合，および公示送達を受けて口頭弁論に出頭しない場合），少額訴訟事件については，例外的に，判決書（判決原本）によらないで判決を言い渡すことも認められる（254条・374条1項2項）。判決書に基づかないで言渡しをしたときには，判決書の作成に代えて，裁判所書記官に，当事者および法定代理人，主文，請求ならびに理由の要旨を，判決の言渡しをした口頭弁論期日の調書に記載させる（調書判決，254条2項・374条2項ただし書）。

(5) 判決言渡し後の手続

　判決が言い渡されると，裁判長は判決原本を裁判所書記官に交付する（規158条）。裁判所書記官はその正本を作成し，当事者に判決内容を告知して不服申立てをするかどうか考慮させるため，2週間以内にこれを当事者に送達しなければならない（255条，規159条）。判決書が当事者に送達された時点から判決に対する上訴期間が進行する。上訴期間は不変期間であり，それを徒過すると判決は確定する（285条・313条）。

(6) （終局）判決の効力

　判決が言渡しによって成立すると，成立した判決は，確定をまたず，その内容は仮執行（259条）の基準となり，さらに当事者が上訴で争うかどうかの判

断対象となる。現行制度では，上級審において判決が取り消される可能性があるため，判決言渡し自体によってただちに判決が確定し訴訟が終了するわけではない。しかし，いったん判決が言い渡されると，裁判所は理由なくこれを撤回したり変更したりすることができなくなる。これを判決の自縛力または自己拘束力という。とはいえ，判決の表記や内容に明白な誤りがある場合にまで，つねに上訴や再審で争わなければ変更が許されないというのではかえって当事者の利益を害することになり，また上級審の負担が不必要に増大することになる。そこで，法は一定の要件の下で，判決裁判所自らが判決を更正あるいは変更することを認めており，その限りで自己拘束力は緩和されている。

判決に計算間違い，書き損じ，その他これに類する明白な表現上の誤りがある場合には，裁判所はいつでも申立てまたは職権で，簡易な決定手続により，更正決定をすることができる（257条1項）。誤りは，明白であれば，裁判所の過失によるものか当事者の誤った陳述によるものかを問わない。

また，判決をした裁判所が，自ら，判決が法令に違背したことを発見した場合には，言渡し後1週間以内であって未確定であり，変更をするにあたり口頭弁論を開く必要のない場合に限って，職権で，判決を変更することができる（256条，この判決を変更判決という）。

なお，決定および命令については，抗告に基づく再度の考案による変更が認められ（333条），また，訴訟指揮に関する裁判は，いつでも取り消すことができる（120条・152条等）。

第10章

確定判決

1 判決の確定とその効力

1－1 判決の確定

(1) 判決の確定
終局判決が，上訴等の通常の不服申立方法によって，もはや取り消される余地がなくなると，判決は確定する。

(2) 判決の確定時期
判決は，通常の不服申立方法（控訴・上告・手形判決に対する異議）が尽きた時に確定する。したがって，そもそも上訴が許されない判決（たとえば，上告審の終局判決など）については，その言渡しとともに確定する。また，終局判決の前に不控訴の合意（この合意の適法性をめぐっては争いがあるところではあるが，今日では適法と解するのが通説的見解である）がある場合についても，判決言渡しをもって判決は確定する。他方，上訴が許される判決については，上訴期間等（285条・313条・357条）が経過したとき（116条1項），もしくは上訴提起がなされたが上訴期間等の経過後にこれを取り下げた場合，または上訴却下の判決がなされこれが確定したときには，原判決は上訴期間等の経過時にさかのぼって確定する。また，上訴期間等の経過前であっても，上訴権等を有する当事者がこれを放棄すれば（284条・313条・358条）その時点で判決は確定する。当事者が適式に上訴等を提起すれば原判決の確定は遮断されるが（116条2項），後に上訴棄却判決が下されこれが確定したときには，原判決も確定する。

(3) 判決の確定証明
判決が確定すると，後訴との関係で既判力を主張したり，判決の内容によっては戸籍の届出（戸63条・69条）や登記の申請（民執173条，不登27条）などを

することができるが，判決正本だけからでは判決が確定しているか否かが明らかではない。このような場合には，判決が確定していることの証明が別途必要となり，現に訴訟記録を保管する裁判所の裁判所書記官に対し，判決確定証明書の交付を請求することができる（規48条）。

(4) 定期金賠償を命ずる確定判決の変更を求める訴え

わが国では，一般に損害賠償については，一時金賠償方式（賠償額の全額を一度に支払う）によるものとされているが，請求権の具体化が将来の時間的経過に依存している関係にあるような性質の損害については，実態に即した賠償を実現するために定期金による賠償方式（たとえば，毎月〇〇円支払うといった方式）がとられることがある。これとの関連で，民事訴訟法は，口頭弁論終結前に生じた損害につき定期金方式による賠償を命じた判決が確定した後に，損害額の算定の基礎となった事情（後遺障害の程度や賃金水準など）に著しい変更が生じた場合には，その判決の変更を求める訴えを提起することができるとしている（117条）。これは，確定判決によって支払を命じられた損害賠償がその基盤を失ったような場合にもなお，この確定判決の既判力に当事者を拘束するのは不当であり，かかる場合には，当該判決の内容を事後的に修正して当事者間の利害の調整を図ることが公平であるとの配慮から認められたものである。

この確定判決の変更の訴えが認められるためには，①口頭弁論終結前にすでに生じている損害につき定期金方式による賠償を命じた判決であること，②当該判決が確定していること，③前訴の口頭弁論終結後に損害額の算定の基礎となった事情に著しい変更が生じたこと，という3つの要件が必要である。

1-2　確定判決の効力

(1) 判決効の種類

判決効には，その言渡しにより裁判所に対して生じる効力としての羈束力・自己拘束力のほか，判決の確定により当事者に対して生じる効力としての形式的確定力とがある。これらはいずれも手続上形式的に生じる手続的効力である。ここに形式的確定力とは，終局判決が確定したときには，当事者はその判決に対してもはや上訴によって不服申立てをすることができなくなるとする効力であり，法的安定性の要請に基づくものである。

また判決効には、訴訟の対象となった判断内容について実体的に生じる実体的効力がある。判決の実体的効力は、判決の確定によって生じるものであり、具体的には、確定判決の本来的効力である既判力・執行力・形成力と、確定判決本来の効力ではないものの一定内容の判決がなされたことに付従して認められる効力（付従的効力）とがある。

(2) 既 判 力

(a) 既判力の意義・根拠 既判力とは、確定した終局判決の内容である判断についての通有性ないし拘束力をいい、実質的確定力とも呼ばれる。確定した終局判決において示された判断が簡単に変更されるようなことがあれば、民事裁判の紛争解決機能は損なわれ、また紛争の蒸し返しを招くことにもなりかねない。このような事態を防ぐために既判力が認められている。このような拘束力は、たとえその内容が実体的真実に反するものであっても一律に生じるものである。このような既判力という強力な通有力に裁判官や当事者が拘束されるのは、既判力が、紛争解決という民事訴訟の制度目的に不可欠な制度的効力であることに加え、当事者には手続的機会が十分に保障されていたことの裏返しとして自己責任が生じるためである（二元説。詳しくはコラム参照）。

> **コラム**
>
> **既判力本質論と既判力根拠論** なぜ既判力を有する裁判があると後訴裁判所や両当事者はこれを無視することができなくなるのか、この議論は既判力本質論と呼ばれ、真実の実体法状態に反する判決（不当判決）であっても既判力が生じることをどのように説明すべきか、という問題を中心に論じられてきた。おもな考え方としては、①確定判決を実体法上の法律要件事実の一種ととらえ、判決に基づいて実体権利関係が変更された以上、当事者はもちろん裁判所もこれに服さざるを得なくなるとするもの（実体法説）と、②既判力はもっぱら公権的判断の統一要求という訴訟法上の効力であるとするもの（訴訟法説）とがある。
>
> しかしながら今日では、この既判力本質論は、既判力の客観的範囲や主観的範囲といったより実践的かつ具体的な課題の解明には役立たなかったと評されており、むしろ近時の既判力論の関心は、なぜ裁判官や当事者は既判力という通有力に服さなければならないのか、という既判力根拠論に

> 向いている。この点については，本文で述べたような二元説が現在の通説的見解といえるが，そのほかにも，①端的に，既判力は民事訴訟制度に不可欠な制度的効力であるために当事者は拘束されるとする説（制度的効力説）や，②当事者の手続保障・自己責任のみに既判力の根拠を求め，既判力は判決の効力ではなく当事者の提出責任効であるとする説（手続保障説）などがある。

(b) 既判力の作用 　既判力は，実際には，後訴が出現した際に作用する。この作用には，既判力の生じた判断に反する主張・証拠申出を当事者に禁じ，裁判所も既判力の生じた判断に反する主張・証拠申出を排斥する（その点の審理に立ち入らない），という形で作用する消極的作用と，既判力の生じた判断を前提にして後訴の裁判所は判決しなければならないという形で作用する積極的作用とがある。また既判力は，当事者にの有利にも不利にも作用することがある（既判力の双面性）。たとえば，建物の所有権確認で勝訴した前訴原告は，後訴において前訴被告から当該建物の収去・土地明渡しを請求された場合に，当該建物の所有者ではないと主張することはできない。

既判力は，原則として判決主文の判断，すなわち訴訟物について生じる（114条1項）。このことから，既判力が作用するのは，前訴と後訴の訴訟物がどういう関係にある場合かが問題となってくる。これには以下の3つの場合がある。

まず第1に，前訴と後訴の訴訟物が同一の場合――たとえば，前訴において所有権確認訴訟で敗訴した原告が，後訴において同じ所有権確認の訴えを提起した場合には，前訴の請求棄却判決の既判力により，基準時後の新事由がない限り，後訴も請求棄却となる。第2に，同一訴訟物ではないが後訴請求が前訴請求と矛盾関係に立つ場合――たとえば，前訴の所有権確認訴訟で敗訴した被告が，後訴において同一目的物についての所有権確認の訴えを提起した場合には，前訴の請求認容判決の既判力により，基準時後の新事由がない限り，後訴は請求棄却となる。そして第3に，前訴の訴訟物が後訴の訴訟物の先決問題となる場合――たとえば，前訴で所有権確認判決を得た者が所有権に基づく引渡請求の後訴を提起した場合には，前訴の既判力ある判断を前提として後訴の請

求が審理される。

  (c) **既判力を有する裁判**　　確定した本案の終局判決には既判力が生じる。訴訟判決に既判力が生じるかについては見解が分かれるが，ある訴訟要件なしとして訴えが却下された後に同一状況の下でなされる再訴を封じるためには，訴訟判決にも既判力を肯定するのが便宜的であり今日ではこれを肯定するのが一般的である。決定・命令については，当事者の手続保障の観点や裁判所の判断資料の収集方式といった見地から，既判力は生じないのが原則である。しかし，実体関係を終局的に解決することを目的とする場合（たとえば，訴訟費用に関する決定（67条）など）については，既判力を認めるのが合理的である。なお，法文上確定判決と同一の効力を有するとされているもの（認諾調書，和解調書（267条），調停調書（民調16条，家審21条）など）に既判力が生じるかについては，後述する（第11章を参照）。

  (3) **執　行　力**

　執行力には，広狭二義がある。広義では，強制執行以外の方法によって判決内容に適合した状態を実現しうる効力のことをいい（たとえば，確定判決に基づく戸籍簿の記載・訂正（戸63条・77条・79条・116条），登記の申請（不登27条・100条2号）など），狭義では，給付判決に掲げられた給付義務を，強制執行手続を用いて実現することができる効力をいう。通常執行力というときは，後者の意味のものを指す。確定した給付判決は，強制執行を発動させる効力を有する文書であるところの債務名義となる（民執22条1号）。また，裁判上の和解や請求の認諾の内容に給付義務が存するときは，和解調書や認諾調書の記載内容にも執行力は生じる（民執22条7号）。

　なお，終局判決が未確定の場合であっても，その判決の取消しを解除条件に執行力が付与されることがある。いわゆる仮執行宣言と呼ばれるもので（259条），これは敗訴者の上訴により判決の確定が遮断されてしまうこととの均衡上，勝訴者に早期の権利実現の道を認める趣旨のものである。

  (4) **形　成　力**

　形成力とは，判決主文中で法律関係の変動の宣言を行い，その形成判決が確定することによって，その判決内容どおりに法律関係の発生・変更・消滅を生じさせる効力である。形成力は形成判決に特有の効力であり，その効力は通常

当事者間のみならず広く第三者にも及ぶ（対世効）。

(5) 付従的効力

確定判決の本来的効力のほかに，判決の確定という結果に付従して特別の法規定ないしは法理論によって認められる効力があり，これらを総称して付従的効力とよぶ。

法規定によって生じる付従的効力のうち，訴訟法が認めるものとして，補助参加によって生じる参加的効力（46条），別訴禁止から生じる特別の失権効（人訴9条・26条参照）などがある。また，実体法が認めるもの（これを法律要件的効力という）として，中断した時効の再進行（民157条2項），確定判決による短期消滅時効の長期化（民174条の2），委託保証人の求償権の現実化（民459条1項），供託物取戻権の消滅（民496条1項）などがある。

他方，法理論によって認められる付従的効力として議論されているものとしては，いわゆる反射効や争点効がある（詳しくはそれぞれの該当箇所参照）。

2 （確定）判決の効力の及ぶ範囲

2-1 既判力の時的限界

(1) 既判力の基準時

たとえば，貸金返還請求権の存在が既判力によって確定し，その後被告（債務者）がこれに従って判決内容を任意に履行することがあるように，民事訴訟の対象となる権利・法律関係は，時間の経過とともに常に変動する可能性がある。したがって，既判力が生じる範囲についても，どの時点での権利・法律関係についてのものかを明らかにしておく必要がある。このために存在するのが既判力の基準時である。当事者は事実審の最終口頭弁論終結時までは自由に訴訟資料を提出することができ，裁判所の判決もまたこの時点における訴訟資料に基づいて下されることから，既判力の基準時は事実審の最終口頭弁論終結時ということになる（民執35条2項参照）。

(2) 遮断効

当事者は，後訴において，基準時以前に存在した事由（たとえば，錯誤によ

る契約無効など）に基づいて前訴で確定した既判力ある判断を再度争うことは許されず，仮に当事者がこのような事由を提出したとしても，裁判所はその審理に入らずこれを排除しなければならない。これを既判力の遮断効という。このことは，当事者が基準時以前にその事由が存在していたことを知っていたか否かにかかわらない（通説）。

(3) 基準時後にする形成権の行使と遮断効

既判力の遮断効をめぐっては，前訴の基準時よりも前に成立していた取消権や解除権といった形成権を，基準時後にはじめて行使して後訴において前訴判決の内容を争うことができるか，という問題がある。この問題は，そもそも形成権がその行使によってはじめて実体的法律関係に変動をもたらすものであることから，仮に基準時前に形成原因が発生していたとしても形成権自体を基準時後に行使することには何ら問題はないかのように思われることに起因している。

この問題について，今日の判例理論は，個々の形成権の制度目的やその発生原因と訴求請求権の発生原因との結びつきの有無などに応じて遮断の肯否を考える。すなわち，取消権，解除権および手形の白地補充権については，請求権自体に付着する瑕疵であるとして基準時後の行使を否定するが（最判昭和55・10・23民集34巻5号747頁，最判昭和57・3・30民集36巻3号501頁など），逆に，相殺権については，自己の債権を犠牲にして相手の債権の消滅を図るものである以上，前訴段階での行使を期待することはできないとして基準時後の行使を認めている（最判昭和40・4・2民集19巻3号539頁）。また，建物買取請求権についても，請求権自体に付着する瑕疵ではないとして基準時後の行使を認めている（最判平成7・12・15民集49巻10号3051頁）。

学説の多くもまた，形成権全般について一律に遮断の肯否を論じるのではなく，判例のように，形成権の種類ごとに応じて異なる扱いを考えていこうと志向している。

2-2　既判力の客観的範囲

(1) 判決主文中の判断

(a) 総説

判決が確定した場合に，一体判決のどの部分に既判力が生

じるのかという問題が生じる。これが既判力の客観的範囲の問題である。既判力の客観的範囲について，法は，原則としてこれを判決主文に示された権利・法律関係の存否の判断に限定している（114条1項）。このことは，逆にいえば，裁判所が下した判断であってもそれが判決理由中の判断にとどまる限りは既判力は生じないことを意味する。

　これは，当事者の争訟の処理としては当事者が申し立てた権利・法律関係の存否の判断である判決主文の記載で必要十分であることに加え，判決理由中の判断には拘束力を付与しないことによって，当事者としては当該訴訟物との関係においてある争点についての自由な処分（ある争点については深く争わない，証拠調べを適当なところで打ち切る，あるいは自白をするといったこと）が可能となり機動的かつ迅速な訴訟活動を行うことができる同時に，裁判所としても実体法上の論理的順序にとらわれずに訴訟物についての判断を最も直截かつ迅速・廉価に得られるような訴訟指揮が可能となるためである。

　(b)　**一部請求後にする残部請求の可否**　　一部請求とは，たとえば，1000万円の金銭債権のうち400万円だけを訴訟において求める場合のように，金銭その他の不特定物を目的とする債権に基づく給付訴訟において，原告が債権のうちの一部の数額についてのみ給付を申し立てる行為をいい，処分権主義の観点からはこのような申立ても適法とされる。ただ，このような一部請求がなされこれについての判決が確定した後に，残部について再度訴求することができるかという点については争いがある。この問題につき，判例は，一部請求であっても債権全部が訴訟物となり既判力の客観的範囲もそれを基準として決せられるので残部請求はできないが（最判昭和32・6・7民集11巻6号948頁），前訴で一部請求である旨が明示されているときは，訴訟物はその一部に限定され既判力は後訴の残部請求には及ばず許されるとする（最判昭和37・8・20民集16巻8号1720頁。もっとも，近時の判例（最判平成10・6・12民集52巻4号1147頁）は，明示ある一部請求の前訴判決が請求棄却の場合には信義則に基づき残部請求は許されないとする）。

　(2)　**例外としての相殺の抗弁**

　相殺の抗弁とは，たとえば，原告の訴求する貸金返還請求権に対して，被告が自らが原告に対して有する債権を，原告の請求に対する防御方法として用い

る場合をいう。このような相殺の抗弁については、判決理由中の判断であっても既判力が生じる旨の例外を、法は定めている（114条2項）。すなわち、被告が相殺の抗弁を提出し、裁判所が判決理由中でその効果について判断したときは、訴求債権を消滅させるのに必要な額の限りで反対債権の存否についても既判力が生じる。

　これは、仮に、相殺の抗弁の判断に既判力が生じないとすると、反対債権が二重に用いられることを阻止できなくなるためである。すなわち、たとえば、相殺の抗弁を排斥して請求認容判決が下された場合に、被告が後に反対債権を訴求すると、相手方も裁判所も審理の二度手間を強いられることになり、また前訴と後訴で矛盾する判断が出るおそれがあるといった不都合が生じてしまう。このような不都合を避けるために、相殺の抗弁については、判決理由中の判断であっても既判力が生じるとされるのである。

(3) 判決理由中の判断への拘束力

　このように、法が定める既判力の客観的範囲は、原則として判決主文において示された判断に限定され、判決理由中の判断については相殺の抗弁の場合の例外を除き拘束力は生じない。

　しかしながら、実際には、相殺の抗弁の場合以外にも、何らかの形で判決理由中の判断にも拘束力を及ぼしたほうが妥当ではないかと思われるような事案が生じうる。たとえば、建物収去土地明渡請求訴訟（前訴）において被告の賃借権が賃貸借契約の解除により消滅したか否かが争われ、十分な審理の後に被告の賃借権の存在を肯定する判断がなされ、結局請求棄却判決が言い渡されこれが確定した後に、前訴原告が前訴被告に対して賃貸借契約に基づく賃料支払請求訴訟を提起したところ（後訴）、被告が賃貸借契約の存在を否認した、といった事例を想定してみよう。この場合、前訴における賃貸借関係の存否についての判断は判決理由中の判断であることから、原則論どおりだとするとこの部分には既判力は生じない。しかしこの事例における後訴での被告の陳述のように、前訴と矛盾するような主張を許すことは、相手方の利益を不当に害し、また前訴の判断を無意味にし、ひいては一般の正義感覚と相容れないことにもなりかねない。

　このような問題意識に対処すべく、争点効理論や信義則による既判力の客観

的範囲の弾力化といった考え方が提唱されている。争点効とは，前訴において当事者が主要な争点として争い，かつ裁判所がこれを審理して下した当該争点についての判断に生じる通用力で，同一の争点を主要な先決問題として異別の後訴請求の審理において，その判断に反する主張立証を許さず，これと矛盾する判断を禁止する効力をいい，既判力とは異なる制度的効力として位置づけられている。この争点効を判決の制度的効力として一般に認めるかについてはなお議論があるが，判例は明確にこれを否定している（最判昭和44・6・24判時569号48頁，最判昭和48・10・4判時724号33頁，最判昭和56・7・3判時1014号69頁）。これに対して，争点効理論のように判決理由中の判断についての拘束力を判決の制度的効力として一般に認めるのではなく，信義則を媒介として既判力の客観的範囲を弾力化させ，訴訟の蒸し返しや矛盾主張を排斥する考え方もある（最判昭和52・3・24金判548号39頁では，前訴において所有権を理由とする移転登記抹消請求がなされ，所有権の帰属が主たる争点とされ，その不存在を理由に請求が棄却されたにもかかわらず，さらに原告が所有権に基づく土地引渡の後訴を提起してきた場合には，所有権の帰属についての主張は信義則によって制限されるとしている）。

2－3　既判力の主観的範囲

(1)　既判力の相対性の原則とその例外

　既判力は適法な手続により，ことに当事者平等原則の下で対等に手続上の地位を保障されて訴訟を追行した形式的当事者相互間にだけ作用するのが原則である（既判力の相対性の原則，115条1項）。民事訴訟は，訴訟に関与した当事者間の私的な権利関係に関する手続なので，その効果も当該当事者にしか及ばないし，かつ当該当事者に及ぼせば足りるからである。また，処分権主義・弁論主義のもとでは，みずから訴訟を追行した当事者だけがその結果である判決の既判力に服すべきであって，訴訟に関与する機会を与えられなかった第三者に対して，その結果を強要することは，その者の利益を不当に害し，その者から裁判を受ける権利を奪うことになるからでもある。

　しかし，当事者と密接な関係のある第三者，すなわち，第三者の訴訟担当の場合の本人，口頭弁論終結後の承継人および請求の目的物の所持人などには，

当事者間の紛争解決の実効性を確保するため，また，その者の手続保障を図る実質的利益が欠ける場合もしくはその者の利益が他の者によって代行されていることなどを理由に，例外的に既判力が及ぶと定められている（115条1項2号～4号）。

(2) **訴訟担当における本人**

(a) **意　義**　民事訴訟法115条1項2号は，「当事者が他人のために原告又は被告となった場合のその他人」に既判力が及ぶとしているが，ここにいう当事者とは，他人に代わって訴訟物について訴訟を追行する権限を与えられ活動するものであり，他人とは本来その訴訟物に関する権利利益の帰属主体を意味する。すなわち，第三者が他人の権利について当事者となって訴訟追行することを第三者の訴訟担当というが，本条文は，他人の権利利益について当事者として訴訟を追行する資格権能をもつ者（第三者の訴訟担当者）が受けた判決は，権利利益の帰属主体（本人）にも既判力は及ぶということを意味する。

したがって，選定当事者（30条）および破産管財人（破80条）が追行した訴訟における判決の既判力は，権利利益の帰属主体である選定者および破産債権者などに及ぶことになる。

訴訟担当における本人にも既判力が及ぶとしている趣旨は，例えば選定者に判決効が及ばないとすると，選定当事者と相手方との間で行われた訴訟追行および判決がなんら紛争解決の実効性をもたらさない結果となり，再度，選定者を当事者として訴訟を行わなければならなくなってしまう結果となる。また，訴訟担当者が訴訟を追行することにより，利益帰属主体は自ら訴訟を追行し，攻撃防御を尽くす手続保障が代替的に保障されているのであるから，訴訟担当者が追行した判決の効果に服しても不利益はないからであると説明される。しかし，法定訴訟担当は権利利益の帰属主体の意思によらず，その者のあずかり知らぬところで訴訟が行われ，不利な判決が下されることがある。この場合には，権利利益の帰属主体には自ら訴訟を追行し勝訴することができたのに，不利な判決効に服さなければならない場合があり，手続保障という観点からはやはり問題があるといえよう。

具体例についてみよう。たとえば，債権者代位（民423条）をめぐる法定訴訟担当のうち，債権者Xが債務者Yに代わって第三債務者Zに対し債権者代位

訴訟を起こした場合，Ｘ勝訴もしくはＸ敗訴の判決の効力は債務者Ｙに及ぶのであろうか。

とくに，Ｘの訴訟追行が稚拙であるために敗訴した場合，Ｙはみずからが訴訟追行をした場合には勝訴できたかもしれないというように，権利利益の帰属主体と訴訟担当者の間に対立・拮抗関係があるので，判決効の拡張については議論がなされている。判例は，訴訟担当者Ｘの受けた判決は勝訴・敗訴を問わず利益帰属主体たる債務者Ｙに及ぶとする（大判昭和15・3・15民集19巻586頁）。

(3) 口頭弁論終結後の承継人

(a) 意　義　口頭弁論終結後の承継人とは，判決の基準時となる口頭弁論の終結後に訴訟物たる権利関係をめぐる実体法上の地位を前主から承継した者をいう。既判力の基準時後に口頭弁論終結後の承継人が既判力を受けなければ，敗訴当事者がその訴訟物たる権利関係またはこれについての法的地位を第三者に処分することによって，せっかくの当事者間の訴訟追行が無駄となり，相手方当事者の法的地位も不安定なものとなってしまい，ひいては民事訴訟制度に対する信頼および存在理由が問われることになる。すなわち，口頭弁論終結後の承継人に既判力を及ぼすのは，判決された権利関係の安定のため求められるのである。また，前主から法的地位を取得した者の手続保障という観点から考えた場合，口頭弁論終結前に前主に攻撃防御方法を尽くす機会が既に与えられていたのであり，承継人の利益を不当に害したことにならないとも考えられる。なお，口頭弁論終結前の承継人には既判力が及ばず，訴訟承継の問題として取り扱われることになる。

(b) 承継人の範囲　口頭弁論終結後に前主から訴訟物たる権利または義務を承継した者が承継人となることに異論はない。承継人は，前主の権利義務に実体法上依存するからである。しかし，特定物引渡請求訴訟や移転登記請求訴訟の判決の基準時後に敗訴当事者から目的物の占有または登記が移転した場合など，訴訟物たる権利義務自体の承継関係はないとすると，承継が認められないという不都合が生じる。そこで，基準時後に訴訟物につき当事者たるべき適格を原告または被告から伝来的に取得した者も承継人に含まれると説明されている。

(c) 承継人に対する既判力の作用　つぎに，承継人の範囲は，たとえば

虚偽表示による移転登記請求訴訟の基準時後に敗訴判決を受けた者から善意で不動産を取得し登記した者など（民94条2項），その者に独自の防御方法（固有の抗弁）がある場合に問題となる。これら固有の抗弁がある場合につき，口頭弁論終結後に訴訟物につき当事者たるべき地位の移転があった者は形式的に承継人にあたるとし，ただその者が固有の抗弁を有する場合には基準時後の事由として後訴で争えるとする考え方と，前主と承継人の法的地位の依存関係に着目し，まず，承継人の実体法上の地位を審理し，その者に固有の抗弁が成立する場合には実質的にみて判決の効力の拡張される承継人にあたらないとする考え方がある（民94条2項の事例につき，最判昭和48・6・21民集27巻6号712頁参照）。

(4) 請求の目的の所持者

請求の目的物の所持者とは，訴訟物が特定物の引渡請求において目的物たる動産・不動産の占有につき自己固有の利益をもたず，もっぱら当事者本人など，既判力の及ぶ者のために目的物を所持する者をいう。たとえば，マンションの管理人や受寄者（民657条）などは目的物の所持について独自の利益をもたず当事者本人のために占有しているだけであり，これら目的物の所持者には手続保障を必要とするだけの実質的利益を有しているわけではない。そこで，法はこれら目的物の所持者を実質的には当事者と同一であると解し，既判力が及ぶとしている（115条1項4号）。請求の目的の所持者に既判力を及ぼす根拠は，判決された権利関係の安定のためというよりは，当事者と同一視するための手続保障を必要とするだけの実質的利益を欠くことと考えられる。

2−4　その他の者への既判力の拡張が認められる場合

前にみた115条1項の規定のほかにも，第三者への既判力の拡張が認められる場合がある。

まず，独立参加（47条）や参加承継（49条），引受承継（50条）によって第三者が訴訟に参加してきた場合に当事者の一方は訴訟から脱退しうるが，その場合，既判力は脱退者にも及ぶ（48条）。訴訟脱退者は，自らの意思で新たに当事者になった者に訴訟追行を委ね，自らの手続保障をも委ねた者であるから，既判力が拡張に際し独自の手続保障は問題とならない。

つぎに，人事訴訟や会社関係訴訟では，これらの訴訟の結果が相対的にしか定まらないとすると混乱を生じるので，ひろく一般第三者に対しても効力を生ぜしめる必要がある（対世効）。人事訴訟においては，人訴24条1項において対世効が認められているし，会社関係訴訟においては，会社の合併無効（商109条1項・415条3項），株主総会決議取消し，不存在または無効確認（商247条2項・252条）の判決は対世効を有する。

2-5 反射効

たとえば，Yに対してXが元利金返済請求訴訟を起こした場合，Yの保証人であるAは，主債務者Yとの債権者X間の判決の既判力は受けないが（既判力の相対性の原則），Yが勝訴してXに弁済する必要がなくなれば，実体法上さだめられている保証債務の付従性から，AもXに対してY勝訴の結果をAに有利に援用できるとすると，本来，既判力の相対性からXY間にしか及ばない判決効は，この場合，反射的に保証人Aに有利に及ぼす場合があるのではないかという議論がある。これが反射効と呼ばれる考え方である。すなわち，反射効とは，第三者が直接に判決の既判力を受けるわけではないが，当事者間に既判力の拘束のあることが当事者と特殊な関係（実体法上の依存関係）にある第三者に，当事者が受けた判決を反射的に利益または不利益な影響を及ぼす効力であるといえる（判例は反射効について消極的である。主債務者勝訴の判決を請求異議事由として争うことはできないとするのに最判昭和51・10・21民集30巻9号903頁参照，また不真正連帯債務者1人の相殺の抗弁を認める確定判決につき最判昭和53・3・23判時886号35頁参照）。

第11章

判決によらない訴訟の終了

　当事者は裁判所の判断（判決）によることなく訴訟を終了することができる。すなわち，原告は，訴えの取下げによって，訴訟物に関する審判の請求を撤回することができる。また，原告は自己の請求に理由のないことを認めること（請求の放棄）がある。一方，被告は，原告の請求に理由があることを認めること（請求の認諾）がある。そして，両当事者は相互に譲り合って紛争解決の合意（訴訟上の和解）をすることができる。いずれの場合も，当事者の行為（訴えの取下げ，請求の放棄・認諾は一方当事者の行為により，訴訟上の和解は当事者双方の合意による）によって，裁判所の訴訟物に関する判断義務が消滅するため，訴訟は終了する。これは，訴訟の開始，審判対象の提示，および訴訟の終了について，当事者にその主導権を認める処分権主義に基づく（246条）。当事者の申立てのないところに裁判所が判断を示すことはできないし，またその必要もない。当事者間で自主的に紛争が解決できるのであれば，それを尊重すべきであり，裁判所がそこに介入すべきではないというのが，処分権主義の内容であり，上述の判決によらない訴訟の終了はその一場面である。

　統計によれば，通常事件のうち終局判決によって地方裁判所の第1審判決が終了する比率は48.8%，すなわち全体の半数以下であり，およそ半数の事件は，判決以外の方式で終了している。判決によらない訴訟の終了では，最も多いのが訴訟上の和解であり（33.4%），続いて訴えの取下げによる訴訟終了が多く（14.3%），請求の放棄・認諾はごくわずか（0.8%）である（平成15年度の司法統計年報による）。

1 訴えの取下げ

1-1 訴えの取下げの意義と手続

　訴えの取下げとは，原告が自身の提起した訴えを撤回する旨の裁判所に対する意思表示のことである。これによって，訴訟は初めから係属しなかったものとみなされ，訴訟手続は終了する（262条1項）。

　訴えの取下げは，終局判決が確定するまですることができる（261条1項）。訴えの取り下げは，原告が自己の提起した訴えを撤回する旨の意思表示であるから，当該裁判の係属中は，控訴審，上告審においてもすることができるし，本案の終局判決がなされた後でも，確定前であれば可能である。ただし，判決確定前でも，被告がすでに本案について準備書面の提出，弁論準備手続きや口頭弁論における申述等をした後は，相手方の同意を得なければ訴えを取り下げることはできない（261条2項）。相手方が積極的に争う姿勢を示した以上，相手方にも勝訴判決を受ける正当な利益があるので，相手方の同意を要件としなければ公平に反すると考えられるからである。なお，訴えの取下げがなされるときは，訴訟外で和解が成立していることが多いとの指摘もある。

　訴えの取下げは裁判所に対する意思表示であり，慎重になされるべきであるから，原則として書面によることとされている（261条3項）が，口頭弁論等の期日においては口頭ですることもできる（同ただし書）。なお，訴えの取下げにつき相手方の同意を要する場合は（261条2項），訴えの取下げが書面でされたときはその書面を，口頭でされたときは（相手方がその期日に出頭したときを除き）その期日の調書の謄本を被告に送達しなければならない（261条4項）。

1-2 訴えの取下げの効果

　訴えの取下げの効果としては，①訴訟係属の遡及的消滅と②再訴の禁止がある。

(1) 訴訟係属の遡及的消滅

　訴えの取下げがあると，訴訟は初めから係属していなかったものとみなされる（262条1項）。すなわち，訴え提起に基づく訴訟法律関係や当事者および裁

判所の訴訟行為の効果は遡及的に消滅する。訴訟行為に基づく実体法上の効果，たとえば，訴え提起に伴う時効中断の効果は，取下げによって消滅する（民149条）が，抗弁として主張された相殺の効果や，取消や解除といった他の形成権の行使の効果をどう考えるかについては，争いがある。形成権の趣旨や当事者の意思などを考慮して判断することになろう。

訴えの取下げと類似するものに，上訴の取下げ（292条・313条）があるが，訴えの取下げが認められると訴訟係属そのものが消滅するのに対し，上訴の取下げは，それが認められると上訴審が終了し，遡って原審判決が確定するものであることに注意が必要である。

(2) 再訴の禁止

本案の終局判決後に訴えを取り下げたときは，再び同一の訴えを提起することはできない（再訴の禁止，262条2項）。これは，たとえば自己に不利な判決を得た原告が，訴えの取下げを利用してその判決の効果を消滅させ，別の裁判所に訴えるといったことを自己に有利な判決が得られるまで繰り返すといった，訴えの取下げの濫用を防止するための措置である。本案判決を得たにもかかわらず，訴えを取り下げることによって裁判所による紛争解決の機会を自ら否定した原告に対する制裁である，ともいわれている（最判昭和52・7・19民集31巻4号693頁）。

再訴が禁止される要件は，本案の終局判決言渡し後に訴えの取下げがなされたこと，再訴が前訴と同一の訴えがあること，の2つである。本案の終局判決言渡し後でなければ，取下げによって失効すべき終局判決が存在しない。したがって，第1審の本案の終局判決が控訴審において取り消され，事件が第1審に差し戻された後に訴えが取り下げられた場合には，再訴禁止効は発生しない。訴えの同一性は，当事者が同一であることを前提として，訴訟物たる権利関係について原告が判決による紛争解決の機会を放棄したとみなされるか否かによって判断される。前訴と後訴の訴訟物が同一であれば，原則として同一の訴えとみなされる。後訴の訴訟物が前訴の訴訟物を前提とするような場合に，再訴が禁止されるかどうかについては争いがある（たとえば，取り下げられた前訴が元本債権を訴訟物とし，後訴がその利息債権を訴訟物とする場合，通説は再訴禁止効を肯定するが，否定説は原告自身の訴訟行為を理由とする再訴禁止効は，訴訟

物が同一の場合に限定されるべきであるとする)。

　訴えの取下げについて，錯誤無効が主張されたり，詐欺，強迫による取消しが主張されたりした場合はどのようにすればよいか。終局判決前になされた訴えの取下げについては，再訴禁止効がないので，新たな訴えを提起すればよいが，終局判決後に訴えが取り下げられた場合はそうはいかない。また，既になされた終局判決との関係も問題となる。そこで，終局判決後になされた訴えの取下げの無効あるいは取消しを主張する者は，上訴によって終局判決の取消しを求めるべきであるとされている。この場合，上訴審では，訴えの取下げを有効と認めれば，訴え取下げによる訴訟の終了宣言をし，訴えの取下げが無効または不存在と判断される場合は，上訴審で原審判決の是非について判断することになる。

2　請求の放棄・認諾

2－1　請求の放棄・認諾の意義

　請求の放棄とは，訴訟物たる権利関係について自己の請求が理由のないことを自ら認める原告の陳述をいう。訴えの取下げが，訴訟係属を遡って消滅させるものであるのに対し，請求の放棄は，本案について請求棄却判決と同様の効果を生じさせるものである。請求の認諾とは，原告の請求を理由あるものとして認める被告の陳述のことをいう。いずれも口頭弁論等の期日（266条1項・261条3項）において，裁判所に対してなされる訴訟行為である。処分権主義のもとで，当事者に自主的な訴訟の終了を認めるものであり，請求の放棄や認諾があると，訴訟物についての当事者間の対立がなくなるので，それ以上裁判所が審理判断する必要がなくなる。そこで，請求の放棄・認諾がなされた場合は，これを調書に記載することによって，確定判決と同一の効力を生ぜしめ（267条），訴訟を終了することとされている。

2－2　請求の放棄・認諾の要件

　請求の放棄・認諾が処分権主義の一内容であるということは，請求の放棄・認諾ができるのは，当事者に自由な処分が認められる権利関係に限るというこ

とである。権利義務について実体法上当事者に自由な処分を認めない権利関係については，請求の放棄・認諾が認められないことになる。たとえば，身分関係は当事者の自由な処分に親しまない基本的法律関係であるから，これに関する特別手続である人事訴訟においては，請求の放棄・認諾は排除されている（人訴19条2項，人訴規14条。ただし，離婚について当事者間の自由な合意による協議離婚が認められている（民763条）ので，離婚事件では請求の放棄・認諾が認められている（人訴37条1項，人訴規30条））。また，会社関係訴訟については，請求認容判決に対世効が認められることから（商109条1項・136条3項・142条・247条2項・252条など），請求の放棄は可能だが，認諾は許されないとする見解がある。

請求の認諾は，訴訟物たる権利関係の存在を確定するものであるから，訴訟物たる権利関係が法律上許されないものであったり，公序良俗に反する内容であったりした場合は，これを認めるべきではない。このような権利の実現に国家が助力することになってはいけないと考えられるからである。

請求の放棄・認諾にあたって，訴訟要件の具備を必要とするかどうかには争いがある。当事者の意思による私的自治的な紛争解決手段であるという点を重視して訴訟要件の一部については不要であると解する見解もあるが，請求の放棄・認諾が本案判決に代わる訴訟終了原因であり，しかも確定判決と同一の効果が生じる（267条）という点を重視して，判決と同様の訴訟要件の具備を求めるのが多数説である。

2-3 請求の放棄・認諾の方式

請求の放棄・認諾は，弁論等（規95条2項）の期日に，口頭の陳述によって行う（266条1項）。請求の放棄・認諾をする旨の書面を提出した当事者が弁論等の期日に欠席したときは，裁判所はその旨の陳述をしたものとみなすことができる（266条2項）。

請求の放棄・認諾は，確定前であれば終局判決言渡し後でも行うことができる。請求の放棄・認諾の陳述がなされると，裁判所はその要件具備の有無を調査する。要件を具備していないときは，その陳述を無視して手続を続行する。要件をみたしているときは，書記官が請求の放棄・認諾の陳述があった旨の調

書を作成し（放棄調書，認諾調書という，規67条1項1号），訴訟は終了する。

2－4　請求の放棄・認諾の効果

当事者が請求の放棄・認諾を行うと，当事者間の紛争が自主的に解決したことになるので，訴訟は当然に終了する。

請求の放棄・認諾を調書に記載すると，放棄ならば請求棄却の，認諾ならば請求認容の確定判決と同一の効力を生じる（267条）。認諾調書にはその内容に応じて給付請求には執行力が，形成請求には形成力がそれぞれ生じることになる。

請求の放棄・認諾調書に既判力を認めるかどうかについては議論があるが，これを肯定するのが多数説である。多数説は，放棄・認諾の無効・取消しを主張する場合は，再審事由（338条1項）がある場合に限り，再審の訴えに準じた独立の訴えによるべきであるとする。これに対し，請求の放棄・認諾は，当事者の自主的な紛争解決を尊重する制度であって，その無効・取消しを再審事由のある場合に限定する合理性がないし，裁判所が関与する度合いも低いので既判力を認めるべきではない，という立場もある。この立場によると，請求の放棄・認諾の無効・取消しを主張する場合は，それによる訴訟終了もなかったことになるので，従前の訴訟の続行を求め新たな期日の指定を求めることになる。判例は，放棄・認諾の無効・取消しを主張して新期日の指定を求めることができるとしながら（大判大正4・12・28民録21輯2312頁），既判力を認める（大判昭和19・3・14民集23巻161頁）ので，制限的既判力説の立場を採用していると思われる。

3　訴訟上の和解

3－1　訴訟上の和解の意義

当事者が互いに譲歩してその間に存する争いを解決する旨の合意をすることを和解契約という（民695条）。これが訴訟係属中に口頭弁論等の期日においてなされた場合を訴訟上の和解といい，訴訟法上特別の効果が認められている。すなわち，訴訟上の和解がなされると，当該訴訟は終了し，それが記載された

調書（和解調書）は，請求の放棄・認諾調書と同じく，確定判決と同一の効力を生じる（276条）。

訴訟係属中でも期日外でなされる場合は，裁判外の和解とされ，私法上の和解契約としての効力しか認められない。なお，民事上の争いについては，訴え提起前に簡易裁判所に和解の申立てをすることができる（275条）。ここで和解が成立すると，訴訟上の和解と同一の効力が生じる。訴訟が係属する前になされる和解であるので，起訴前の和解という（あらかじめ当事者間で和解が成立しており，これを和解調書に記載するために申し立てられることが多いので，即決和解とも呼ばれている）。訴訟係属を前提としていないので訴訟上の和解ではないが，裁判所の面前でなされる和解であり，訴訟法上一定の効果が生じるので，両者をあわせて裁判上の和解と呼び，裁判外の和解と区別する。

訴訟上の和解は，双方の主張するところを互いに譲り合わなければならない（互譲の程度は問わない）。相手方の主張を全面的に認めるものであれば，それは請求の放棄または認諾であって和解ではない。もっとも，ある請求について相手方の主張を全面的に認めても，他の請求や訴訟費用などで相手方の譲歩を得れば，和解といえる。

3-2 訴訟上の和解の要件

訴訟上の和解は，当事者双方の合意により権利または法律関係の処分を伴うため，訴訟物が当事者の自由に処分が可能なものでなければならない。また，和解の対象となる権利関係が法律上許される性質のものでなければならない。訴え提起前の和解（275条）が認められていることから，訴訟要件一般の具備は不要である。そして，訴訟上の和解は口頭弁論等の期日において，当事者双方の口頭の陳述によってなされなければならない。

当事者による自主的な紛争解決ができるならば，それにこしたことはないので，裁判所は，訴訟係属中いつでも当事者に対して和解を勧試することができる（89条）。

当事者の出頭の必要性を緩和し，和解を成立しやすくするために，当事者が遠隔地に居住していることなどにより出頭することが困難であると認められる場合には，その当事者があらかじめ裁判所等から提示された和解条項案を受諾

する旨の書面（和解受諾書面）を提出し，他の当事者が口頭弁論等の期日に出頭してその和解条項案を受諾したときには，当事者間に和解が調ったものとみなされる（264条，なお，規163条参照）。

　当事者双方が，裁判所の定めた和解条項に服する旨を記載した書面で共同の申立てを行ったときは，裁判所は紛争解決のために適当な和解条項を定めることができる（裁定和解条項，265条1項）。この場合は，両当事者に裁定和解条項の内容が告知されたときに，和解が調ったものとみなされ（同条5項，規164条），この和解が調書に記載されると確定判決と同一の効力を生じる（267条）。

3-3　訴訟上の和解の効力

　訴訟上の和解により紛争が終結し，請求の放棄・認諾があったときと同様，判決を受ける必要がなくなるので，訴訟は終了する。

　また，訴訟上の和解が調書に記載されると，その記載には確定判決と同一の効力が認められる（267条）。和解調書が具体的な給付義務を記載した内容のものであれば，執行力が生じるので（民執22条7号），訴訟上の和解により義務を負担した者がそれを履行しない場合，権利者は和解調書を債務名義として強制執行することにより自己の権利の実現を図ることができる。

　和解調書に既判力を認めるかどうかについては，請求の放棄・認諾の場合と同様，争いがある。判例は，和解調書に既判力を認める立場のようであるが（最大判昭和33・3・5民集12巻3号381頁），既判力は裁判に特有の効力であり，当事者の自治的な解決には親しまないし，既判力を認めることは裁判のない（当事者が自治的に合意した）ところに裁判を擬制することになり憲法32条に反するとして反対する立場も有力である。

> コラム
>
> **訴訟上の和解の性質**　　訴訟上の和解の法的性質をどのように考えるかについても議論がある。訴訟上の和解は，訴訟の期日になされる私法上の和解であり，調書の記載は和解契約を公証するにすぎず，和解により目的を失って訴訟は当然に消滅することから訴訟終了効が認められると説く立場（私法行為説）や，訴訟上の和解は両当事者が訴訟物について訴訟を終了させる旨の訴訟上の陳述であり，私法上の和解とは異なる訴訟行為だとする立場（訴訟行為説），そして訴訟上の契約と私法上の契約が別個独立的に並存すると解する立場（並存説），私法行為的性質と訴訟行為的性質の両面を同時に有するものとみる立場（両性説）などがあるが，判例は両性説をとる（最判昭和31・3・30民集10巻3号242頁，最判昭和38・2・12民集17巻1号171頁。多数説）。
>
> 　この問題は，既判力を認めるかどうかの議論と相まって，無効原因や取消事由などがあった場合の訴訟上の和解の効力やその主張方法に関する議論に影響を与えている。
>
> 　訴訟上の和解は純然たる訴訟行為であるとする立場は，既判力を肯定し，再審事由に該当する場合以外は，和解の効力を争うことはできないと考えることになる。私法上の効果も認める併存説や両性説は，既判力は認めるものの，意思表示の瑕疵等によって私法上の和解の効力が消滅すると訴訟上の和解も無効となるので，この場合は既判力を生じないとする（制限的既判力説）。私法行為説は，既判力に妨げられることなしに和解の無効・取消しを主張できると考えることになろう。この場合は，従前の訴訟資料が活用できるし，訴訟上の和解による訴訟終了効も消滅するので，期日指定の申立てによるべきであるとするのが有力である。
>
> 　判例は，和解を行った裁判所に期日指定の申立てを行う方法（大決昭和6・4・22民集10巻380頁），別訴として和解無効確認の訴えによる方法（大判大正14・4・2民集4巻195頁），請求異議の訴えによる方法（大判昭和14・8・12民集18巻903頁）などを認めており，どれを選択するかは当事者の選択に委ねていると考えられている。

第12章

不服申立制度

1 不服申立制度の意義と種類

　裁判官が人である以上，その判断には誤りがつきものである。それゆえ，当事者がある裁判の内容や手続に対して不満がある場合に，ある一定の機関がその裁判の当否について再審理し，もし誤りがあればそれを是正するという手続ないし制度を創設し，できるだけ過誤を少なくすることが必要となる。このような制度を不服申立制度という。不服申立制度には上訴，特別上訴，再審などいくつかの種類があるが，以下ではこの三者について述べる。

不服申立ての種類

上　訴	下級審の裁判につき，その取消または変更を求めて，より上級の裁判所にしてなす不服申立て	控訴	第1審の終局判決に対する上訴
		上告	原則として控訴審の終局判決に対する上訴
		抗告	判決以外の裁判に対する上訴
特　別上　訴	通常の上訴では最高裁判所の審判を受けられない当事者が，憲法違反を理由として最高裁判所へなす不服申立て	特別上告	高等裁判所のなした上告審判決に対する不服申立て
		特別抗告	不服申立のできない決定・命令に対してなす不服申立て
再審の訴え	確定判決について，裁判の取消と再審理を求める不服申立て		
その他	督促異議（390条），手形訴訟判決・少額訴訟判決に対する異議（357条・378条），除権決定の取消の申立て（非訟150条），仲裁判断の取消の申立て（仲裁44条）など	これらは，上級の裁判所に不服を申し立てるものではない点で本来の上訴とは異なる。	

2 上　訴

2-1 上訴とは

(1) 上訴制度の機能

　確定前の裁判につき上級の裁判所にその取消または変更を求めてなす不服申立を上訴という。上訴によって，下級審の裁判が上級審によってチェックされ，そこに誤りがあれば上級審の裁判によって是正される。すなわち，上訴の中心的な機能は裁判の適正と当事者の権利救済の保障にある。他方，上級審になるほど裁判所の数が少なくなり，最終的には唯一の最高裁判所が法令の解釈をなすことになっているので，上訴には，法令解釈を統一し，法律関係を安定させるという機能も認められる。

(2) 上訴の種類

　上訴には，控訴・上告・抗告の3種類がある。このうち前二者は終局判決に対する上訴であり，後者は決定や命令に対する上訴である。また，控訴・抗告は第1審の裁判に対する事実審への上訴であり，上告は原則として控訴審の裁判に対する法律審への上訴である。

2-2 控　訴

(1) 控訴とは

　控訴とは，第1審の終局判決に不服がある場合に，その取消・変更を求めて第2審の裁判所に行う上訴である。控訴を申し立てる者を控訴人，その相手方を被控訴人という。控訴は，地方裁判所が第1審としてなした判決に対しては高等裁判所に（裁16条1号），簡易裁判所が第1審としてなした判決に対しては，地方裁判所にそれぞれ提起する（裁24条3号）。高等裁判所が第1審としてなした判決に対しては，上告しかできない（311条1項）。

　控訴は終局判決に対してなされるものであり，中間的な裁判（245条・120条・128条など参照）については，不服があれば終局判決に対する控訴において主張すればよいので（283条），独立の控訴は認められない。

　控訴により控訴審手続が開始するが，ここでは第1審判決に対する不服の当

否を審査するために，事実認定と法律判断が再度なされるため，第2の事実審といわれることがある。

(2) 控訴の提起

(a) 控訴提起の手続　控訴は控訴手続開始の申立行為であるから，控訴の対象や範囲を明確にしておく必要がある。そこで控訴は，判決の送達を受けてから2週間の控訴期間内に（不変期間），控訴状を第1審裁判所に提出して行うものとされている（285条・286条1項）。控訴状には当事者・法定代理人のほか，第1審判決の表示とそれに対して控訴する旨の記載をしなければならない（286条2項）。訴状（133条2項）とは異なり，控訴状には不服申立ての範囲や控訴理由は必要的記載事項ではない。

　控訴が提起された場合，第1審裁判所の裁判所書記官は，第1審裁判所によって控訴が却下されない限り，遅滞なく控訴裁判所の裁判所書記官に訴訟記録を送付しなければならない（規174条）。控訴裁判所では，裁判長（または単独の裁判官）が控訴状を審査し，適式と認めれば被控訴人にこれを送達する（288条・289条）。

(b) 控訴提起の効果　適法な控訴が提起されると，それによって判決の確定が遮断され，控訴期間が経過しても原判決は確定しない（116条。確定遮断効）。よって判決確定の効果である既判力や執行力も生じない。また控訴が提起されると，訴訟事件の係属が当該判決を下した裁判所（原審）を離れ，上訴裁判所に移る（移審効）。たとえば，賃料請求と不当利得返還請求の双方につき請求棄却の判決がなされたのに対し，原告が賃料請求権に対する判決に対してのみ控訴した場合，控訴しなかった不当利得返還請求権を含めて，第1審で判断された事項の全部について判決は確定せず，その全部の事件が控訴審に移る（上訴不可分の原則）。

(c) 控訴の取下げ　控訴の取下げは，控訴審の終局判決があるまで自由になしうる（292条1項，規177条）。控訴の取下げによって控訴は遡ってその効力を失い，原判決が確定する。控訴の取下げによって被控訴人に別段不利益は生じないので，その同意は不要である（292条2項は261条2項を準用していない）。

(d) 附帯控訴　たとえばXのYに対する代金請求と貸金返還請求のうち，

前者については認容するが後者については請求を棄却するという判断が下されたとしよう。これに対し，Xが敗訴した貸金返還請求棄却判決についてのみ控訴した場合，控訴審での審判対象はXの不服申立ての範囲に限られるから（304条），たとえ控訴審で敗訴しても，勝訴している代金請求権の部分についてはその効力は維持される（不利益変更禁止の原則）。このような場合に，YがXの控訴によって開始した手続を利用して，Xが控訴していない代金請求認容判決についても審判を求めるような申立てを附帯控訴という。この制度は，控訴審の審理につきあわされる被控訴人にも自己に有利な原判決の変更の可能性を認める方が公平であるとの観点から認められたものである。原判決で全部勝訴した被控訴人は，独立の控訴はできないが，附帯控訴によって，訴えを変更して請求を拡張したり（最判昭和32・12・13民集11巻13号2143頁），反訴を提起したりすることができる。なお，附帯控訴は被控訴人がすでに控訴権を放棄・喪失した場合にもなしうる（293条1項）。

(3) 控訴審の審理

控訴審での審理の対象は，原判決に対する不服の当否である。控訴審では，第1審で収集した裁判資料を前提とし，さらに控訴審で新たに収集される資料を加えて，控訴審の口頭弁論終結時を基準時として，控訴の適否と第1審判決に対する控訴・附帯控訴による不服申立てにつきその当否を判断する（これを続審制という）。

当事者は従来の主張を補充・訂正し，新しい事実や証拠を提出することができる（更新権）。しかし，この更新権を無制限に認めると，当事者が第1審において攻撃防御を尽くさず，審理の重点が控訴審に移って訴訟の完結を遅延させるおそれがあるので，裁判所は，提出された攻撃防御方法が第1審・第2審を通して時機に後れたものと評価できる場合には，その提出を却下することができる（157条）。また，当事者が攻撃防御方法の提出や訴えの変更，反訴の提起などをする場合には，裁判長がそれらをなすべき期間を定めることができるものとされ（301条1項），期間が遵守できなかった当事者に対しては，その理由を説明すべき義務が課せられる（301条2項）。

控訴審手続には，一般に第1審手続に関する規定が準用される（297条）。なお，控訴審は続審であって第1審で提出された訴訟資料や証拠資料も利用され

るため，直接主義の要請から，当事者は第1審の口頭弁論の結果を控訴審で改めて陳述するものとされている（296条2項，弁論の更新）。

(4) 控訴審の終局判決

控訴の申立てに対しては，控訴裁判所は終局判決によって判断を下すが，控訴審での終局判決には，「控訴却下」「控訴棄却」「控訴認容」の3種類がある。

(a) 控訴却下 控訴が不適法でありその不備を補正することが不可能である場合は，控訴状が提出された第1審裁判所が決定で控訴を却下できるほか（287条1項），控訴裁判所が口頭弁論を開かないで，控訴却下判決をする（290条）。ただし，控訴が管轄違いの控訴裁判所に宛てて提起されたような場合には，控訴の却下をせずに管轄控訴裁判所に移送すべきである。

(b) 控訴棄却 審理の結果，不服の理由が認められないような場合は，控訴棄却判決（302条1項）をなして原判決を維持する。また，原判決の理由が不当であっても他の理由から同一の結論が導かれる場合も，控訴棄却判決がなされる（302条2項）。

(c) 控訴認容 不服の理由があるかまたは第1審判決の手続が法律に違背する場合には，控訴を認容して原判決を取り消さなければならない（305条・306条）。原判決が取り消されると，訴えに対する応答がなくなるので，「自判」「差戻し」「移送」のいずれかの措置がなされる。

① **自 判** 控訴裁判所が第1審からの訴訟資料や証拠資料を総合的に判断して，判決をするに十分であるとの結論に達した場合には，第1審裁判所に代わって自ら訴えに対する判決をする（自判）。控訴審は事実審であるから，原判決を取り消す場合は自判が原則である。

② **差戻し** 差戻しとは，さらに審理を尽くさせるために第1審裁判所に事件を送り返すことをいう。本案について十分な審理をせずに訴えを却下した原判決を取り消す場合，審級の利益を保障するために事件を必ず第1審に差し戻さなければならない（必要的差戻し，307条）。第1審が本案について十分な審理をしている場合は，審級の利益を考慮する必要はなく，訴えを却下した原判決を取り消して，自判することもできる（307条ただし書。最判昭和58・2・31判時1075号119頁参照）。また本案判決についても，事件につきなお弁論を尽くす必要があるときは差し戻すことができる（任意的差戻し，308条1項）。差

戻しの裁判も終局判決であるから，これに対して上告することができる。上告がなく，差戻しの裁判が確定すると，事件は第1審に移審し，従前の第1審手続が続行される（ただし，308条2項）。

③ 移　送　　原判決を管轄違背として取り消すときは，原裁判所に差し戻さないで，直接に管轄権を有する第1審裁判所に移送する（309条）。

(5) 原判決の変更の限界

控訴審で原判決を変更する場合，原則として不服申立ての範囲内に限られる（304条）。たとえば，原審でXのYに対する代金請求は認容されたが貸金請求は棄却されたので，Xが貸金請求棄却判決についてのみ控訴したような場合，たとえ審理の結果，代金債権も存在しないことが明らかになったとしても，Yの附帯控訴がない限り，Xの不服申立ての範囲を超えて，代金請求が棄却されることはない（不利益変更禁止の原則）。また，原審で双方の請求が棄却されたが，Xが貸金請求棄却判決についてのみ控訴した場合，たとえXが代金債権を有していることがわかったとしても，この請求を認容することはできない（利益変更禁止の原則）。これらの原則は当事者主義の一発現形態であるから，当事者主義が妥当しない領域（たとえば，人事訴訟手続や職権で裁判する訴訟費用の裁判や，仮執行宣言の変更，職権調査事項である裁判権・専属管轄・訴訟能力等）では，作用しない。

2-3　上　告

(1) 上告とは

上告とは原則として第2審の終局判決に対する法律審への上訴である。よって，地方裁判所が第2審としてなした終局判決に対しては高等裁判所に，高等裁判所が第2審としてなした判決に対しては最高裁判所に提起する。しかし高等裁判所が第1審である場合（独禁85条，特許178条，公選203条・204条）や，当事者間に飛躍上告の合意がある場合（311条2項）などには，例外として第1審判決に対して直ちに上告をすることができる。上告をする者を上告人，その相手方を被上告人という。上告審は法律審であるから，原判決の当否の判断に際しては，原判決が適法に確定した事実に拘束される（321条1項）。

(2) 上告の提起

上告は，原判決送達から2週間の上告期間内に上告理由を記載した上告状を原裁判所に提出してなす（313条・314条）。上告理由が記載されていないときは，上告提起通知書の送達を受けた日から50日以内に上告理由書を提出しなければならない（315条，規194条）。

(3) 上告理由

上告人は，上告をなすに当たっては上告理由として，原判決についての不服を主張しなければならず，この主張を欠く上告は不適法として却下される。上告理由は，①憲法違反（312条1項）と，②資格がない裁判官の判決への関与，専属管轄違反，代理人の代理権の欠缺，公開規定違反，理由欠缺，理由齟齬といった重大な手続法違反である（312条2項，絶対的上告理由）。高等裁判所に対してなす上告については，「判決に影響を及ぼすことが明らかな法令違背」も上告理由とされている（312条3項，相対的上告理由）。

(4) 上告受理申立て

最高裁判所が上告裁判所である場合で，原判決が最高裁判所の判例（ない場合には，大審院または上告裁判所もしくは控訴裁判所である高等裁判所の判例）と異なる判断をした事件，および法令の解釈に関する重要な事項を含むものと認められる事件につき，最高裁判所は，当事者の申立てにより，上告審として事件を受理することができる（318条1項）。これを上告受理申立制度という。法令違背を理由とする上告を制限して最高裁判所の負担を軽減する一方で，本当に重要な解釈問題を含む事件に対しては，上告審の裁量により上告審での審判の途を開くものである。上告受理の申立手続は原則として上告提起の手続に準じる（318条5項，規199条2項）。

最高裁判所が法令解釈について実質的な判断を示す必要があると認めたときは上告受理の決定をするが，その場合には上告があったものとみなされる（318条1項・4項）。

(5) 上告審の審理・判決

上告審では職権調査事項を除いて，不服申立ての限度で原判決の当否につき審理・判決する（320条・322条）。上告審では書面審理が原則であり，それによって上告理由なしと認めるときには口頭弁論を開かずに上告を棄却すること

ができる (319条)。

　上告審での終局判決には，上告却下，上告棄却，上告認容の判決がある。上告を認容する場合には原判決を破棄するが，その後の措置として，自判，原裁判所への差戻しまたは同等の他の裁判所への移送をする。上告審は事実審理を行わないので，差戻しが原則となるが，原判決の確定した事実だけで原判決に代わる判決ができるときには，自判することができる (326条)。差戻しを受けた裁判所は新たに口頭弁論を開いて審理するが，破棄の理由とされた事実上および法律上の判断に拘束される (325条3項)。ただ，差戻審が他の法的論点や新たな事実認定に基づき差戻前と同一の結論に至ることは妨げられない (最判昭和43・3・19民集22巻3号648)。

2-4 抗　告

(1) 抗告とは

　抗告は決定や命令に対する独立の上訴である (328条)。決定や命令は通常訴訟指揮や派生的な事項についてなされるから，終局判決に対する上訴によって上級審の判断を受ける (283条・313条)。しかし，忌避申立却下決定や期日指定申立却下決定等，本案との関係がそれほど密接でなく，分離して判断することが可能であり，かつ迅速に確定すべき手続的な事項や，訴状却下命令のように，そもそも終局判決に対する上訴で争う機会のないものについては，上訴とは別に簡易な不服申立制度をおく必要がある。これが抗告手続である。抗告には通常抗告と即時抗告とがある。通常抗告は，抗告期間の定めがなく，原裁判の取消を求める利益がある限りいつでも提起できるものである。即時抗告は，裁判が告知された日から1週間の抗告期間が定められているものである。決定や命令は告知によって直ちにその効力を生じる (119条) が，たとえば，訴訟費用の担保提供の命令に対して即時抗告がなされると (75条7項)，その手続の間は，担保不提供による不利益 (78条) は生じない。このような効力を執行停止効という (334条)。

　抗告はすべての決定・命令に対して許されるのではなく，①口頭弁論を経ないで訴訟手続に関する申立てを却下した決定・命令，②本来決定・命令では裁判することができない事項についてなされた決定・命令 (以上328条) のほか，

③その他法律が個別に即時抗告を認めている場合（21条・25条5項・44条3項・86条等）に限って認められる。

(2) 抗告の手続

　抗告ができる決定・命令に対して不服のある者は，抗告状を原裁判所に提出して抗告を提起することができる（286条・331条）。抗告が不適法でありその補正が不可能な場合には，原裁判所は決定で抗告を却下する（287条・331条）。なお，抗告が理由ありと認められるときには，原裁判所は事件を抗告審に移す前に，自ら原裁判を更正することができる（333条，再度の考案）。

　抗告審の終局決定に対しては，憲法違背または決定に影響を及ぼすことの明らかな法令違背を理由とするときに限り再抗告が許される（330条）。

(3) 許可抗告制度

　憲法違反を理由とする特別抗告を除き，最高裁に対して抗告を提起することはできない（裁7条2号）。ところが，民事執行法や民事保全法の制定等に伴い，決定により判断される事項に重要なものが増える一方で，重要な法律問題についての高等裁判所の判断が区々に分かれるという状況が生じ，法令解釈の統一を図る必要性が生じた。そこで，高等裁判所の決定および命令につき憲法違反がある場合のほか，その高等裁判所が判例違反や法令の解釈につき重要な事項を含むと認めるときは，当事者の申立てにより，最高裁判所への抗告を許可することができるとされた（337条，許可抗告）。

3　特別の上訴（特別上告・特別抗告）

　最高裁判所は憲法問題に関する終審裁判所とされているので（憲81条），通常の上訴では最高裁判所の審判を受けられない当事者に対し，憲法違反を理由として最高裁判所へ不服申立てをする可能性を認める必要がある。そのための特別の上訴に特別上告と特別抗告とがある。前者は高等裁判所が上告審としてなした終局判決に対してなすものであり，後者は，不服申立てのできない決定・命令に対してなすものである（327条・336条）。

　なお，特別上告は，通常の不服申立てとは異なる特別の不服申立てなので，これにより，判決の確定は遮断されない（116条参照）。

4 再 審

4-1 再審の訴えとは

再審の訴えとは，確定した終局判決に対して，手続の重大な瑕疵や，判決の基礎たる資料が犯罪等の違法行為などによって得られたことなどを理由として，その判決の取消しと事件の再審判を求める非常の不服申立てである。終局判決が確定した以上，確定判決による紛争解決結果は尊重されなければならない（法的安定性の要求）が，上記のような場合にまで確定判決の効力を維持することは妥当ではない（裁判の適正の要求）。よって，再審事由を限定し，再審期間を定めたうえで，訴えという明確な方式による不服申立てを認めたのである。

4-2 再審事由

再審は，338条1項に列挙されている事由に限り認められる。しかし，再審事由があっても，当事者が既にそれを上訴で主張していたり，その事由を知りながら上訴で主張しなかったりしたような場合には，これを再審事由として主張することができない（338条1項ただし書）。

4-3 再審訴訟の審理・判決

再審訴訟の手続には，その性質に反しない限り，その審級の訴訟手続に関する規定が準用される（341条，規211条2項）。再審の訴えは不服の対象である確定判決をした裁判所の専属管轄に属するが，同一事件につき審級の異なる裁判所がした判決に対して，再審の訴えを併合提起する場合には上級裁判所が合わせて管轄する（340条）。再審の訴えが不適法であれば裁判所は決定で訴えを却下し，適法であれば再審事由の有無を審理し，それがなければ決定で請求を棄却する（345条）。再審事由があれば再審開始決定をし（346条），引き続き本案について審理し，原判決が不当であればそれを取り消してこれに代わる判決をするが，原判決の結論を正当とするときには，再審請求を棄却する（348条）。

4 − 4　準再審（再審抗告）

　即時抗告によって不服申立てができる決定・命令が確定した場合，これにつき再審事由に該当する事由があるときは，再審の訴えに準じて再審の申立てが許される（349条）。これを準再審または再審抗告という。

第13章

複 雑 訴 訟

1 請求の複数

　これまでの各章は，1人の原告から1人の被告に対して1個の請求が定立されている訴訟を前提に説明してきた。しかし現実の訴訟では，1人の原告から1人の被告に対して複数の請求が定立されている場合（請求の併合）や，原告もしくは被告またはその双方が複数の場合（複数当事者訴訟）もある。

　前者，すなわち請求の併合は，さらに，訴えの提起の段階で複数の請求を含む場合（訴えの客観的併合）と，訴訟の途中で請求が加えられる場合（訴えの変更，反訴，中間確認の訴え）に分けられる。

1－1 請求の併合（訴えの客観的併合）

(1) 意義と要件

　たとえば，XがYに対して家屋を賃貸していたが，家賃を滞納したので，Xは賃貸借契約を解除して，延滞賃料の支払とともに，家屋の明渡しも請求したい。このような場合に，1つの訴えで延滞賃料の支払請求と家屋の明渡請求を併合して提起することを，「請求の併合」（または訴えの客観的併合）という。これが認められれば，弁論や証拠調べが共通してなされうるので，紛争を矛盾なく1回の訴訟で解決できるという利点がある。しかし，請求の併合が安易に認められると，手続が複雑となり訴訟遅延の原因ともなるので，この観点から，請求の併合が認められるための以下のような要件が法定されている。

　① 数個の請求が同種の訴訟手続で審判されるものであること（136条）。たとえば，通常訴訟手続によるべき請求と人事訴訟手続または行政訴訟手続によるべき請求を併合することは，例外（人訴17条1項，行訴16条1項）を除き許されない。

② 法律上，併合が禁止されていないこと（行訴13条・16条1項）。
③ 各請求について，受訴裁判所に管轄権があること。ただし，併合請求の裁判籍が認められるため（7条），併合された請求中に受訴裁判所以外の法定の専属管轄に属するものがある場合のみ，この要件を欠くことになる。
④ 併合される各請求間に何らかの関連性があることは必要でない。当事者が複数でないかぎり，関連性のない請求が併合されても当事者に対する不利益はないし，関連のない請求を審理することにより訴訟が遅延するような場合には，裁判所が弁論の分離（152条1項）で対処できる。

(2) 請求の併合の態様

(a) 単純併合 原告が特に条件を付することなく，数個の請求をそれぞれ他の請求の当否と無関係に審判するよう申し立てる場合の併合形態である。前述の延滞賃料の支払請求と家屋の明渡請求の併合がその例である。

(b) 予備的併合 実体法上両立しない関係にある数個の請求について，各請求に順序を付し，第1次請求（主位請求）の審判をまず求め，それが認容されない場合にのみ，第2次的請求（副位請求，予備的請求）の審判を求める併合形態である。たとえば，主位請求として売買目的物の引渡しを求め，もし売買契約が無効であると認定された場合には，すでに支払った売買代金を不当利得として返還請求する，という場合に用いられる。

裁判所は，主位請求を認容するときは予備的請求につき審判をする必要がなく，主位請求を排斥するときは予備的請求についても審判しなければならない。

(c) 選択的併合 数個の請求のうちいずれか1つの請求が認容されることを求める場合の併合形態である。たとえば，列車事故に遭った乗客が，鉄道会社に対して債務不履行に基づく損害賠償請求（民415条）と不法行為に基づく損害賠償請求（民709条）をする場合である（とくに訴訟物について実体法説（旧訴訟物理論）をとる場合に必要となる）。

裁判所は，いずれか1つの請求を認容するときは，残りの請求について審判する必要はないが，原告を敗訴させるためには，すべての請求につき審判しなければならない。

(3) 訴えが併合された場合の審判

(a) 審　理 弁論および証拠調べは，併合されたすべての請求にとって

共通のものとなる。このことにより，審理の重複が避けられ，裁判の統一が事実上はかられる。

(b) 裁　判　すべての請求について判決をするのに熟せば全部判決がなされる（243条1項）が，単純併合の場合には，その一部の請求について裁判をするのに熟したときに，一部判決をすることができる（243条）。予備的併合の場合に主位請求を認容する判決や，選択的併合の場合に1つの請求を認容する判決は，その審級における審理を完結させるものであるから，これらは全部判決である。この全部判決に対して控訴が提起されたときは，すべての請求が控訴審に移審する。

1-2　訴えの変更

(1)　意義と態様

訴えの変更とは，訴訟の係属中に，原告が，請求や請求の原因を変更することによって，審判事項を変更することをいう（143条）。

訴えの変更には，追加的変更と交換的変更とがある。訴えの追加的変更とは，従来からの請求に新たな請求を付け加えることであり，これによって請求が複数となり，新旧両請求の関係により，単純併合，予備的併合，選択的併合となる。たとえば，家屋の延滞賃料の支払請求訴訟を提起していた原告が，その家屋の明渡請求を追加すれば，単純併合となる。訴えの交換的変更とは，従来の請求に代えて新たな請求を提示することである。訴えの交換的変更について，通説・判例は，旧訴の取下げと新訴の提起が結合したものとみる（最判昭和32・2・28民集11巻2号374頁）。しかし，このように考えると，訴えの取下げが訴訟係属の遡及的消滅をもたらすことから（262条1項），旧訴における裁判資料を新訴で利用することが理論的に説明できなくなるとして，これを独自の訴訟行為と理解する見解もある。

(2)　要　　件

訴えの変更に関しては，それが許されないことによる原告の不利益，それが許されることによる被告の不利益，さらには審理の効率性などの諸利益を調整して，以下のような要件が要求されている。

①　請求の基礎に変更がないこと（143条1項本文）　訴えの変更によって，

従前の裁判資料を利用できるので，原告にとって便宜であるし，審理の効率性も高められる。しかし，安易にこれが許されると，審理が複雑になり訴訟遅延を引き起こすし，被告にも防御目標が予想外のものに変更されるといった不利益が生じる。そこで，このような要件が定められたのである。したがって，「請求の基礎に変更がないこと」とは，たとえば，売買契約に基づく所有権移転登記請求を，登記が第三者に移転されたことを理由として損害賠償請求に変更する場合（最判昭和37・11・16民集16巻11号2280頁）のように，新旧両請求の主要な争点を共通にし，旧請求についての裁判資料の多くが新請求について利用できること，と解すべきである。ただし，この要件は被告の保護を主眼とするので，被告が同意するか，または新請求につき異議なく応訴すれば，この要件を欠いても訴えの変更は許される。

② 著しく訴訟を遅延させないこと（143条1項但書）　請求の基礎に変更がなくても，手続が著しく遅延するときは，訴えの変更ではなく別訴を提起させるべきである。

③ 事実審の口頭弁論終結前であること（143条1項本文）　訴えの変更は，新訴の提起の実質を持つので，事実審の口頭弁論の終結前になされる必要がある。

④ 請求の併合の一般的要件を具備していること　訴えの追加的変更により請求の併合が生じるからである。

(3) 訴え変更の手続

請求の変更は，新訴の提起という実質を有しているので，書面によることが必要であり，その書面は相手方に送達されなければならない（143条2項・3項）。ただし，請求の原因を変更する場合には，書面による必要がないと解される。

1-3　反　訴

(1) 意　義

訴訟の係属中に，その訴訟（本訴という）と同一の手続の中で，被告が原告を相手として新たに提起する訴えである。原告に請求の併合や訴えの変更が認められているのに対し，被告にも反訴が許されることで，両者の公平が保たれる。

反訴によっても請求が複数になるが，その態様に応じて，単純な反訴と予備的反訴が区別される。

(2) 要　件

反訴の要件としては，以下のようなものがある。

①　反訴の請求が，本訴の請求または防御方法と関連すること（146条1項柱書）　これは訴えの変更における請求の基礎の同一性に対応するものであるが，それよりもやや広いものと解される。

②　本訴が事実審に係属し，かつ口頭弁論終結前であること（146条1項柱書）　これは被告が新たな訴えを提起することから要求されるものである。相手方の審級の利益を考慮して，控訴審における反訴には，本訴原告の同意または異議なき応訴が必要とされる（300条1項・2項）。

③　反訴の請求が他の裁判所の専属管轄に属さないこと（146条1項1号）　公益的な要請に基づくものであるため，合意による専属管轄は除かれる。また，専属管轄が民訴法6条1項によるものである場合にも，この要件は外される（146条2項）。

④　著しく訴訟手続を遅延させないこと（146条1項2号）　訴えの変更の場合と同様に，このようなときは別訴によって紛争を解決させる趣旨である。

⑤　反訴請求について請求の併合の要件を具備していること　反訴によって請求の併合が生じるからである。

(3) 反訴の手続

反訴の手続は，本訴の手続に準じる（146条3項）。ただし，反訴の取下げについては特則があり，本訴の取下げがあった場合には，反訴は本訴原告（反訴被告）の同意なくして取り下げることができる（261条2項ただし書）。

1－4　中間確認の訴え

訴訟の係属中に，訴訟物の前提となっている法律関係（先決関係）の存否について，原告または被告が提起する確認の訴えである（145条）。先決的な法律関係の存否については，判決理由中で判断されても既判力が生じないので（114条1項），既判力の発生を必要とする場合には，これを訴訟物として追加することを当事者に許したものである。たとえば，所有権に基づく家屋の明渡

請求訴訟において，その前提となる家屋の所有権の確認を求める中間確認の訴えがその典型である。

中間確認の訴えのうち，原告の提起するものは訴えの追加的変更の実質を，被告の提起するものは反訴の実質を有しているが，いずれも特殊な訴えの変更ないし反訴であるため，特別に規定が設けられた。

2 当事者の複数

民事訴訟は，原告・被告が各1名ずつの訴訟を基本型とし，処分権主義や弁論主義を採用して，各人の自立的な訴訟追行を保障しながら紛争解決を図っていく。しかし，現実の紛争は，当事者がそれぞれ複数関与する場合もあれば，他人間の訴訟の結果に重大な利害を有する者がいる場合もある。以下では，こうした紛争において，どのような場合に，どの範囲で，複数の関係者を訴訟の当事者とすることができるのか，また複数当事者の訴訟手続はどのように進められるのか，という点を中心に述べる。

2−1 共同訴訟（訴えの主観的併合）

共同訴訟とは，1つの訴訟手続において，原告もしくは被告またはその両者が複数である訴訟形態をいう。多数当事者の紛争を1つの訴訟手続で審理すれば，共通の争点について重複する審理を回避できるし，紛争の統一的解決も可能となるが，他方で，審理が複雑になり，また当事者による訴訟追行の自由にも制約が生じうる。

このような諸利益の調整のなかで，共同訴訟には，通常共同訴訟と必要的共同訴訟（固有必要的共同訴訟，類似必要的共同訴訟）という類型が認められている。すなわち，各共同訴訟人の請求につき合一確定（統一的解決）が要請されない場合を通常共同訴訟，それが要請される場合を必要的共同訴訟とし，さらに，必要的共同訴訟は，一定の範囲の者全員がそろって訴えまたは訴えられなければならないほど合一確定の要請が強度な固有必要的共同訴訟と，個別に訴えまたは訴えられうるが共同訴訟になった場合には合一確定の必要が認められる類似必要的共同訴訟に区別される。

共同訴訟の種類

	通常共同訴訟	類似必要的共同訴訟	固有必要的共同訴訟
合一確定の必要	×	○	○
共同訴訟の強制	×	×	○
併合審理	○	○	○
訴訟資料の統一	× (証拠は共通)	○	○
訴訟進行の統一	×	○	○

2－2 通常共同訴訟

各共同訴訟人の相手方に対する請求に関して後述するような関連性のある場合には、本来は個別に訴えを提起でき個別に審判されうる数個の請求について、共同訴訟をすることが可能である。この場合、同一手続で併合審理され、攻撃防御方法も共通の場合が多く、訴訟の進行も共通に推移するのが通常であるため、審理の重複を回避し紛争の統一的解決が事実上期待できる。

(1) 通常共同訴訟の要件

通常共同訴訟については、以下のような主観的要件と客観的要件を具備しなければならない。

（a） **主観的併合要件** 訴訟の目的である権利または義務が、以下のいずれかに該当するとき（38条）。

① 共通であるとき（共通）　たとえば、複数人に対する同一家屋の所有権確認訴訟

② 同一の事実上および法律上の原因に基づくとき（同一原因）　たとえば、同一事故に起因する複数の被害者による損害賠償請求訴訟

③ 同種であって、事実上および法律上同種の原因に基づくとき（同種原因）　たとえば、家主が賃料を延滞する複数の借家人に対して提起する家賃支払請求訴訟

（b） **客観的併合要件** 通常共同訴訟については請求も複数になるので、その要件をも充足する必要がある。

(2) 通常共同訴訟における審理──共同訴訟人独立の原則

共同訴訟人は，他の共同訴訟人に制約されることなく，それぞれ独自に訴訟を追行することができる（39条）。すなわち，共同訴訟人の1人の訴訟行為，または1人に対する相手方の訴訟行為は，他の共同訴訟人には影響を及ぼさない。たとえば，共同訴訟人はそれぞれ単独で請求の放棄・認諾，自白，訴えの取下げ，訴訟上の和解，上訴などができ，その効果は他の共同訴訟人には及ばない。また，相手方が1人の共同訴訟人に対してなした自白の効果は，他の共同訴訟人に及ばない。

手続の進行に関しても，共同訴訟人の1人について生じた事項，たとえば手続の中断や中止も他の者に影響を与えない。

このように，通常共同訴訟においては，訴訟進行の統一や訴訟資料の共通が法的に要請されてはいないが，通常は手続の進行が区々になることはあまりないし，また各共同訴訟人から共通の主張や証拠の申出がなされることによって，実際には紛争の統一的解決が図られている。なお，共同訴訟人間にも「証拠共通の原則」が認められていることに留意すべきである。すなわち，共同訴訟人の1人が提出した証拠は，その援用の有無にかかわらず，他の共同訴訟人に対する証拠として，裁判所は事実認定に利用できる。

2-3 必要的共同訴訟

判決が共同訴訟人について合一に確定されることが要求され（合一確定の必要），かつ一定の範囲の者すべてが共同訴訟人となることが要求される（訴訟共同の必要）といった形態の共同訴訟である。共同訴訟人の全員が当事者とならなければ，当事者適格を欠き，訴えは却下される。共同訴訟人に対して訴え提起における困難や訴訟追行上の制約といった不利益を課してまでも，合一確定の必要性が強く要請される場合である。

(1) 固有必要的共同訴訟

どのような紛争が固有必要的共同訴訟になるかは，多くはその解釈に委ねられている。通説・判例に従えば，当事者適格の基礎となる実体法上の管理処分権が多数人に共同で帰属し，その帰属の態様から判決の合一確定が必要とされる場合ということができる。具体的には以下のような類型の訴訟があげられる。

① 他人間の法律関係の変動を生じさせる訴訟　たとえば，第三者が提起する婚姻の無効・取消訴訟は，夫と妻を共同被告とする固有必要的共同訴訟である（人訴12条2項）。

② 数人の訴訟担当者による訴訟　たとえば，数人の破産管財人が選任されている場合の破産財団に関する訴訟（破76条）や，数人の選定当事者のいる訴訟は，固有必要的共同訴訟である。

③ 共同所有関係に関する訴訟　この関係においては，固有必要的共同訴訟の成否をめぐり見解が激しく対立している。判例および多数説に従って，その大枠を示せば以下のとおりである。すなわち，実体法上の管理処分権が複数の者に総有および合有的に帰属する場合には，原則として固有必要的共同訴訟となる。たとえば，総有とされる入会権者が第三者を被告とする入会権確認訴訟がそれである。しかし，民法上の共有（民249条以下）の場合，共有者が提起する第三者に対する共有物の所有権（共有権）確認訴訟などは，固有必要的共同訴訟となるが，共有者は持分権につき個別に管理処分権を有することから，共有持分権に基づく登記抹消請求や妨害排除請求訴訟といった，持分権に基づく訴訟は通常共同訴訟となる。さらに判例は，不可分債権（民428条）や不可分債務（民430条）といった法理論を駆使して，各共有者の個別訴訟を認める傾向にある。

(2) 類似必要的共同訴訟

共同して訴えを提起することまで要求されておらず，個別訴訟も可能であるが，共同訴訟となった場合には合一確定の必要が生じる形態の共同訴訟である。たとえば，数人の株主の提起する株主総会決議取消訴訟・無効確認訴訟がこれに属する。

(3) 必要的共同訴訟における審理──共同訴訟人連合の原則

合一確定の必要性から，共同訴訟人独立の原則を排し，訴訟進行や裁判資料の統一を図るために，以下のように共同訴訟人の連合関係が要請される。

(a) 共同訴訟人の1人がした訴訟行為は，他の共同訴訟人に有利な場合には，全員のために効力を生じる。逆に不利な訴訟行為は，全員で行わないかぎり，他の共同訴訟人との関係はもちろん，行為をした共同訴訟人に対しても効力を生じない（40条1項）。たとえば，共同訴訟人の1人が否認したり抗弁を

提出したりすれば，有利な行為といえるので，他の共同訴訟人に対しても効力が生じるが，請求の放棄・認諾，自白などは，不利な行為といえるので，全員で行わないかぎり効力を生じない。訴えの取下げは，類似必要的共同訴訟では単独でできるが，固有必要的共同訴訟では全員が共同してしなければならず，共同訴訟人の一部の者がなした訴えの取下げは無効と解される。

　(b)　相手方の訴訟行為は，共同訴訟人の1人に対してなされても，その全員に対して効力を生じる（40条2項）。共同訴訟人の一部が期日に欠席すれば，相手方は訴訟行為ができなくなるという不都合を避けるためである。したがって，その行為の有利・不利は問わない。

　(c)　共同訴訟人につき訴訟手続の中断・中止原因が生じると，全員について手続が停止する（40条3項）。手続の統一的な進行を図るためである。判決の確定についても，共同訴訟人の全員につき上訴期間が経過するまでは確定しない。

2－4　訴えの主観的予備的併合

　各共同訴訟人と相手方との間の請求が実体法上両立しえない関係にある場合に，原告側が，それらの請求に順位を付して，主位原告の請求または主位被告に対する請求が認容されることを解除条件として，他の請求の審判を求める併合形態である。たとえば，売主の代理人と売買契約を締結した買主が，第1次的には売主本人に対して売買目的物の引渡しを請求し，それが無権代理ゆえに棄却される場合に備えて，代理人を予備的被告として無権代理人の責任を追及する場合に用いられる。

　この形態の共同訴訟は，原告や裁判所にとって時間的にも労力の点でも有利であり，かつ矛盾のない紛争解決を可能にすることができる。しかし，主位被告に対する請求が認容されると予備的被告に対する訴訟は初めから係属していなかったことになるため，予備的被告の地位が余りにも不安定になる。このことを主たる理由として，最高裁の判例は，訴えの予備的併合を不適法としている（最判昭和43・3・8民集22巻3号551頁）。

2-5 同時審判共同訴訟

　最高裁が訴えの主観的予備的併合を否定したので，実務では，各共同訴訟人と相手方との間の請求が実体法上両立しえない関係にある場合にも，各請求を単純に併合する通常共同訴訟によらざるをえないこととなった。確かに通常共同訴訟であっても，審理が併合してなされることにより事実上は裁判の統一が図られる。しかし，裁判所による弁論の分離（152条）や一部判決（243条2項）がなされると，第1審または控訴審において，併合審理による事実上の裁判の統一も不可能となる。このような不都合を避けるため，①共同訴訟であり，②共同被告に対する各請求が法律上両立しない関係にあり，かつ③事実審の口頭弁論終結時までに原告が申し出た場合には，弁論や裁判を分離してなすことが禁じられた（41条）。このような共同訴訟を同時審判共同訴訟という。

　このことは，第1審だけにとどまらず，各共同訴訟人による控訴の提起によって，同一の控訴裁判所に事件が各別に係属したときも，控訴裁判所は弁論および裁判を併合しなければならないとされ，できる限り事実上の審判の統一が図られることとなった（41条3項）。

2-6 後発的共同訴訟の諸場合

　訴え提起後であっても，弁論が併合されることによって（152条1項），あるいは訴えの主観的追加的併合によって共同訴訟が生じることがある。

　訴えの主観的追加的併合とは，訴訟の係属中に，原告もしくは被告から第三者に対する請求を（当事者による追加），または第三者から原告もしくは被告に対する請求を（第三者による追加），追加的に併合して審判を求める共同訴訟の形態である。第三者による追加として共同訴訟参加（52条），片面的独立当事者参加（47条），参加承継（49条・51条）が，当事者による追加として引受承継（50条・51条）が，それぞれ法によって認められている。このような明文規定がない場合にも，たとえば，不法行為に基づく被害者の加害者に対する損害賠償請求訴訟の係属中に使用者に対する損害賠償請求も追加的に併合する，といった主観的追加的併合が認められるべきかが問題となる。判例は，別訴を提起し，これをすでに係属中の訴訟と弁論を併合することで同様の目的が達成で

きるとして，その適法性を否定している（最判昭和62・7・17民集41巻5号1402頁）。

3　訴訟参加

訴訟の係属中に，その訴訟に利害関係を有する第三者が，自己の名において訴訟行為をするために手続に関与することを訴訟参加という。第三者の訴訟参加を認めることによって，関連紛争について統一的な解決を図ることが可能となり，紛争解決の実効性が高まる。しかし，それは訴訟を複雑にするし，従前の当事者の訴訟追行に影響を及ぼすため，無制限に認めることはできない。そこで民事訴訟法は，第三者の有する利害関係の内容や程度に応じ，3つの態様の訴訟参加を用意した。すなわち，第三者が新たな当事者として参加する「共同訴訟参加」と「独立当事者参加」，および当事者ではなく当事者に準じる者として参加する「補助参加」がそれである。

3－1　補 助 参 加

補助参加とは，他人間の訴訟の結果について法律上の利害関係を有する第三者が，当事者の一方を補助し勝訴に導くことによって，自己の利益を守るために，その訴訟に参加する参加形態である。参加する第三者を「補助参加人」，補助される当事者を「被参加人」または「主たる当事者」，被参加人の相手方である当事者を「相手方」と呼ぶ。

(1)　補助参加の要件

①　**他人間の訴訟が存在すること**　補助参加人は訴訟当事者ではないので，他人間の訴訟の存在を前提としなければならない。

②　**訴訟の結果について利害関係を有すること（42条）**　これは補助参加の理由または利益と呼ばれているものである。ここでの「利害関係」とは，法律上の利害関係を指し，単に感情的・経済的利害といった事実上の利害関係は含まれない。そして，「訴訟の結果についての利害関係を有する」とは，通説的見解によれば，補助参加人の権利義務や法的地位に対して，判決主文中の訴訟物に関する判断が論理的に先決関係をなす場合と解されている。すなわち，

既判力など判決効が補助参加人に及ぶことまで要求されていない一方で，判決理由中の判断の影響力だけでは足らない。

たとえば，損害賠償請求訴訟において，損害保険会社の補助参加は肯定されるが，賠償が認められると家計が苦しくなるという理由で加害者の家族が補助参加することは認められない。

(2) 補助参加の手続

(a) 補助参加の申出　補助参加の申出は，参加の趣旨（参加すべき訴訟と当事者の特定）および理由（補助参加の利益）を明らかにして，参加により訴訟行為をすべき裁判所に対して行う（43条1項）。この申出は，上訴や再審の訴えなど，補助参加人がすることのできる訴訟行為とともに行うこともできる（43条2項）。

(b) 補助参加の許否　補助参加の許否については，当事者から異議があった場合にのみ，裁判所が決定で裁判をする（44条1項前段）。当事者が異議を述べずに弁論をし，または弁論準備手続で申述した後は，その異議権を喪失する。

(3) 補助参加人の訴訟上の地位と訴訟行為

(a) 補助参加人の独立性と従属性　補助参加人の訴訟上の地位は，その独立性と従属性が交錯する。すなわち，補助参加人は，自らの利益を守るために費用と労力を投じて自己の名で訴訟行為をする（独立性）が，あくまで当事者である被参加人を補助し勝訴に導くことで，自己の利益を守るにすぎない（従属性）。

(b) 訴訟上の地位　補助参加人は，その従属性から，判決の名宛人とはならないし，証人や鑑定人になることができる。また，補助参加人の死亡や能力喪失などによっても訴訟手続は中断しない。しかし，その独立性から，期日の呼出しや訴訟書類の送達は，当事者とは別個に補助参加人に対してもなされる。

(c) 訴訟行為　補助参加人は，その独立性から，攻撃防御方法の提出，異議の申立て，上訴の提起，再審の訴えの提起など一切の訴訟行為を，被参加人がしたのと同じ効果をもって行うことができる（45条1項本文）。しかし，その従属性から，当事者の利益保護や審理の混乱回避の利益が優先して，補助参

加人のなしうる訴訟行為には，以下のような制限が加えられている。第1に，参加の時点で被参加人がもはやすることのできない訴訟行為はできない（45条1項ただし書）。攻撃防御方法の提出が時機に後れている場合や，被参加人が撤回できない自白の撤回が，その例である。第2に，被参加人の行為と抵触する行為はできない（45条2項）。たとえば，補助参加人が否認しても，被参加人が自白すれば，被参加人の自白が優先する。第3に，訴えの取下げや，請求の放棄・認諾，訴訟上の和解など訴訟自体を処分する行為はできないし，自白のように被参加人に不利益な行為もできないと解されている。

(4) 補助参加人に対する裁判の効力

補助参加があった訴訟の裁判の効力は，一定の条件の下で，補助参加人に対しても及ぶ（46条）。通説・判例は，この裁判の効力を，既判力とは異なる特殊な効力，いわゆる参加的効力と解している（最判昭和45・10・22民集24巻11号1583頁）。すなわち，この参加的効力は，被参加人敗訴の場合にのみ生じ，補助参加人と被参加人が共同して訴訟追行したにもかかわらず，敗訴の結果に至ったことに対する公平な責任分担を基礎として，補助参加人と被参加人との間に生じる。このことから，参加的効力は，判決主文中の判断に限定されず，判決理由中の判断にも生じる。たとえば，土地の買主Yに対して真の所有者であるとする者Xから引渡請求訴訟が提起された場合に，売主Zが買主側に補助参加したにもかかわらず，買主が敗訴すれば，土地所有権がXに属することは判決理由中の判断となるが，この判断には参加的効力が生じ，売主Zを拘束する。そこで，Yが追奪担保責任を追及して，Zに対して損害賠償請求の訴えを提起した場合には，Zは土地の所有権が自分に属していたと主張することができなくなる。

ただし，参加的効力は，補助参加人の訴訟行為が制約されたため，敗訴責任を分担させるのが公平とはいえない場合には発生しない。具体的には，①参加の時点の訴訟状態から，補助参加人が必要な訴訟行為をできなかったとき（46条1号），②補助参加人の訴訟行為が被参加人の行為と抵触したために，その効力が生じなかったとき（同条2号），③被参加人が補助参加人の訴訟行為を妨げたとき（同条3号），④被参加人が補助参加人のすることのできない訴訟行為を故意または過失によってしなかったとき（同条4号）である。

参加的効力と既判力

	参加的効力	既判力
拘束力の根拠	公平・禁反言（敗訴の責任分担）	法的安定性＋手続保障
発生条件	敗訴の場合	勝敗を問わず
拘束力の限定	あり（参加人の行為が制約された場合）	なし
主観的範囲	参加人と被参加人の間	当事者間
客観的範囲	決理由中の判断を含む	判決主文中の判断のみ
援用の要否	援用必要	援用不要（職権調査事項）

3-2 共同訴訟的補助参加

参加の有無にかかわらず，判決効が第三者に拡張される場合に，この第三者が事者適格を有すれば，共同訴訟参加などによって当事者として自己の利益を守ることができる。しかし，この第三者に当事者適格が認められないときには，補助参加によらざるをえない。たとえば，破産管財人の訴訟に破産者が参加したり，遺言執行者の訴訟に相続人が参加したりするのが，その例である。このような場合には，既判力が参加人に及ぶので，可及的に補助参加人の従属性を排し，その独立性が強化されるべきである。そこで，こうした場合の参加形態として，明文規定がないにもかかわらず解釈上認められているのが共同訴訟的補助参加である。

この補助参加人の訴訟上の地位に関しては十分に議論が尽くされているとはいえないが，その大枠を示せば以下のとおりである。すなわち，参加人に当事者適格がないので，その従属性を完全に否定できないから，①訴えの取下げや訴えの変更など訴訟自体を処分する行為はできないし，②参加人が死亡したり能力を喪失したりしても訴訟手続は中断しない。しかし，既判力などが及ぶ者であるので，その独立性が強化され，③参加人は被参加人の行為と抵触する行為もできる（40条1項類推）と解されている。

3-3 訴訟告知

訴訟告知とは，訴訟の係属中に，当事者が，参加をすることのできる第三者に対して，法定の方式で訴訟係属の事実を通知することである（53条）。告知

者が，告知の理由および訴訟の程度を記載した書面を裁判所に提出し，裁判所がその告知書の副本を第三者に送達する。

訴訟告知には2つの機能がある。第1に，これによって被告知者は訴訟参加（補助参加，共同訴訟参加，独立当事者参加など）の機会が与えられる（被告知者の利益）。ただし，実際に参加するか否かは被告知者の自由である。第2に，補助参加ができる第三者に対して訴訟告知がなされた場合には，被告知者が補助参加をしたか否かにかかわらず，参加的効力がその者に及ぶ（告知者の利益）。たとえば，債権者から債務の履行を請求された保証人が，主債務者に対し訴訟告知した場合，主債務者が補助参加しなかったとしても，告知者が敗訴したときには，被告知者にその敗訴の責任を分担させることができる（たとえば，被告知者は将来の求償訴訟において主債務の不存在を主張できない）。

3-4 共同訴訟参加

すでに係属している訴訟に，既判力の拡張を受けかつ当事者適格を有する第三者が，原告または被告の共同訴訟人として加入する参加形態である（52条）。参加後の訴訟は，類似必要的共同訴訟となる。たとえば，ある株主の提起した株主総会決議取消訴訟に，他の株主が参加するような場合である。

参加の手続は補助参加のそれに準じる。ただし，共同訴訟参加の申出は，訴え提起の実質を有しているので，書面によらなければならず，その書面は当事者双方に送達される（52条2項）。

3-5 独立当事者参加

独立当事者参加とは，訴訟の係属中に，第三者が，「訴訟の結果により自己の権利が害される」と主張し，または「訴訟の目的の一部もしくは全部が自己に帰属する」と主張し，当事者として従来の原告および被告に対してそれぞれ請求を立てて参加し，相互に対立し牽制しつつ，三者間で一挙に矛盾のない判決を求める参加形態である（47条）。

共同訴訟やこれまで説明してきた訴訟参加は，当事者等が複数になるとはいえ，すべて原告側と被告の二極間対立の枠組みを維持するものであった。しかし，現実の紛争は，三者間で相互に対立し牽制しあうものもある。たとえば，

XがYに対してある土地の所有権確認訴訟をしているときに，Zが自分こそ土地の所有者であると主張してこの争いに加わる場合である。このような場合に，Zを当事者として訴訟に参加させ，従来の当事者XYとの間で三面関係の訴訟を認めることは，訴訟経済にもかなうし，内容的に矛盾のない紛争の一挙抜本的な解決をもたらすことができる。そこで，民事訴訟法は，独立当事者参加という三面訴訟となる参加形態を用意したのである。

なお，当事者の一方のみを相手方とする片面的独立当事者参加（準独立当事者参加）も認められているので，当事者の一方が参加人の請求を争っていない場合にも，この訴訟参加が利用できる（47条1項）。

(1) 独立当事者参加の要件

① 他人間の訴訟の係属　ただし，上告審では，参加人の請求について審判する機会がないので，独立当事者参加は許されない。

② 参加の利益の存在　訴訟の結果によって参加人の権利が害されること（権利侵害防止参加または詐害防止参加），または訴訟の目的の全部もしくは一部が参加人に帰属すること（権利主張参加）である（47条1項）。

前者の「訴訟の結果により権利を害される」とは，いかなる場合を意味するのかをめぐって，激しい見解の対立がある。判例は，権利侵害説といわれるもので，第三者の権利や法的地位が，訴訟の結果によって直接・間接的に影響を受ける場合と解している（大判昭和12・4・16民集16巻8号463頁など）。しかし，これでは，補助参加との区別ができなくなるといった問題が生じる。また，判決効拡張説といわれるものは，判決の既判力などが第三者に及ぶ場合に限定しようとするが，これでは共同訴訟参加や共同訴訟的補助参加との区別が困難となる。そこで，通説的な見解になりつつあるのが，詐害意思説である。その見解によれば，このタイプの独立当事者参加の制度趣旨は，詐害目的を有する訴訟追行の阻止にあるという。そして，参加の利益に関しても，補助参加の利益や共同訴訟参加の利益との連続性を切断し，他人間の訴訟が第三者を詐害する目的であると客観的に認められる場合と解するのである。

後者の権利主張参加についてみれば，その参加の利益は，他人間の訴訟における請求と参加人の定立する請求が論理的に両立しない場合に認められる。たとえば，XのYに対する所有権に基づく甲建物の明渡請求訴訟が係属している

ときに、Zが甲建物は自分の所有であると主張し、Xに対しては甲建物の所有権確認請求を、乙に対しては甲建物の所有権確認請求および明渡請求をする場合である。

(2) 独立参加の手続

独立参加の申出は、補助参加の場合に準じる。参加の趣旨および理由を明らかにして、参加後に訴訟行為をすべき裁判所に対してなす（47条4項・43条）。ただし、この申出は、訴え提起の実質を有しているので、書面によらなければならず（47条2項）、その書面は当事者双方に送達される（47条3項）。

(3) 参加後の訴訟における審理

三者間の請求を統一的に解決する必要から、手続の進行を共通にし、裁判資料を統一しなければならない。そこで、本来は対立し牽制しあう関係にあるが、この関係を手続に反映させる方策として、必要的共同訴訟に関する法40条を準用しながら、以下のような変更を加えている（47条4項）。すなわち、第1に、ある1人の者のなした訴訟行為は、他の2人のうちで1人に不利ならば、効力を生じない。たとえば、被告がなした自白や請求の認諾は、参加人が争うかぎり無効である。逆に、有利な訴訟行為については、他の者のためにも効力が生じる（40条1項準用）。また、1人の者に対してなした訴訟行為は、他の者に対しても行ったことになる（同条2項準用）。さらに、1人の者について訴訟手続の中断・中止の原因が生じたときは、すべての者との関係で訴訟が停止する（同条3項準用）。

敗訴した者のうち1人だけが上訴した場合、合一確定の必要から、全訴訟が上訴審に移審する。そして、判例によれば、上訴しなかった敗訴者も上訴人となるのではなく、被上訴人となるが、合一確定に必要な限度で、原判決をその者に有利に変更できる（利益変更禁止の不適用）と解されている（最判昭和50・3・13民集29巻3号233頁など）。

(4) 当事者の脱退

第三者が参加することによって、従来の原告または被告が、もはや訴訟を追行する必要がなくなったと感じることもある。たとえば、XのYに対する貸金返還請求訴訟で、Yが債権の存在自体は認めながら、債権の帰属を争っているときに、Xから債権を譲り受けたと主張するZが参加してきた場合である。こ

のような場合，Yは自分の立場をXZ間の決着に委ね，相手方当事者Xの同意を得たうえで，訴訟から脱退できる（48条前段）。ただし，脱退者にも，XZ間の訴訟で下された判決の効力が及ぶ（48条後段）。

4　当事者の変更

訴訟の係属中に当事者が交代する場合を総称して，当事者の変更と呼んでいる。これには2つの場合があり，訴訟係属後に相続があったり係争物を譲渡したりして，実体法上の紛争主体に変動があったので，これを訴訟に反映させるために当事者の変更が生じる場合と，実体法上の紛争主体に変動はないが，原告が当事者とすべき者を誤ったので，これを是正するために当事者を変更する場合である。前者を訴訟承継，後者を任意的当事者変更（第4章2を参照）という。以下では訴訟の承継について説明する

4-1　訴訟承継

訴訟係属後に実体法上の紛争主体に変動があった場合に，新たな紛争主体との間で改めて別の訴訟をせざるをえないとすると，これまでの訴訟手続が無駄になる。それだけではなく，訴訟において両当事者は最終目標である判決に向けて漸次に有利または不利な訴訟状態を形成してくのであり，不利な者について生じた事情によって，有利な者の訴訟状態が無に帰するのは決して公平とはいえない。そこで，このような訴訟状態を新たな紛争主体にそのまま引き継がせようとするのが，当然承継や特定承継といった訴訟承継の制度である。

4-2　当然承継

当然承継とは，相続や合併のように当事者の地位の包括承継がある場合に，当事者適格が移転するため，法律上当然に承継人が当事者になり，訴訟を承継することである。当然承継の原因（124条1項各号参照）が生じると，新たに当事者になった者が訴訟手続を受継するまで，訴訟手続は中断する（124条1項）。ただし，訴訟代理人のあるときなど，新当事者が訴訟を当然に承継するが，手続は中断しない場合もある（同条2項・30条2項）。

4-3 特定承継

　特定承継とは，当然承継以外の原因によって当事者適格の変動が生じた場合に，承継人が自らの申立てにより当事者となり（参加承継），または当事者の申立てにより承継人を新たに当事者とすることである（引受承継）。

　特定承継の原因として，法は，「訴訟の目的である権利・義務の承継」を規定する（49条・50条・51条）が，この意味は，訴訟物たる権利・義務自体の承継（たとえば，貸金返還請求訴訟で債権譲渡や債務引受けがあった場合）よりも広く，訴訟物たる権利・義務の基礎をなす実体関係の承継（たとえば，建物明渡請求訴訟で，訴訟物の基礎をなす原告の土地所有権の譲渡があった場合や，被告が建物を第三者に賃貸し占有させている場合）をも包含する。

(1) 承継の申立て

　民訴法49条は権利の承継人の参加申立てについて規定し，同50条は義務の承継人に対する当事者からの引受申立てについて規定する。典型的にはこのようになろう。しかし，義務の承継人も，その前主がすでに有利な訴訟状態を形成しているため，自ら参加申立てをする場合もあるし，その反対に，権利の承継人に対する引受申立てが相手方よりなされる場合もある（51条）。

(2) 参加承継

　承継人は，独立当事者参加の方式によって当事者となる（49条）。片面的な独立当事者参加も許される。承継によって，前主である当事者は訴訟から当然に脱退するわけではないが，承継に異存のない前主は，相手方の同意を得て訴訟を脱退することができる（51条前段・48条）。

　参加によって，承継人は前主の訴訟状態をそのまま受け継ぐことになる。参加後の手続は，必要的共同訴訟の規律に準じる（49条・51条・47条4項・40条1項から3項）。

(3) 引受承継

　前主の相手方当事者は，承継人に対する請求を定立して，訴訟引受の申立てをなし，裁判所が引受決定をする。承継人の前主は，相手方の同意を得て脱退することができる。

　引受決定により，引受人はそれまでの訴訟状態をそのまま受け継ぐ。引受後

の手続は，同時審判共同訴訟の規律に準じる（50条3項・41条1項・3項）。引受人は自発的に訴訟に参加するのではないので，合一確定のために強く制約を課する必要的共同訴訟の規律をここに持ち込むのは相当ではない。そこで，引受申立人の前主に対する立場と引受人に対する立場は，法律上両立しない関係にあるので（いずれかに勝訴する利益），この点で引受申立人を保護するため，事実上の統一的な解決が図られる限度での制約を引受人に課したのである。

第14章 特別な手続

　民事訴訟法は，通常の民事訴訟手続の他に，事件の特殊性に応じて一般手続を修正する特則や特別な訴訟手続を定めている。大規模な事件に関する手続の特則，簡易な事件に対する第1審裁判所である簡易裁判所における手続の特則や少額訴訟手続，手形・小切手による金銭支払請求および督促手続といった略式訴訟手続などである。以下それぞれについて説明する。

1　大規模訴訟に関する特則

　大規模訴訟とは，公害訴訟や薬害訴訟のように，当事者が著しく多数で，かつ，尋問すべき証人または当事者本人が著しく多数である訴訟をいう。たとえば当事者だけで100名を超える事件などがこれに該当することになろう。このような訴訟では，審理の複雑化・長期化が懸念されるために審理の計画を定めて迅速な審理を行う必要があるが（147条の3参照），その他に次のような特則が定められている。

　すなわち，①大規模訴訟では，合議体を構成する裁判官の員数を五人とすることができる（269条1項。ただし，判事補は，同時に3人以上合議体に加わり，または裁判長になることができない。同条2項）。さらに，②受命裁判官に裁判所内で証人および当事者本人の尋問をさせることができる（268条。なお，195条・210条参照）。ただし，直接主義の要請を考慮し，かかる取扱いができるのは当事者に異議のない場合に限られている。また，③当事者の一方につき訴訟代理人が数人あるときは，裁判所との事務連絡の容易さを図るために，その中から連絡担当の訴訟代理人を選任し届け出ることができる（規166条）。なお，大規模訴訟に限られていないが，④当事者が裁判所に提出した書面の内容をフロッピーディスクなどに記録している場合に，裁判所は，判決書の作成などで必要

があると認めるときには、その複製物の提出を当事者に求めることができる(規3条の2)。これにより判決書作成の時間短縮などが期待される。

2 簡易裁判所の訴訟手続に関する特則

2−1 簡易裁判所とは

簡易裁判所は、地方裁判所と並ぶ第1審裁判所であり、少額軽微な事件を国民が利用しやすい簡易な手続で迅速に処理・解決することを目的として戦後新たに創設された最下級の裁判所である(270条参照)。民事事件について簡易裁判所が第1審裁判所として事物管轄権を持つのは、訴訟の目的の価額が140万円以下の事件である(裁33条1項1号)。簡易裁判所は全国で438カ所に設けられており、われわれにとっていちばん、身近な裁判所といえる。

簡易裁判所は、次のような特色を持っている。①簡易裁判所では常に1人の裁判官が事件を担当する(単独制、裁35条)。②簡易裁判所の判事の任命資格は他の裁判所の判事の任命資格より広い(裁44条・45条)。③簡易裁判所では、一般的な国民感情や良識を裁判に反映させるために、民間人からなる司法委員の制度が設けられており、司法委員に和解の試みに関して補助させたり、審理に立ち会わせて意見を述べさせることができる(279条1項)。許可を得て証人などに直接問いを発することもできる(規172条)。④簡易裁判所では、弁護士代理の原則が適用されず、弁護士でない者も(たとえば当事者が自然人の場合にその身内の者が、当事者が会社の場合にその従業員が)、裁判所の許可を得ることで訴訟代理人になることができる(54条1項ただし書)。ただし、裁判所は、不適当と認めればこの許可をいつでも取り消すことができる(同条2項)。⑤簡易裁判所では、訴額と弁護士費用との関係で当事者自らが訴訟を進める本人訴訟の割合が高い。しかもその当事者(利用者)は一般市民であることが多い。簡易裁判所の手続はこの点の配慮が求められる。

2−2 通常手続に対する特則

地方裁判所における訴訟手続は、多額で複雑な事件にも対応できるように慎重かつ厳格に規定されている。しかし、少額で単純な事件にまでこれをそのま

ま適用することは迅速性や利便性に欠ける。そこで，簡易裁判所の一般手続は，地方裁判所の第1審手続を基本としながらも，次のような特則を設けることで手続の簡素化や迅速化を図っている。

① 簡易裁判所では口頭で訴えを提起することもできる（271条）。また，起訴に際しては，「請求の原因」を記載ないし陳述する必要はなく，それに代えて紛争の要点を明らかにすれば足りる（272条）。さらに，簡易裁判所では，当事者双方がそろって裁判所に出頭すれば，直ちに審理を受けることができるという制度があり（任意の出頭による起訴。273条），この場合の起訴も口頭でなされる。

② 原則として準備書面を省略することができる（276条1項）。ただし，相手方が事前に準備しなければ応答できない事項については，準備書面を提出するか，または，口頭弁論前に相手方に直接通知しておかなければならない（同条2項）。これを怠ると，相手方が期日に欠席した場合には口頭弁論で主張できなくなる（同条3項）。

③ 最初にすべき期日だけでなく続行期日においても，当事者の一方が欠席した場合に，欠席者が期日までに準備書面などを提出していれば，その書面の記載事項を陳述したものとみなして審理を進めることができる（陳述の擬制，277条・158条参照）。この場合，（欠席当事者が提出した）書面の記載と出席当事者の弁論とをつきあわせて審理が進められるので，口頭主義と書面主義とが併用されることとなる。しかし，当事者がともに欠席した場合には，かかる取り扱いは認められない（263条や244条が問題となりうる）。

④ 証拠調べに関しても口頭主義と書面主義とを併用し，証人・当事者本人・鑑定人に対する口頭の尋問に代えて，供述書または鑑定書の提出を求めることができる（278条，規171条・124条）。

⑤ 簡易裁判所の判決書においては，記載事項の簡略化が認められている（280条）。

2－3　少額訴訟手続

簡易裁判所が管轄する訴訟の中でも，さらに少額（訴訟の目的の価額が60万円以下）の金銭の支払を求める請求に限って利用できる特別手続である（368条

1項)。前項で説明した簡易裁判所の一般手続よりもさらに徹底した簡略化・迅速化が図られている。

すなわち,少額訴訟手続では,原則として最初にすべき口頭弁論の期日において審理を完了し(一期日審理の原則,370条1項),その終結後直ちに判決の言渡しをする建前になっている(374条1項)。そのために,当事者は原則として右期日前または右期日においてすべての攻撃防御方法を提出しなければならず(370条2項),証拠調べは即時に取り調べることができる証拠に限定される(371条)。また,宣誓をさせないで証人尋問ができ,交互尋問制ではなく裁判官が相当と認める順序で証人や当事者本人の尋問が行われ,さらに,当事者の申出があり裁判所が相当と認めるときには電話会議システムを利用して証人を尋問することもできる(372条1項・2項・3項)。判決の言渡しも判決書の原本に基づかないですることが認められている(判決書に代わる調書。374条2項・255条)。なお,審理を複雑化しないために被告の反訴は禁止されている(369条)。

また,裁判所は,少額訴訟において請求認容の判決をする場合に,被告の資力などを考慮し,判決の言渡しの日から3年を超えない範囲で,つぎのような支払の猶予を認めることができる(375条1項・2項)。すなわち,①支払の期限(の猶予)を定めること,または,②分割払を命ずること(この場合には同時に,被告が支払を怠ったときには期限の利益を失う旨を定めておかなければならない)がこれである。この支払猶予と併せて,③訴え提起後の遅延損害金の支払の免除をする旨の定めをすることもできる。このような弾力的な判決を認める趣旨は,被告の履行を容易にすることで原告が強制執行をしなくても済むようにすることにある。なお,裁判所は,請求認容判決にはすぐに執行ができるように,職権で必ず仮執行の宣言を付けることになっている(376条1項)。

さらに特色的なのは,少額訴訟の終局判決に対しては控訴が許されていない(377条)。その判決をした簡易裁判所に対する異議の申し立てだけが認められるにすぎないことである(378条1項)。適法な異議があれば,訴訟は口頭弁論終結前の状態に復し,通常の手続により審理・裁判がされる(379条1項。ただし,反訴の不許,尋問の順序,支払猶予などは準用される。2項)。しかも,異議審での終局判決に対して控訴することも許されていない(380条1項)。憲法違

反を理由とする最高裁判所への特別上告ができるにとどまる（同条2項・327条）。この意味で，少額訴訟手続は，1審限りの手続といえる。

ところで，以上のような少額訴訟手続による審理・裁判を求めるかどうかは原告の選択に委ねられており，それを希望する場合には，訴えの提起に際してその旨を申述しなければならない（368条2項。なお，同一の簡裁での年間利用回数は10回までとの制限がある。同条1項ただし書，規223条）。原告がこの申述をしないで訴えを提起すれば，事件は簡裁における通常の手続により審理・裁判される。他方，被告は，審理が開始されるまでは事件を通常の手続に移行させることができる（移行申述権。373条1項）。もっとも，裁判所は，請求が少額訴訟の要件を欠くなど一定の場合には職権で事件を通常の手続に移行させる旨の決定をしなければならない（373条3項）。

2-4 起訴前の和解

訴え提起前に簡易裁判所でなされる和解である（275条）。即決和解，起訴防止ないし訴訟防止の和解とも呼ばれる。和解が成立すれば，和解条項を調書に記載するが（規169条），この記載は，裁判上の和解として確定判決と同一の効力を持つ（267条）。和解が不調に終わった場合，当事者双方が申立てをすれば，事件は訴訟に移行し，裁判所は直ちに訴訟の弁論を命じなければならないとされている（275条2項。なお，民151条参照）。起訴前の和解は，訴額にかかわりなく利用できるし，金銭の支払だけでなく土地・建物の引渡し・明渡しを求める場合などにも低額の費用で利用できる。すでに合意が成立しているが，念のため執行力を得て履行を確保しておこうとする場合などに，この手続の利用が考えられる。

2-5 和解に代わる決定

簡易裁判所における金銭の支払を目的とする訴えについては，被告が事実を争わず分割払を希望し，原告も，全面的な勝訴判決を得ることができるが強制執行の負担を考えてこれに応じてもよいとする事案が少なくない。しかし，遠隔地などに住んでいるなどの理由から被告が裁判所に出頭しないと，和解手続を進めることができない。和解に代わる決定は，このような場面での利用を意

図した手続である。すなわち，裁判所は，当事者間に争いがなくかつ相当と認めるときには，原告の意見を聴いて，期限の猶予や分割払の定めなどを付したうえで被告に対して金銭の支払を命ずることができる（275条の2第1項・2項）。この決定に対して当事者は，その告知を受けてから2週間の不変期間内に異議の申立てをすることができる（同3項）。この期間内に，異議の申立てがあればこの決定は効力を失い，裁判所は従前の訴訟手続を進行させ判決をすることになる（同4項）。しかし，異議の申立てがないときは，この決定は裁判上の和解と同一の効力を有するものとなる（同5項）。

3 略式訴訟手続

通常の訴訟手続と比べてその審理手続の一部を省略・簡易化して一応の裁判（督促手続の場合は裁判所書記官の処分）を下す手続を略式訴訟手続という。手形・小切手訴訟では証拠調べが書証に限定され，督促手続では債権者の一方的審尋という審理方式が採られている。いずれの手続も，これを利用するかどうかは債権者・原告に委ねられており，他方，債務者の異議や被告の申立てにより当然に通常の訴訟手続に移行する。

3-1 手形・小切手訴訟手続

手形・小切手は，そもそも取引上の金銭支払の手段として，即時に金銭に替えられることが制度の機能と信用を維持するために必要であるが，手形・小切手訴訟手続は訴訟上も手形・小切手の債務取立てが簡易迅速に実現できるように設けられた特別な手続である。以下，手形訴訟につき説明するが，その手続きはすべて小切手訴訟に準用される（367条，規221条）。

手形訴訟は，手形による金銭の支払請求とこれに附帯する法定利息による遅延損害金の請求に限って利用できる（請求適格，350条1項）。手形訴訟を提起するかどうかは原告の選択に委ねられている。原告は，手形訴訟による審理・裁判を求める旨を訴状に記載し，その請求金額に応じて管轄権を有する簡易裁判所または地方裁判所に訴えを提起する。訴状には手形の写しを添付しなければならない（規55条1項3号）。手形訴訟においても反訴は認められていない

(351条)。なお、原告は手形訴訟を提起しても、口頭弁論終結前はいつでも被告の承諾なしに通常訴訟への移行を申し立てることができる（353条）。

手形訴訟では審理の迅速化のため次のような特則が定められている。すなわち、訴えが提起されると、裁判長は直ちに口頭弁論の期日を定め当事者を呼び出す（規213条1項）。審理はできるだけ最初の期日で完了しなければならないとされている（一期日審理の原則、規214条・215条）。手形訴訟では、証拠調べは原則として書証に限られ（352条1項）、例外的に文書の真否と手形の呈示に関する事実については当事者尋問が許されるにすぎない（同条3項）。この点に手形訴訟の最大の特色がある。しかも、書証の申出も、挙証者自ら所持する文書を提出してする場合に限られる（同条2項）。

手形訴訟の終局判決はすべて手形判決と表示される（規216条）。①請求権の全部または一部が手形訴訟の請求適格を欠く場合には、口頭弁論を経ないで訴え却下の判決をすることができるが（355条1項）、原告はこれに対して不服申立てができない。通常訴訟の提起が可能だからである。②一般の訴訟要件を欠く場合の却下判決に対しては、控訴が許される（356条但書）。③請求権の全部または一部を認容もしくは棄却する本案判決に対しては、控訴はできないが（356条）、異議の申立てが認められる（357条）。

ところで、この③の場合、適法な異議申立てがあれば手形判決の確定が遮断され（116条2項）、訴訟は口頭弁論終結前の審理状態に復し、通常の手続による第1審の審理が行われる（361条）。異議後の通常手続では改めて原告の請求の当否が審理されるが、すでに手形判決が下されているので、異議後の判決（新判決）では、手形判決の認可または取消しが宣言される（362条）。この新判決に対しては、通常手続により控訴ができる。

なお、請求認容判決には常に職権で仮執行宣言が付されることになっている（259条2項）。

3-2 督促手続

債権者が支払督促を申し立てることで、通常の判決手続（給付訴訟）よりも簡易迅速かつ廉価に、債務名義を取得できる特別な手続である。金銭その他の代替物または有価証券の一定数量の給付を目的とする請求をする場合に限って

利用できる（請求適格，382条）。執行証書（民執22条5号）の場合と同様に，誤った執行がなされてもその回復が容易であるようにとの趣旨である。しかし，請求金額に上限は設定されておらず，また，請求金額に関わりなく常に簡易裁判所の書記官がこの手続を管轄する（383条，裁34条）。

　書記官は，支払督促の申立てが不適法である場合や，申立ての趣旨から請求に理由のないこと（請求の不存在，期限未到来や公序良俗違反など）が明らかな場合には申立てを却下するが（385条1項・2項），そうでなければ，それ以上の審査をすることなく債務者に給付を命ずる支払督促を発する。その際，債務者を審尋することは許されていない（386条1項）。この支払督促は債務者に送達されたときにその効力が生ずる（388条1項・2項。債権者には通知のみ。規234条2項）。なお，支払督促の申立てには訴えに関する規定が準用され，訴訟に準じて請求の趣旨，請求の原因などを記載する（384条・387条。ただし，272条の準用はない）。ただし，貼用印紙額は訴訟の場合の半額でよい（民訴費3条1項別表1第10号）。

　支払督促に対して債務者は異議（督促異議）を申し立てることができる。しかし，①支払督促に対して，債務者がその送達を受けた日から2週間以内に督促異議を申し立てない場合には，債権者の申立てにより支払督促に仮執行宣言が付され（391条1項），この仮執行宣言付支払督促が債務名義となる（民執22条4号）。さらに，②仮執行宣言付支払督促に対しても，債務者がその送達後2週間以内に督促異議を申し立てないか，または，督促異議の申立てを却下する決定が確定すれば，支払督促は確定判決と同一の効力を有する文書としての債務名義となる（396条，民執22条7号）。督促手続は，このような構造をもつため，請求の存否や額などでは争いがないのに履行を渋っている債務者などに対して支払を促す効果的な手段となりうる。利用件数も多い。ただし，確定した支払督促には，既判力は認められない（民執35条1項・2項）。

　ところで，支払督促は，債権者の一方的な申立てに基づきその主張について実質的な審理をすることなく発せられるため，督促異議は債務者にとって最も重要な対抗手段である（公示送達によらなければ支払督促の送達ができない場合には督促手続の利用はできない。382条但書）。督促異議は，支払督促を発した書記官の所属する簡易裁判所に申し立てる（386条2項）。前述したように債務者に

は，①仮執行宣言前の督促異議と②仮執行宣言後の督促異議との2回の異議が認められており，①②の場合とも，督促異議の申立てがあれば事件は通常手続に移行する (395条)。しかし，①の場合には支払督促は当然に失効するのに対して (390条)，②の場合には支払督促は通常手続に移行した後も失効しない (強制執行を免れるためにその停止の申立てをする必要がある)。移行後の第1審では，支払督促の認可または取消しが宣言されることとなる。

なお，東京簡易裁判所と大阪簡易裁判所では，電子情報処理組織を用いたより円滑な督促手続の処理が認められている (397条, 規238条)。

第15章

国際的な事件に関する諸問題

　交通や通信手段の飛躍的な発達にともなって，現代社会における人々の交流や企業の活動は，ますますボーダレス化・グローバル化する傾向にある。その結果として，個人や企業の日常的な活動から生じる民事紛争も，外国とかかわりをもつ国際的な民事事件がふえてきている。たとえば，外国航空会社の飛行機が墜落した場合の日本人乗客あるいはその遺族による外国航空会社相手の損害賠償事件などでは，どこの裁判所が判決するかで，その認定額が異なる可能性が指摘されており，どこの裁判所に訴えを提起することができるか，複数の国で同時並行的に裁判を行うことができるのか，外国判決の効力がわが国でも認められるのか，わが国でも判決が下された場合には外国判決の効力はどうなるのか，といったことが，被害者の権利救済に大きな影響を及ぼす可能性が指摘されている。

　このような国際的な民事事件を裁判によって処理しようとするときには，当事者は，いくつかの問題に直面することになる。まず，どこの国の裁判所で裁判を行うことができるのか（国際裁判管轄），また，外国の裁判所において裁判が開始されている事件と同一の事件ついて，わが国の裁判所にも訴えを提起することができるのか（国際訴訟競合），そして，外国裁判所で下された確定判決をわが国で執行しようとする場合には，どのような要件が必要なのか（外国判決の承認・執行）といった問題である。このほかにも，外国への訴訟書類の送達や国際的な証拠調べの実施をどうするかといった，国際司法共助の問題もあるが，本章においてはとくに，国際裁判管轄，国際訴訟競合，外国判決の承認・執行の３点について，代表的な判例および学説を中心に概説する。

1　国際裁判管轄

　たとえば，外国航空会社の飛行機がある国で墜落し，乗員乗客全員が死亡したため，死亡した日本人乗客の遺族が当該外国航空会社に対して航空運送契約不履行を理由に損害賠償を請求しようとする場合に，その当事者は，どこの国の裁判所に訴えを起こすことができるのか。これは国際裁判管轄の問題である。しかしながら，現在のところ，わが国には，この問題を正面から扱う法律自体が存在しないし，国際的にも統一されたルールが存在しない。したがって，このような状況のもとでは，個別の条約がある場合（国際航空運送に関する事件については，ワルソー条約28条参照）を除いては，各国それぞれの解釈論によって国際裁判管轄を決定するよりほかない。

　わが国における解釈論としては，複数の考え方が対立しているが，代表的な見解は，つぎの2つといえよう。まず，1つは，わが国の民事訴訟法の国内土地管轄に関する規定（4条・5条）から逆に推知して，日本国内に裁判籍が認められる事件は原則としてわが裁判権の処理事項であるとする考え方（逆推知説）がある（なお国内土地管轄については，第4章参照のこと）。言い換えれば，国内土地管轄の総和がわが国の国際裁判管轄であるとするものであり，国内土地管轄があれば国際裁判管轄も同時に肯定されるとする考え方である。これに対して，国際裁判管轄に関する明文規定が存在しない以上，国内土地管轄規定に依拠する考え方から離れ，当事者に公平で適正かつ能率的な裁判の運営がいずれの国の裁判所において期待できるかという国際的民事事件の独自な観点から，条理によって国際裁判管轄を決定すべきであるとする考え方がある（管轄配分説）。

　他方，最高裁は，この国際裁判管轄に関して，原則として国内土地管轄規定に依拠しこれを適用しつつ，当事者間の公平，裁判の適正・迅速という理念に反する「特段の事情」がある場合には，わが国の国際裁判管轄権行使につき修正調整（制限・拡張）を図るという考え方（特段の事情説）を採用している（最判平成9・11・11民集51巻10号4055頁。関連するものとして，マレーシア航空事件判決（最判昭和56・10・16民集35巻7号1224頁がある）。

なお，管轄違いの訴えについては，それが国内土地管轄の場合は裁判所が職権で管轄裁判所へ移送することとされている（16条。第4章参照）が，国際裁判管轄に関しては，国際的な移送制度が存在しないため，受訴裁判所が当該国に国際裁判管轄権がないと判断すれば，その訴えを却下することになる。

2　国際訴訟競合

たとえば，アメリカ法人Yが日本法人Xに対してアメリカの裁判所において損害賠償訴訟を提起し，その訴訟の係属中に，XがYに対して日本の裁判所において当該損害賠償債務の不存在確認の訴えを提起したという場合のように，すでに外国の裁判所に係属している事件についてわが国の裁判所にさらに訴えが提起されたときは，裁判所はどのように対処すべきであろうか。

このように同一事件について，時を同じくして，複数の国の裁判所で審理判断が求められることがある（国際的な重複訴訟）。これが国際訴訟競合の問題である。国内の訴訟については，すでに裁判所に係属する事件については，当事者はさらに訴えを提起することができない（142条）として，重複訴訟が禁止されている（重複訴訟禁止については，第5章参照）。内国訴訟において重複訴訟が禁止される理由は，矛盾判決の回避や訴訟不経済という観点や，重複審理の回避そして被告の応訴負担への配慮などの要請があげられる。このような要請は，国際訴訟競合にも基本的にあてはまるといえよう。しかし，先述した国際裁判管轄権に関する統一的ルールの不存在と関連するが，国際的な重複訴訟の取り扱いに関する規定も存在しないので，この問題も解釈論に任されている。

この問題について，従来の判例は，142条にいう「裁判所」とはわが国の裁判所のみを指すものであり，外国の裁判所を含まないとして，国際訴訟競合に本条の適用はないという立場を採っていた（東京高判昭和32・7・18下民集8巻7号1282頁，大阪地中間判昭48・10・9判時728号76頁）。すなわち，142条の規定はあくまでも日本国内の訴訟競合を規律するものにすぎず，わが国における後訴は規制されないとする。このように考えると，国際的な重複訴訟について訴訟係属の段階で調整がなされないので，内外判決の競合・抵触の問題を生じる可能性があり，実際，外国判決が先に確定し，その後これと矛盾するわが国

の判決が下された場合の取扱いが下級審で問題になったことがある。この事案では，わが国の判決を優先させるという判断が示された（関西鉄工事件：大阪地判昭和52・12・22判タ361号127頁）。このような，内国の裁判権を優先させることを前提に国際的訴訟競合を放置する考え方には批判が強く，判例も，以下の2つの下級審判例に代表されるように国際訴訟競合を規制する方向に向かっているといえよう。1つは，外国判決承認制度が存在することをふまえ，外国判決の承認可能性を要件として重複訴訟の禁止を類推するという処理方法をとるものである（宮越機工事件：東京地中間判平成元・5・30判時1348号91頁。ただし，本件では，外国での訴訟が将来，本案判決が下され確定するかについて，現段階で相当の確実性をもって予測することは難しいと判示している。）。もう1つは，どの国で裁判を行うのが最も適切かという観点から，国際裁判管轄権の決定の問題とからめて国際訴訟競合を扱うものである（真崎物産事件：東京地平成3・1・29判タ764号256頁）。

3　外国判決の承認・執行

　たとえば，外国裁判所で下された判決をもって，わが国にある被告の財産につき強制執行を行うことは認められるのか。

　元来，判決は国家主権の一内容である裁判権の行使であるから，判決の効力もその判決を下した国内に限られ，他の国にはその効力が及ばないのが原則である。しかし，この原則に固執し，これを貫徹すると，国際的な民事事件を裁判により解決するには，紛争の対象となった権利関係にかかわる国ごとに別個の訴えを提起してそれぞれ判決を求めなければならないことになる。これでは，当事者にとって不便であるし，迅速な権利保護が期待できない。さらに各国で矛盾した判決が下されることも予想され，紛争の統一的な解決を期待することもできないため，当事者間の国際的な法律関係についての不安定が生じ，国際的な法律関係の円滑な発展が阻害されるおそれがある。それならば，ある外国判決がその本国で有する効力をわが国でも承認する，とした方が当事者の権利保護に資するばかりでなく，利害関係人の国際的な法律関係を安定したものとし，さらには，わが国の裁判所の負担を軽減することにも役立つといえる。そ

して、これは必ずしもわが国の主権を侵害することにはならないし、わが国の公益に反するわけでもない。

一方で、たとえば、外国で被告に十分な防御の機会を与えないまま下された判決の効力をわが国でそのまま認めることは、被告の裁判を受ける権利を侵害し、不当であろう。また、各国の法秩序・法観念は均一とはいえないので、外国の法律や裁判に対する信頼性には一定の限界がある。

このような対立する諸利害を調整し、内国でその効力を認められるべき外国判決と拒絶されるべき外国判決を選別するための基準（承認要件）が必要となる。わが国においては、外国判決の執行につき民事執行法24条に、外国判決の承認につき民事訴訟法118条にそれぞれ規定をおき、この基準を定めている。すなわち、ある外国確定判決をもって強制執行を行うためには、執行判決を得なければならないとする一方で、その審理にあたっては、当該外国判決の承認可能性について形式的・手続的に判断できるだけで、外国判決の内容の当否につき実体的な審査を行うことは禁止することとした（民執24条。実体的再審査禁止の原則）。外国判決の承認については、外国裁判所の確定判決が以下に掲げる承認要件のすべてを充たせば、当然に内国判決と同様の効力を認めることとしている（118条、自動承認）。

① 法令または条約により外国裁判所の裁判権が認められること（118条1号）。わが国からみて、判決を下した外国判決裁判所がその事件につき国際裁判管轄を有すると積極的に認められる場合に、当該外国確定判決はわが国においてもその効力を認められる（国際裁判管轄については前記1参照）。

② 敗訴の被告が訴訟の開始に必要な呼出しもしくは命令の送達を受けたことまたはこれを受けなかったが応訴したこと（118条2号）。訴えが提起されたときには、被告に訴訟開始文書を送達して訴訟の係属を知らせ、防御の機会を与えなければならないというのが最低限の手続保障の要請である。そのため、被告が現実に防御の機会を与えられたこと、すなわち被告が公示送達以外の方法で送達をうけたこと、または被告が実際に応訴したこと、を外国判決承認の要件としている。

③ 判決の内容及び訴訟手続が日本における公の秩序または善良の風俗に反

しないこと（118条3号）。当該外国判決の効力をわが国において認めると，わが国の法秩序の基本を乱すことになるような場合には，これを承認しないということである。公序良俗に反することを理由として，外国判決の承認が拒絶された例として，同一事件についてわが国の裁判所の確定判決と矛盾抵触する外国判決の承認・執行を求められた場合に，訴え提起，判決言渡し，確定の前後に関係なく，これを承認・執行することは公序に反するとした下級審判例がある（前掲関西鉄工事件：大阪地判昭和52・12・22）。また，最高裁は，カリフォルニア州裁判所が命じた懲罰的損害賠償支払判決につき，わが国で承認・執行を求められた事件につき，実際の損害額以上の金銭支払を命じる懲罰的損害賠償は，現実の損害に対する賠償しか認めていない（実損主義）わが国の公序（私法秩序）に反すると判断している（萬世工業事件：最判平成9・7・11民集51巻6号2573頁）。

④ 相互の保証があること（118条4号）。相互の保証とは，わが国が外国判決を承認するのと同様，当該外国においても同等の条件（すなわち，118条と同等の要件）でわが国の判決を承認する制度があるという意味である。具体的な事案においては，どのような場合にこの保証があるとされるのかが問題となるが，これについて判例は，当該判決をした外国裁判所の属する国において，わが国の裁判所がしたこれと同種の判決が同条同号所定の条件と重要な点で異ならない条件のもとに効力を有するものとされている場合には相互保証があるとしている（いわゆる部分的相互保証。最判昭和58・6・7民集37巻5号611頁）。

事項索引

あ行

移審効 …………………………………170
移送 ……………………………52, 173
一期日審理の原則 …………………203, 206
一部請求………………………………152
一部認容判決 …………………………34
一部判決………………………………136
違法収集証拠 …………………………118
イン・カメラ手続 ……………………112
引用文書………………………………110
訴え……………………………………12
　――の交換的変更…………………27, 181
　――の主観的予備的併合…………188, 189
　――の追加的変更…………………26, 181
　――の提起………………………………63
　――の取下げ………………………34, 159
　――の変更…………………………26, 181
　――の利益……………………………139
訴え提起前の照会 ……………………131
訴え提起前の証拠収集処分 …………132
訴えなければ裁判なし ………12, 32, 63
ADR（裁判代替的紛争解決制度）……3, 7
応訴管轄 ………………………………51

か行

外国判決の承認 ………………………213
　――・執行 …………………………212
回避 …………………………………53, 55

確定遮断効 ……………………………170
確認の訴え ………………………14, 140
確認の利益 …………………………140
確認判決 …………………………15, 141
隔離尋問の原則 ………………………104
家事審判法 ……………………………10
家事調停 ………………………………7
家庭事件 ………………………………7
簡易裁判所 ……………………………201
管轄 ……………………………49, 50
管轄権 …………………………………50
管轄配分説 ……………………………210
関係者公開 ……………………………127
間接事実 …………………………36, 82
間接反証 ………………………………122
鑑定 ……………………………………105
鑑定証人 ………………………………107
鑑定人 ……………………………96, 105
鑑定人質問 ……………………………107
期間 ………………………………38, 74
期日 ………………………………38, 72
期日外釈明 ……………………………76
擬制自白 …………………………86, 98
起訴前の和解 ……………………164, 204
詰問権 …………………………………129
既判力 ………………27, 141, 147, 164, 166
　――の基準時 ……………………150
　――の客観的範囲 ………………27, 151
　――の主観的範囲 …………………154

――の相対性の原則 …………154
――の双面性 ………………148
忌　避………………………53, 54
逆推知説………………………210
給付の訴え………………13, 139
給付判決…………………13, 141
境界確定の訴え……………17, 33
供述義務………………………102
共同訴訟………………………184
共同訴訟参加…………………194
共同訴訟的補助参加…………193
共同訴訟人独立の原則………186
共同訴訟人連合の原則………187
共有物分割の訴え…………17, 33
許可抗告制度…………………176
計画審理…………………………45
経験則……………………98, 117
形式的確定力…………………146
形式的形成訴訟…………9, 17, 33
形式的証拠力…………………108
形成の訴え………………15, 141
形成判決…………………16, 141
形成力……………16, 142, 147, 149, 164
継続審理主義……………………46
決　定……………………134, 149
厳格な証明………………………97
検　証…………………………113
検証物…………………………113
原　本…………………………109
権利自白……………………80, 85
権利主張参加…………………195
権利推定………………………122
合意管轄…………………………51
公開主義…………………………42

合議体……………………………53
攻撃防御方法……………… 80, 99
抗　告……………… 135, 169, 175
交互尋問………………………103
公示送達…………………………67
更新権…………………………171
控　訴……………………135, 169
控訴棄却………………………172
控訴却下………………………172
控訴審の終局判決……………172
控訴認容………………………172
口頭主義…………………………40
口頭陳述の原則………………104
口頭弁論…………………………70
口頭弁論終結後の承継人……156
公文書…………………………108
抗　弁……………………………86
抗弁事項………………………138
公務秘密文書…………………119
国際裁判管轄…………………210
国際訴訟競合…………………211
国際的な二重起訴……………211
固有必要的共同訴訟…………186

さ　行

再抗告…………………………135
再　審…………………………177
――の訴え…………………177
再審事由………………………177
再訴の禁止……………………161
裁定期間…………………………74
裁定中止…………………………93
裁定和解条項…………………166
裁　判…………………………134

事項索引　217

──の迅速に関する法律 …………45
──の脱漏 …………137
──を受ける権利 …………8
裁判官は法を知る …………80
裁判権 …………50
裁判籍 …………51
裁判代替的紛争解決制度→ADR
詐害防止参加 …………195
差置送達 …………66
差戻し …………172, 175
参加承継 …………198
参加的効力 …………192
暫定真実 …………123
私鑑定 …………107
時機に後れた攻撃防御方法 …………44, 130
自己拘束力 …………144
自己使用文書 …………111
事実上の主張 …………80
事実推定 …………121
事実認定 …………116
執行停止効 …………175
執行力 …………13, 141, 147, 149, 164
実質的証拠力 …………108
実体的効力 …………147
実体的再審査禁止の原則 …………213
実体法説 …………20, 28, 33
指定管轄 …………51
自白 …………84
　裁判上の── …………86, 98
自縛力 …………144
支払督促 …………207
自判 …………172, 175
事物管轄 …………19, 50, 201
私文書 …………109

司法委員 …………201
私法上の和解 …………6
司法書士 …………61
釈明権 …………37, 76
釈明処分 …………77
遮断効 …………150
終局判決 …………136
自由心証主義 …………116
集中証拠調べ …………46, 100
集中審理主義 …………46
自由な証明 …………97
受給権 …………22
受継 …………92
主尋問 …………103
主張 …………79
主張共通の原則 …………81
出頭義務 …………102
主要事実 …………36, 81
準再審 …………178
準備書面 …………124
準備的口頭弁論 …………126
準文書 …………108
少額訴訟 …………202
証拠 …………96
証拠共通の原則 …………186
上告 …………135, 169, 173
上告棄却 …………175
上告却下 …………175
上告受理申立て …………174
上告認容 …………175
上告理由 …………174
証拠決定 …………100
証拠原因 …………96
証拠採否 …………100

事項索引

証拠調べとしての審尋 …………114
証拠能力 ………………………118
証拠方法 …………………………96
証拠保全 ………………………130
証拠申出 …………………………99
上　訴 …………………………169
上訴不可分の原則 ……………170
証　人 …………………………96
証人義務 ………………………101
証人尋問 ………………………101
抄　本 …………………………109
証　明 …………………………96
証明責任 ………………………119
　──の転換 …………………121
　──の分配基準 ……………120
証明力（証拠力） ……………119
将来給付の訴え ……………13, 139
職分管轄 …………………………50
書　証 …………………………107
除　斥 ………………………53, 54
除斥事由 …………………………54
職権主義 …………………………31
職権証拠調べ ……………………99
職権審査 ………………………139
職権送達主義 ……………………66
職権探知主義 ………………36, 37
職権調査事項 ………………34, 138
処分権主義 ……………32, 63, 159
処分証書 ………………………109
書面による準備手続 …………128
審級管轄 …………………………50
新実体法説 ………………………23
真正争訟事件 ……………………10
人定尋問 ………………………103

審理計画 …………………………45
随時提出主義 ……………………43
請求の基礎 ……………………181
請求の原因 ………………12, 20, 28
請求の趣旨 ………………12, 20, 28
請求の複数 ……………………179
請求の併合 ……………………179
請求の放棄・認諾 …………34, 163
請求の目的の所持者 …………157
正　本 …………………………109
責任主張 …………………………80
責問権 ……………………………93
説明義務 ………………………129
先行自白 …………………………84
宣誓義務 ………………………102
専属管轄 …………………………51
選択的併合 ………………21, 180
選定当事者 ………………………55
全部判決 ………………………136
専門委員 …………………55, 114
相殺の抗弁 ………………68, 152
送　達 ……………………………66
争点および証拠の整理手続 …125
争点効 …………………………23, 150
争点効理論 ……………………153
争点等整理手続終了後の攻撃防御方法
　………………………………129
双方審尋主義 ……………………40
即時確定の利益 ………………141
即時抗告 ………………………175
訴　権 ……………………………10
訴　訟 ……………………………8
訴　状 ……………………………63
訴訟救助 ……………………8, 64, 65

訴訟記録	43	対席判決主義	88
訴訟係属	67, 165	対世効	150, 158
——の遡及的消滅	160	単純否認	83
訴訟行為	77	単純併合	180
訴訟告知	193	単独制	54
訴訟参加	190	父を定める訴え	17
訴訟指揮権	38, 74	中間確認の訴え	183
訴訟事件の非訟化	10	中間判決	134
訴訟承継	197	仲裁契約	7
訴訟上の信義則	129	仲裁法	7
訴訟上の代理人	60	中断事由	90
訴訟上の任意代理人	61	直接事実	81
訴訟上の和解	6, 165	直接主義	40
訴訟資料と証拠資料の峻別	80	調査の嘱託	113
訴訟信託の禁止	59	調書判決	143
訴訟担当	58	調 停	6
——における本人	155	重複訴訟の禁止	68
訴訟手続の中止	93	陳述擬制	88, 202
訴訟手続の中断	90	沈 黙	86
訴訟手続の停止	89	追 完	74
訴訟能力	59	通常期間	74
訴訟判決	138	通常共同訴訟	184
訴訟費用	64	提訴予告通知	131
訴訟物	17	手形・小切手訴訟手続	205
訴訟物理論	17, 20	適時提出主義	43
訴訟法説	20, 22, 29	手続の中止	90
訴訟要件	138	手続の中断	90
即決和解	6	伝聞証言	118
続行命令	93	当事者	55
疎 明	96	——の脱退	196
		——の複数	184
た 行		——の変更	197
大規模訴訟に関する特則	200	当事者公開	127
第三者の訴訟担当	155	当事者主義	31

当事者照会 …………………………115
当事者尋問 …………………………104
当事者適格 ……………………………57
当事者能力 ……………………………56
当事者本人 ……………………………96
同時審判共同訴訟 …………………189
当然承継 ……………………………197
当然中止 ………………………………93
答弁書 ………………………………125
謄 本 ………………………………109
督促異議 ……………………………207
督促手続 ……………………………206
特段の事情説 ………………………210
特定承継 ……………………………198
特別抗告 ……………………………176
特別上告 ……………………………176
特別裁判籍 ……………………………51
独立当事者参加 ……………………194
土地管轄 ………………………………51
取立委任裏書 …………………………59

な 行

二重起訴の禁止 ………………………26
二当事者対立構造 ……………………56
任意的口頭弁論 …………………71, 135
任意的差戻し ………………………173
任意的訴訟担当 ………………………59
任意的当事者変更 …………………197
人 証 …………………………96, 101
ノン・リケット ……………………119

は 行

判 決 ………………………………134
　──の確定 ………………………145

判決事項 ………………………………32
判決書 ………………………………142
判決理由中の判断 …………………153
反射効 …………………………150, 158
反 訴 ………………………………182
反対尋問 ……………………………103
引受承継 ……………………………198
引換給付判決 …………………………34
引渡・閲覧請求ある文書 …………110
被告住所地主義 ………………………51
非 訟 …………………………………8
非訟事件手続法 ………………………9
必要的共同訴訟 ……………………186
必要的口頭弁論 ………………………71
必要的差戻し ………………………173
否 認 …………………………………83
評 議 ………………………………142
不意打ち防止 …………………………18
武器平等の原理 ………………………8
不控訴の合意 ………………………145
不告不理の原則 …………………12, 32
付従的効力 ……………………147, 150
附帯控訴 ……………………………171
不 知 …………………………………83
普通裁判籍 ……………………………51
物 証 …………………………96, 107
不服申立制度 ………………………168
不変期間 ………………………74, 143, 170
付郵便送達 ……………………………67
不利益変更禁止の原則 ………171, 173
文書・検証物 …………………………96
文書提出義務 ………………………110
文書提出命令 …………………109, 110
文書の送付嘱託 ……………………110

併行審理主義 …………………………46
変更判決 ……………………………144
弁護士強制主義 ………………………62
弁護士代理の原則 …………59, 61, 201
片面的独立当事者参加 ……………195
弁論主義 ………………………………35
弁論準備手続 ………………………126
弁論能力 ………………………………60
弁論の更新 ……………………………42
弁論の制限 ……………………………76
弁論の全趣旨 …………………96, 117
弁論の分離 ……………………………76
弁論の併合 ……………………………76
報告証書 ……………………………109
防訴抗弁 ……………………………139
法定管轄 ………………………………51
法定期間 ………………………………74
法定証拠主義 ………………………116
法定序列主義 …………………………43
法定訴訟担当 …………………………59
法定代理人 ……………………………60
法的観点指摘義務 ……………………80
法的評価の再施 ………………………23
法律関係文書 ………………………111
法律効果 ………………………………35
法律上の主張 …………………………80
法律上の推定 ………………………121
法律上の争訟 …………………………49
法律扶助 …………………………8, 64, 65
法律要件 ………………………………35
法律要件分類説 ……………………120
補佐人 …………………………………62
補充尋問 ……………………………103

補充送達 ………………………………66
補助参加 ……………………………190
　──の利益 ………………………191
補助事実 …………………………36, 81
補正命令 ………………………………66
本案判決 ……………………………137

ま 行

民事裁判権 ……………………………48
民事執行法 ……………………………6
　──の目的 …………………………3
民事調停 ………………………………6
民事保全法 ……………………………6
命　　令 ……………………134, 149
申立て ………………………………79
申立事項 ………………………………32

や 行

唯一の証拠 …………………………101
要件事実 ………………………………81
予備的併合 …………………………180

ら 行

利益文書 ……………………………111
利益変更禁止の原則 ………………173
略式訴訟手続 ………………………205
理由付否認 ……………………………83
類似必要的共同訴訟 ……………187, 194

わ 行

和解受諾書面 ………………………166
和解調書 ……………………………165
和解に代わる決定 …………………204

編者　石川　明

〔執筆者〕　　　　　　　　　　　　　〔執筆担当〕

石川　明（慶應義塾大学名誉教授）第1章
　　　　　（朝日大学大学院教授）

坂本　恵三（獨協大学教授）第2章

本田　耕一（関東学院大学教授）第3章1

草鹿　晋一（香川大学助教授）第3章2，第8章，第12章

山田　明美（九州国際大学助教授）第4章1，第15章

金　柄学（九州大学助教授）第4章2，3，第10章2－3〜2－5

村上　正子（筑波大学助教授）第5章，第7章1，2－1

中路　喜之（大月短期大学助教授）第6章1，2

秦　公正（平成国際大学専任講師）第6章3－1〜3－3

渡辺　森児（信州大学助教授）第6章3－4〜3－5，4
　　　　　　　　　　　　　　　　第7章2－3・2－4

鈴木　貴博（東海大学助教授）第7章2－2，第11章

渡部美由紀（名古屋大学助教授）第7章3，第9章

畑　宏樹（明治学院大学助教授）第10章1，2－1・2－2

永井　博史（近畿大学教授）第13章

小池　和彦（立正大学教授）第14章

（執筆順）

みぢかな民事訴訟法〔第3版〕

1999年4月15日　第1版第1刷発行
2002年4月25日　第2版第1刷発行
2005年5月20日　第3版第1刷発行

編者　石川　明

発行　不磨書房

〒113-0033　東京都文京区本郷6-2-9-302
TEL 03-3813-7199／FAX 03-3813-7104

発売　㈱信山社

〒113-0033　東京都文京区本郷6-2-9-102
TEL 03-3818-1019／FAX 03-3818-0344

©著者，2005，printed in Japan　印刷・製本／松澤印刷

ISBN4-7972-9121-4 C3332

実務家・教師・インストラクター・学生・ビジネスマンの方々へ

スポーツ六法

事故防止からビジネスまで　￥3,360

野球協約・学習指導要領・各種自治体条例など321件を凝縮!!
各章解説，判例，スポーツ年表も掲載

【編集代表】

小笠原　正
（前日本スポーツ法学会会長）

塩野　　宏
（東京大学名誉教授）

松尾浩也
（東京大学名誉教授）

【編集委員】　浦川道太郎／菅原哲朗／高橋雅夫／道垣内正人／濱野吉生／守能信次／（編集協力）石井信輝／森　浩寿／山田貴史／吉田勝光

[目次]　1　スポーツの基本法／2　スポーツの行政と政策／3　生涯スポーツ／4　スポーツと健康／5　スポーツと環境／6　スポーツの享受と平等／7　学校スポーツ／8　スポーツとビジネス／9　スポーツ事故／10　スポーツ紛争と手続／11　スポーツの補償／12　スポーツの安全管理／13　スポーツ関係団体／14　資料編

不磨書房

早川吉尚・山田 文・濱野 亮 編
Alternative Dispute Resolution

ADRの基本的視座

根底から問い直す "裁判外紛争処理の本質"

1 紛争処理システムの権力性とADRにおける手続きの柔軟化　　（早川吉尚・立教大学）
2 ADRのルール化の意義と変容　アメリカの消費者紛争ADRを例として　　（山田 文・京都大学）
3 日本型紛争管理システムとADR論議　　（濱野 亮・立教大学）
4 国によるADRの促進　　（垣内秀介・東京大学）
5 借地借家調停と法律家　日本における調停制度導入の一側面　　（高橋 裕・神戸大学）
6 民間型ADRの可能性　　（長谷部由起子・学習院大学）
7 現代における紛争処理ニーズの特質とADRの機能理念―キュアモデルからケアモデルへ―　　（和田仁孝・早稲田大学）
8 和解・国際商事仲裁におけるディレンマ　　（谷口安平・東京経済大学／弁護士）
9 制度契約としての仲裁契約　仲裁制度合理化・実効化のための試論　　（小島武司・中央大学）
10 ADR法立法論議と自律的紛争処理志向　　（中村芳彦・弁護士）

座談会　[出席者：和田・山田・濱野・早川（司会）]

A5判　336頁　定価3,780円（本体3,600円）

不磨書房

◆石川明先生（慶應義塾大学名誉教授）の みぢかな法律シリーズ◆

みぢかな法学入門【第3版】
■本体 2,500円

みぢかな民事訴訟法【第3版】
■本体 2,400円

みぢかな倒産法
■本体 2,800円

◆はじめて学ぶひとのための 法律入門シリーズ◆

プライマリー法学憲法
石川明・永井博史・皆川治廣 編
■本体 2,900円

プライマリー民事訴訟法
石川明・三上威彦・三木浩一 編

プライマリー刑事訴訟法
椎橋隆幸 編（中央大学教授）

gender law books
───────────────

ジェンダーと法
辻村みよ子 著（東北大学教授） ■本体 3,400円（税別）

導入対話によるジェンダー法学【第2版】
監修：浅倉むつ子（早稲田大学教授）／阿部浩己／林瑞枝／相澤美智子
山崎久民／戒能民江／武田万里子／宮園久栄／堀口悦子　■本体 2,400円（税別）

日本の人権／世界の人権
横田洋三 著（中央大学教授・国連大学学長特別顧問）　■本体 1,600円（税別）

〈提言〉学校安全法
喜多明人（早稲田大学教授）・橋本恭宏（中京大学教授）編　■本体 950円（税別）